行走書香間

阅读与出版研究

杨虎 著

華文出版社
SINO-CULTURE PRESS

图书在版编目（CIP）数据

行走书香间：阅读与出版研究 / 杨虎著 . -- 北京：华文出版社，2020.7
ISBN 978-7-5075-5311-6

Ⅰ . ①行… Ⅱ . ①杨… Ⅲ . ①读书活动—研究—中国 ②出版学—研究 Ⅳ . ① G252.17 ② G230

中国版本图书馆 CIP 数据核字 (2020) 第 090448 号

行走书香间：阅读与出版研究
XINGZOU SHUXIANG JIAN：YUEDU YU CHUBAN YANJIU

著　　者： 杨　虎
责任编辑： 刘超平　寇　宁
封面题字： 魏　江
出版发行： 华文出版社
地　　址： 北京市西城区广外大街 305 号 8 区 2 号楼
邮政编码： 100055
网　　址： http://www.hwcbs.com.cn
投稿信箱： hwcbs@126.com
电　　话： 总编室 010-58336239　责任编辑 010-58336222　发行部 010-58336267
经　　销： 新华书店
印　　刷： 北京金港印刷有限公司
开　　本： 710mm × 1000mm　1/16
印　　张： 21.25
字　　数： 270 千字
版　　次： 2020 年 7 月第 1 版
印　　次： 2020 年 7 月第 1 次印刷
标准书号： ISBN 978-7-5075-5311-6
定　　价： 56.00 元

序 言

魏玉山

2018 年 7 月，杨虎告诉我他的文集《行走书香间：阅读与出版研究》即将出版，希望我为之作序。我把书稿要了过来，用一个月的时间，陆续把稿子看了一遍，也想了一想与他的相识、交往过程。

杨虎是北京大学著名编辑出版学家肖东发老师的研究生。因肖老师的关系，在他读研究生期间，我就同他有过接触。他研究生毕业后留校，虽然主要做行政工作，但仍然协助肖老师做一些出版史方面的研究，特别是在我们研究院组织撰写《中国出版通史》的过程中，肖老师是总主编之一，杨虎也跟从肖老师参加通史的编委会，并参与了《中国出版通史·先秦两汉卷》的研究撰写工作，由此我们之间的联系更多了。2009 年法兰克福国际书展，中国是主宾国，新闻出版总署决定在书展上搞一个中国出版展览，为此成立了一个展览脚本撰写专家组，我与肖东发老师等一同参与展览脚本的讨论修改，杨虎也参与其事。2017 年 10 月，法兰克福书展期间，国家新闻出版广电总局邀请部分专家一同去参加法兰克福书展，我与代表肖老师参会的杨虎一路同行。2017 年，中国大百科全书出版社启动《中国大百科全书》第三版的编撰工作，我忝列《新闻·出版》卷的副主编，杨虎参与有关词条的撰写工作，我们的联系与合作更密切了。在十几年的接触与合作当中，我感到杨虎对工作一丝不苟、认真负责，只要是交给他的事情尽可放心；对学问孜孜矻矻，自我鞭策，不断进取；对同志、对朋友、对老师的感情真诚、真挚，有谦谦君子风范。

这本文集是杨虎近十多年来在出版文化相关方面研究成果的汇

编，虽然有的文章我以前读过，但是集中阅读的感受仍是不一样的。他现在任北京大学继续教育学院副院长、副书记，行政、党务事务繁忙，而这些研究成果并非都与他的本职工作有关，要完成这些文稿需花费大量业余时间。因此，我为这个年轻人对出版科研的执着而感动，为他所展现出来的研究能力、学术精神而感动，为他把教育与出版、教育与阅读相结合的实践行动而感动。

这本文集副标题叫作“阅读与出版研究”，可以看作一个教育工作者谈阅读、谈出版，也在一定程度上谈教育与阅读、与出版的关系的研究成果合集。阅读、出版、教育三者之间是相互联系、相互依存、相互促进的。朱熹老先生说过：“学不是读书，然不读书，又不知所以为学之道”，意思是说，学习不只是读书，但是不读书就不知道怎样学习①。教育的目的是传授知识和获取知识的方法，也就是“鱼”与“渔”，而阅读就是“渔”。一个不会阅读的人，学习是不可能好的。杨虎在文章、演讲当中，多次谈到阅读问题，对读什么、怎么读，有他自己的看法。他提倡多读中国经典，认为对于经典，既要默读，更要放声诵读，并且将观点付诸实践，在北京大学继续教育学院教学当中试着推行诵读，足见其对阅读与教育的热爱。对于阅读与出版的关系，我有一个观点：阅读是出版的最终消费，一本书只有被人读了，才实现了其价值，也可以说是实现了作者、出版者的“初心”。但是现在有一些出版者——也包括一些作者——只关心书卖了多少，却不关心有多少人读了书中的具体内容。杨虎的文章，不论是研究图书的供给与需求，还是研究畅销书，其目的都是推动阅读，这就抓住了教育、出版的关键。

此文集既集中反映了杨虎对当下阅读与出版若干热点问题的思考与看法，也展现了作者的学术功底、治学的态度与学术规范等。学术

① 李孝国、董立平：《朱子读书法》，天津社会科学院出版社，2016，第 174 页。

功底之概念使用很广，但对其作出准确解释的不多，大家普遍赞同的是中共中央党校王东京教授的说法：所谓的“学术功底”，通俗地讲，就是“书底子”。这虽然不是一个十分规范的定义，但是却很好理解。以“书底子”为标准来看本书作者的学术功底，是可以得出“相当深厚”这一结论的。作者的“书底子”体现在哪里呢？它深藏在本书的每一篇论文中，展露在文章的引文、注释之中。从这个文集可以看出，作者读书很多，在中国传统文化典籍方面的学养尤为突出，这也是他写“经典的编撰与阅读”一组论文的学术基础。

学术规范包括很多方面，比如说一篇学术论文或一部学术专著，若通篇没有一个注释，没有一条引文，没有一本参考书目，那恐怕就是不合格的学术论著。我们看国外的学术论著，都有长长的注释、参考书目等，甚至注释、参考书目比正文还长。许多人觉得这样做没有必要，是多此一举，一些期刊为了节省版面甚至把注释、参考书目都去掉，阉割了论文的学术渊源，也使其他的研究者无法据此按图索骥进行深入研究。这种做法不合乎学术规范，是应当反对的。与此相反，杨虎这部文集的每一篇论文，虽不能说“无一字无出处”，但至少可以说，他的引用、注释等是规范的，数据、引文、借鉴的观点等的出处是清楚的，这是学术研究者治学所必不可少的态度。

是为序。

中国新闻出版研究院　魏玉山

2018 年 9 月 2 日

（魏玉山，全国政协委员，中国新闻出版研究院院长，全国新闻出版标准化技术委员会副主任、秘书长，河北大学、上海理工大学、北京印刷学院兼职教授，第三批国家“万人计划”哲学社会科学领军人才。）

目 录

第一辑：经典的编撰与阅读

图书，尤其是经典图书与文化的关系十分密切。伟大的文化体系能孕育出伟大的经典著作，优秀的经典著作则可以塑造并代表一个国家或民族的文化性格与传统，进而形成一个伟大的文化体系。“周虽旧邦，其命维新”，今天，我们要建设新时代的社会主义文化强国，真正实现当代中国人的“文化自信”，其中一项非常重要的工作，就是在传承与扬弃传统文化的同时，创造新时期的具有中国特色、中国风格、中国气派的文化成果。作为文化的重要载体和表现形式之一的图书，理应在其中承担重要的使命。中国的先民曾创造出伟大的文化传统和不朽的传世经典，今日的中国人，理应在中外文化大交流、大融会的时代背景下，推出新的文化成果、打造新的经典著作。我们认为，在人们普遍期望看到的新时代社会主义文化强国中，至少应该有这样的可喜现象：全社会尊崇经典，创作者努力创作经典，出版者认真出版经典，读者广泛阅读经典。

图书经典及其特质论

图书，尤其是经典图书与文化的关系十分密切。伟大的文化体系能孕育出伟大的经典著作，而优秀的经典著作则可以塑造并代表一个国家或民族的文化性格与传统，进而形成一个伟大的文化体系。“周虽旧邦，其命维新”，今天，我们要建设新时代的社会主义文化强国，真正实现当代中国人的“文化自信”，其中一项非常重要的工作，就是在传承与扬弃传统文化的同时，创造新时期的具有中国特色、中国风格、中国气派的文化成果。作为文化的重要载体和表现形式之一的图书，理应在其中承担重要的使命。中国的先民曾创造出伟大的文化传统和不朽的传世经典，今日的中国人，理应在中外文化大交流、大融会的时代背景下，推出新的文化成果、打造新的经典著作。我们认为，在人们普遍期望看到的新时代社会主义文化强国中，至少应该有这样的可喜现象：全社会尊崇经典，创作者努力创作经典，出版者认真出版经典，读者广泛阅读经典。

费孝通先生曾说，文化是人为的，也是为人的。经典也一样，是人为的，也是为人的。“人为的”强调的是人类的独特创造性，“为人的”体现的是经典中所蕴含的价值追求，这种追求“就是或应该是对完美的探究和追寻”[①]。多年来，人们一直在探讨经典，关注经典，呼唤经典，因为这的确关系和反映着中国当代文化的生命状态与发展前景，也关系和反映着每一位身处当代文化语境中的国民的整体精神

① 马修·阿诺德:《文化与无政府状态》(修订译本)，韩敏中译，生活·读书·新知三联书店，2008，第 36 页。

面貌与文化修为。但当人们都在围绕着经典做文章时，却往往忽视了一个基本的问题："究竟什么是经典？"迄今为止，中外很多学者给"经典"下过不同的定义。比如王余光先生就认为：

> 我们常说的经典，是指那些具有重要影响的、经久不衰的著作，其内容或被大众普遍接受，或在某专业领域具有典范性与权威性。①

意大利著名作家卡尔维诺也在《为什么读经典》中提出了"经典"的十四个定义和特征②，笔者读来颇有启发。

为了对"经典"这个概念有更准确和深入的理解，我们先分别探讨一下"经"和"典"的本来意义。

"经"的篆体字为"經"，原义指织丝机上与纬线相对应的垂直方向的线。古人认为，在织丝时，只有先确定纵向的经线后，横向的纬线才能有所依附。古人由此而认为"经定而后纬正"，"经"因此成为前提性、先决性的东西。后来与图书典籍联系在一起，就指那些重要的权威性图书典籍。在汉武帝以前，一些重要的图书就已经被冠以"经"的名号，如《易经》《书经》《诗经》《墨经》《道德经》《甘石星经》等。在汉武帝实行"罢黜百家，独尊儒术"的文化政策以后，以孔子为代表，经董仲舒加工改造的儒家思想成为当时占统治地位的思想，相应地，一些重要的儒家著作也脱颖而出，成为封建政权法定的经典，地位越来越高。在传统目录学的经、史、子、集四部分类体系中，经部书专指那些被封建统治者确定并为儒家所尊奉的重要典籍，包括众所周知的"五经""十三经"。在传统社会中，这类图书具有

---

① 王余光：《阅读，与经典同行》，《教育文汇》2009年第9期。

② 伊塔洛·卡尔维诺：《为什么读经典》，黄灿然、李桂蜜译，译林出版社，2012，第1–10页。

高过其他一切图书典籍的至高无上的地位。清代纪昀在《四库全书总目提要》的经部总序中讲“经禀圣裁，垂型万世，删定之旨，如日中天”，意思是经部的书籍记载的乃是天下至高无上、永远正确、万世通用的公理，指导和规范着每一位中国人的价值观念和言行方式。时至今日，除了专业的目录学研究以外，当我们把“经”与图书联系在一起时，已经不再局限于儒家经典，而是更多地回归其本来意义。袁行霈先生就指出，现在研究中国传统文化，要从多个源头清理中华文明的来龙去脉，广泛地吸取其中的精华。基于这样的理念，他倡议对《十三经》进行重新编选和校注，并认为新编的《十三经》应该收录以下十三种典籍：《周易》《尚书》《诗经》《礼记》《左传》《论语》《孟子》《荀子》《老子》《庄子》《墨子》《孙子兵法》《韩非子》。①

“典”的篆体字为“典”，《说文解字》解释说：“典，五帝之书也。从册，在丌上，尊阁之也。”并引庄都之说云：“典，大册也。”②在纸张发明之前，我国的先民曾选用竹木、丝帛、金石、兽骨作为文字的载体，其中又以竹木之使用最为广泛、长久，由此形成流行甚广、影响甚远的简册制度。根据文献记载和考古发现印证，这种制度有一个基本的规律，即“以策之大小为书之尊卑”③。显然，那些“大册”一定是比较尊贵的重要图书典籍。根据《说文解字》的解释，“典”除了形制上比较大以外，从内容属性上来看，乃传说中的五帝之书，要比一般书尊贵；从珍藏方式来看，是被专门供奉、珍藏于“几阁”之上的书籍。

“经”与“典”连用，用在图书领域，就是指那些具有权威性、典范性且具有广泛而深远的影响力的重要图书典籍。参照卡尔维诺的

---

① 袁行霈：《〈新编新注十三经〉刍议》，载《当代名家学术思想文库·袁行霈卷》，万卷出版公司，2011，第 464－475 页。

② 汤可敬：《〈说文解字〉今释》（增订本），上海古籍出版社，2019，第 659 页。

③ 王国维著，胡平生、马月华校注：《简牍检署考校注》，上海古籍出版社，2004，第 38－39 页。

定义方式，在笔者看来，经典书籍应该有十条基本特征或者属性，一言以蔽之，就是经典的文化特质：

一、经典是位于书籍金字塔顶端的那些少而精的“书中之书”，在浩如烟海的书籍中独树一帜

很多学者认为，中国典籍虽然很多，但基本的要籍也就几十种而已。清人曾国藩认为：

> 古今书籍浩如烟海，而本根之书不过数十种。经，则《十三经》是已；史，则《廿四史》暨《通鉴》是已；子，则十子是已（五子之外，《管》《列》《韩非》《淮南》《鹖冠》）；集，则《文选》《百三名家》，暨唐宋以来专集数十家是已。自斯以外，皆剿袭前人之说以为言，编采众家之精以为书。①

再如 1984 年 1 月 25 日，在中国台湾地区出版的《“中央”副刊》上登载了一封由台湾地区政界人士俞大维口述的《给女作家陈荔荔的一封信》，信中谈及：1912 年，陈寅恪第一次从欧洲回国时，去拜见其父陈散原的老朋友夏曾佑。夏曾佑对他说：“你是我老友之子，我很高兴你懂得很多种文字，有很多书可看。我只能看中国书，但可惜都看完了，现已无书可看了。”时年二十余岁的陈寅恪对夏曾佑的这番话很不理解，告别出来时心想，此老真是荒唐，中国书籍浩如烟海，哪能都看完了？后来，陈寅恪见到表弟俞大维，重提当年那件往事，感慨道：“现在我老了，也与夏先生同感。中国书虽多，不过基本几十种而已，其他不过翻来覆去，东抄西抄。”

① 唐浩明：《唐浩明评点曾国藩语录》，华夏出版社，2009，第 726 页。

曾国藩、夏曾佑和陈寅恪皆为一代文史大家，他们的说法具有很强的代表性，他们所说的“本根之书”“基本书”，均指那些少而精的经典著作。对于读者而言，要了解中国传统文化，应该把主要精力放在阅读这些书籍上。精通、熟习了这些书籍，即便读书较少也能直抓本质，由约而博。不精读这些书籍，虽然博览群籍，也只会事倍功半，甚至不能得到读书、治学的门径。对此，汪辟疆先生在《读书说示中文系诸生》中有非常精到的论述：

> 《四库》著录，何一非重要之书？然有源之水，只有此数，而此有数之源头，又分别其源头之源头，则书更少，更易为力，守此几部源头书，锲而不舍，虽约必博。反之，目罣坟籍，鲜窥根柢，犹之身处大江下流，徒骇其汪洋灏瀚，而欲与之谈汶阜氐道之滥觞，夔巫西陵之湍急，宁非梦呓？所谓虽博而仍陋也。

依照这样的观点，汪先生指出中文系大学生在大学期间“必读而又须急读”的十本“源头书”：《说文解字》《毛诗正义》《礼记正义》《荀子》《庄子》《汉书》《资治通鉴》《楚辞》《文选》《杜诗》。[1]

二、经典的产生殊为不易，因为需要具备很强的独创性，它是特殊年代、特殊地区、特殊人物厚积薄发的产物

并不是每个时代都有可能产生经典，辉煌的时代，经典往往会呈井喷之势，层出不穷，而平庸的年代，几百年也出不了经典。而每一部经典的产生过程都是缓慢而艰难的，需要精雕细琢，不断完善。张舜徽先生说：

① 汪辟疆：《汪辟疆文集》，上海古籍出版社，1988，第63-65页。

> 著述之业，谈何容易，必须刊落声华，沉潜书卷，先之以十年廿载伏案之功，再益以旁推广揽披检之学，反诸己而有所得，然后敢着纸笔。必有自得之实，方可居作者之林。[①]

书成已是不易，要成为经典，更是难上加难，这也是经典数量不可能很多的重要原因之一。清人顾炎武认为，只有那些“古人之所未及就、后世之所不可无，而后为之”的书籍，才能真正成为传之不朽的精品。像《资治通鉴》和《文献通考》这样的名著，都是作者“以一生精力成之，遂为后世不可无之书”[②]。也就是要在前人研究的基础上开拓新领域、研究新问题，做出对当代和后世均有价值和意义的研究成果，进而呈现出独特的面貌和风格来。正是在这一点上，经典的独特性、深刻性和畅销书的模式化、量产化形成了鲜明的对比。

从中国的著述史来看，“十年磨一剑”甚至“终身磨一剑”的厚重之作，都会让那些“一年磨十剑”的急就章相形见绌。而要做到这一点，往往需要著述之人抛弃很多东西，心无旁骛地专心笔耕，倾注毕生的心血和精力去完成自己的名山之作，因此他们中很多人的人生经历经常是孤独寂寞乃至不幸的。中国的著述史上一直存在着“发愤而著书”“文章憎命达”“诗穷而后工”的现象。孔子、司马迁、杜甫、蒲松龄、吴敬梓、曹雪芹，这些令后人“高山仰止”的文化大家，都难免背负着“千秋万岁名，寂寞身后事”的悲凉和无奈。从一定意义上说，这些文化巨匠是用自己的人生悲剧为我们打造出民族的不朽经典。因此，面对其人其书，我们应该保持一种“温

① 张舜徽：《爱晚庐随笔》，华中师范大学出版社，2005，第343-344页。

② 顾炎武著，陈垣校注：《日知录校注》（中），安徽大学出版社，2007，第1046-1047页。

情的敬意”，绝对不可擅加妄议。

三、经典是经过长久的时间考验和人们的精心选择而形成的，是大浪淘沙、沙里淘金后涌现出来的精品，因此具有很强的历史性

经典一定是历史选择出来的“最有价值的书”。关于这一点，冯友兰先生有很精到的论述：

> 怎样知道哪些书是值得精读的呢？对于这一个问题不必发愁。自古以来，已经有一位最公正的评选家，有许多推荐者向它推荐好书。这个评选家就是时间，这些推荐者就是群众。历来的群众，把他们认为有价值的书，推荐给时间。时间照着他们的推荐，对于那些没有永久价值的书都刷下去了，把那些有永久价值的书流传下来。从古以来流传下来的书，都是经过历来群众的推荐，经过时间的选择，流传了下来。[①]

从这个角度来讲，经典具有长久的生命力和永恒的价值，这一点如果拿来与畅销书“各领风骚三五月”的时尚性加以比较，就会显得更为突出。当然，从中国历史上来看，经典的形成是一个错综复杂的过程，除了作品自身的内容和价值外，还受到政治、社会、学术风气、学脉传承、出版机制甚至时运等偶然因素的综合影响。比如儒家经典如果没有汉武帝“罢黜百家，独尊儒术”的强有力政策，可能就不会有后来这样显赫的地位。再比如唐代著名史学家刘知幾在《史通·鉴识篇》中谈到书籍的废兴穷达，与人的命运一样，往往受到“时”“命”

① 冯友兰：《我的读书经验》，载《博览群书》杂志选编《读书的艺术：如何阅读和阅读什么》，九州出版社，2004，第 129 页。

等不可预测的偶然因素的影响：

> 夫人废兴，时也；穷达，命也。而书之为用，亦复如是。盖《尚书》古文，《六经》之冠冕也；《春秋左氏》，三《传》之雄霸也。而自秦至晋，年逾五百，其书隐没，不行于世。既而梅氏写献，杜侯训释，然后见重一时，擅名千古。若乃《老经》撰于周日，《庄子》成于楚年，遭文、景而始传，值嵇、阮而方贵。若斯流者，可胜纪哉！故曰“废兴，时也；穷达，命也”。适使时无识宝，世缺知音，若《论衡》之未遇伯喈，《太玄》之不逢平子，逝将烟烬火灭，泥沉雨绝，安有殁而不朽，扬名于后世者乎！

但整体来看，无论古今中外，一本书籍最终能否成为经典，根本上还是取决于其内容与价值。

四、经典具有鲜明的时代性，经典会打上时代的烙印，并随着时代的变迁而起伏

一方面，不同的时代可以产生不同的经典，不同时代的经典会打上那个时代鲜明的历史烙印。以文学为例，古代有楚辞、汉赋、六朝骈文、唐诗、宋词、元曲、明清小说，到了民国，新文学领域又涌现了大量的散文、诗歌、小说、戏剧，今天看来，其中也有不少经典之作。正所谓，一代有一代之文学，一代有一代之经典。中华人民共和国成立以来，有人认为，凡是获得茅盾文学奖的作品，都有成为经典小说的可能性。但最终结果如何，还需时间考验，还需沙里淘金。

另一方面，有些经典因为不同时代的政治、经济、文化等多方面的因素，地位和影响会有所不同。比如汉代许慎的《说文解字》一书，在清代就特别受到学者的推崇，这是中国古代学术发展的必然趋势，也是乾嘉学派“读书自识字始”的学术主张的具体体现。直到民国时期，很多学者仍将其列为国民的基础读物之一。朱自清先生《经典常谈》一书的开篇，选的便是《说文解字》。可是到了今天，对于一般读者而言，要读中国传统经典，通常很少从此书入手，因为我们已经有了更适合今人查阅的多种字典、词典。但这并不能否认《说文解字》是一部文字学中的经典著作这一事实，如果需要进行专业的学术研究，还是应该将其作为必读书，下功夫认真研读。

五、经典具有鲜明的国家和民族文化特性

首先，不同的国家和民族会有不同的经典。以我国为例，中国的传统文化是由56个民族共同创造和发展起来的，呈现出“多元一体”的格局和特征。在这种文化格局下，除了汉族的经典之外，许多少数民族也都有自己的经典，如藏族、蒙古族、柯尔克孜族分别有自己的英雄史诗《格萨尔》《江格尔》《玛纳斯》。这些都是中华民族珍贵的文化遗产，我们在谈论中华民族的传统经典时，必须把这些典籍纳入其中。

其次，那些具有根本性、生发性的经典，会在一定程度上决定一个国家和民族的生活样式，进而形成不同的民族性格和文化特征。德国著名哲学家卡尔·雅斯贝斯在1949年出版的《历史的起源与目标》中把公元前800年到公元前200年称为世界历史的“轴心时代”，认为这是人类文明精神的重大突破时期。这个时期，欧亚大陆上各个文明都出现了伟大的精神导师——古希腊有苏格拉底、柏拉图、亚里士多德，以色列有犹太教的先知们，古印度有释迦牟尼，中国有孔子、老子……他们提出的思想原则塑造了不同的文化传统，一直影响着人类的生活。“这个时代产生了直至今天仍是我们思考范围的基本范畴，创立了人类仍赖以存活

的世界宗教之源端。”[①]“轴心时代”的古圣先贤巨大的创造力和影响力，则主要是通过生前的传道授业解惑和身后的图书典籍表现出来与产生的。为什么会存在这种现象？仅以中国为例，因为人类从茫然无知，崇拜自然、崇拜鬼神、崇拜祖先，到处求神问卜的夏商西周蒙昧时期，发展进化到春秋战国，学术下移，出现了私人著述、私人藏书、私人讲学。人类进入开窍的青少年时期，试图回答人与自然、人与社会、人与人之间的关系，或者回答“我是谁？”“我从哪里来？”“要到哪里去？”等根本性问题。于是便涌现了一批所谓的圣人和贤人，他们的著述就逐渐成为经典，后世人还要回答这些根本性问题，还要在这些经典中寻求答案，正是因为这些经典提出并回答了人类精神生活中的众多根本性问题。这些典籍是各个国家与民族精神文化方面永恒的“元典”。比如《吠陀》之于印度，《圣经》之于基督徒，《古兰经》之于穆斯林，《荷马史诗》《理想国》《形而上学》之于希腊人，“四书”“五经”之于中国人，无不如此。所以有人说，要了解一个国家和民族，最好是从决定这个民族文化基因的几本重要典籍入手。

最后，一个国家和民族文化要持续发展，必须对她的重要典籍进行研习、传承、扬弃与创造。清代龚自珍《定庵续集》中说：“欲知大道，必先为史。”“灭人之国，必先去其史。”这里所说的“史”，也包括本国家本民族的重要典籍。可惜的是，自近代以来，因为国势的衰微、政局和文化理念的转变，国人对传统文化以及承载传统文化的典籍的态度，经历了从“看不起”到“看不到”再到“看不懂”的历史过程。钱穆先生因此感慨说，对中国文化失去信心是中国文化的最大危机。可喜的是，党的十八大报告已经强调，今天的中国要“建设优秀传统文化传承体系，弘扬中华优秀传统文化”。作为传统文化的重要基础

① 卡尔·雅斯贝斯：《历史的起源与目标》，魏楚雄、俞新天译，华夏出版社，1989，第9页。

内容之一，传统经典理应得到必要的重视和广泛的了解。习近平总书记更是提出了“文化自信”的重要执政理念。2014年9月9日，习近平同志在北京师范大学看望教师学生时提出：

> 我很不赞成把古代经典诗词和散文从课本中去掉，“去中国化”是很悲哀的。应该把这些经典嵌在学生脑子里，成为中华民族文化的基因。①

在新时期听到党和国家领导人能有如此高瞻远瞩的见解和眼光，我们甚感敬佩和欣慰。

六、从研究的角度来看，经典作为具有重大原创性、奠基性的著作，具有持久的震撼力、生发性与开放性，值得深入研究，多方诠释，可以生发出许多有意义的重大问题，甚至形成重要的学科、学派

美国学者安德斯·斯蒂芬森说，经典之所以成为经典，“在于它们不断地接受重新诠释”②。冯友兰先生也指出，“以述为作”的著述方式是儒家学术赖以成为系统的根本方式。③同样一部《论语》，后世不同的注解、章句、笺疏、集解，看似都是在阐述《论语》，实则更侧重于反映注解者的意见和主张。不独儒家如此，在一定程度上，这也是整个中国传统学术文化持续发展的一种普遍方式。从这个角度来看，中国学问犹如葡萄藤，累累果实都是从一个重要的点上逐步生发出来的。不研究这些要点，就无法读通弄懂后来的大量书籍。《周易》《老子》《论语》《孙子兵法》这些先秦时期出现的“元典”，篇幅都不长，

① 唐云云：《习近平：很不赞成把古代诗词和散文从课本中去掉》，2014-09-10，http://politics.people.com.cn/n/2014/0909/c/024-25628978.htm。

② 大卫·邓比：《伟大的书：西方经典的当代阅读》，苇杭译，国际文化出版公司，2006，第18页。

③ 冯友兰：《中国哲学史新编》（上册），人民出版社，2004，第187页。

但后世的解释、研究之作，真可谓叠床架屋，不胜枚举。很多专门的学科便由此而形成，比如，围绕着《说文解字》《文心雕龙》《红楼梦》等经典，形成了“说文学”“龙学”“红学”，研究之人数量规模甚是壮观。从这个角度来讲，这些书都是一些“源头”书，读书首先要重视这些书，先从这些书读起，越往下读就越有涣然冰释的感觉。金克木先生就指出，在读古书时，应首先阅读《易》《诗》《书》等十部经典：

> 首先是所有写古书的人，或说古代读书人，几乎无人不读的书必须读，不然就不能读懂堆在那上面的无数古书，包括小说、戏曲。那些必读书的作者都是没有前人书可读的，准确些说是他们读的书我们无法知道。这样的书就是：《易》《诗》《书》《春秋左传》《礼记》《论语》《孟子》《荀子》《老子》《庄子》。这是从汉代以来的小孩子上学就背诵一大半的，一直背诵到上一世纪末。这十部书若不知道，唐朝的韩愈、宋朝的朱熹、明朝的王守仁（阳明）的书都无法读，连《镜花缘》《红楼梦》《西厢记》《牡丹亭》里许多地方的词句和用意也难于体会。①

七、随着知识更新速度的加快和现代学科体系的发展，经典的学科性开始特别凸显

人们经常讲传统社会的早期文史哲不分家，有很多“上知天文，下知地理”的百科全书式的大学者。这是因为先前的学科体系不像现在这样规范和细致，人们阅读的对象更多是具有普适性的经典著作。如钱穆先生1978年在《从中国历史来看中国民族性及中国文化》中提出，《论语》

---

① 金克木：《书读完了》（增订版），上海文艺出版社，2018，第17页。

《孟子》《老子》《庄子》《六祖坛经》《近思录》《传习录》七部书最能代表中国文化精神，是中国人的总纲，也是中国人的必读之书。吴小如先生也曾提出，把《唐诗三百首》《四书》《古文观止》从头到尾都看过，都背过，就能打好国学基础。[①]两位先生所提到的书目都是极具通用性、普适性的经典。除了这些具有普适性的经典著作以外，图书领域更多的则是不同学科不同领域的经典，适合各学科领域专业的研习者去研读，在当代更是如此。有此学科必读而彼学科完全可以不读的书。中国目录学有一个非常优良的传统，清代章学诚概括为“辨章学术，考竟源流”。每个学科都有学术发展史，那些发微、奠基或集大成之作，值得重点研读。比如我们研究中国书籍史和出版史，叶德辉的《书林清话》、王国维的《简牍检署考》都属于不能不读，甚至不能不熟读的经典之作。再如传播学研究中也有“四大先驱”以及集大成者之说，他们各有重要的代表性著作[②]。但对于研究数学、经济、政治等学科的人而言，不读甚至不知这些书，也没有什么大碍。这一点就提示我们，现代学科体系建立起来以后，术业有专攻、隔行如隔山的特点越来越明显。因此在读书和研究中，应该有一种“厚此而不薄彼”的宽容心态。一个人研究的领域别人不知不明，是很正常的。在重视自己领域经典的同时，也要对其他领域有必要的敬畏之感。

八、经典是值得人们反复阅读，甚至百读不厌的书，因为经典具有丰富而厚重的内涵

苏轼有诗云：“旧书不厌百回读，熟读深思子自知。”这里的“旧书”系指那些经典的好书。卡尔维诺也说：“经典作品是那些你经常听人家说‘我正在重读……’而不是‘我正在读……’的书。”[③]孔子喜读易以至“韦编三绝”；赵普“以半部《论语》打天下，以半部《论语》

---

① 潘衍习：《吴小如的书房》，《人民日报》（海外版）2012 年 10 月 26 日第 11 版。

② 郭庆光：《传播学教程》，中国人民大学出版社，2002，第 260-263 页。

③ 伊塔洛·卡尔维诺：《为什么读经典》，黄灿然、李桂蜜译，译林出版社，2012，第 1 页。

治天下”，白崇禧标榜自己“半部《左传》治广西”，都讲的是一部书可以精读数遍，可以用读十本书的精力读好一本书，将其读熟、读透、读活，知行合一，学以致用。经典一定是值得我们终生反复阅读而且每读一次都会有新知、新解、新悟的好书。牟钟鉴先生在《我的几点读书心得》一文中，首先谈到的就是“要在各类经典上多下功夫”：

> 关于读书，首先要在各类经典上多下功夫，打好一生读书的基础，尤其古代原创性经典如《四书》《道德经》《史记》等包含着中华文化的基因，是人生智慧的孵化器，在青少年时代便可阅读，夯实基石，一生受用。尔后百读不厌，结合自己不同时期的经历反复阅读，同时向贤者请教，方能领会其中智见，发挥引领人生的作用。[①]

在实际的阅读活动中，不少人读《诗经》《论语》《孟子》《资治通鉴》《红楼梦》等书时，总有读不够、常读常新之感，这是因为经典的内容太丰富、太深刻，所以大多数情况下，阅读经典并非易事，而是需要有一定的知识储备、文化素养、人生阅历和阅读能力作为基础。读不太懂或者完全不懂，是普通读者初次接触经典时常会遇见的问题。这当然不是经典之错，而是我们的水平有限，需要提高的是我们自己。提升自我、深入阅读的过程是不易的，但一旦进入经典找到感觉后，收获就会与日俱增，开卷有益就会成为一种常态。这恐怕也是应该反复阅读经典的客观原因之一。相比之下，对一些流行一时的畅销书，如有闲暇和兴趣，翻读一遍便足矣，因为这样的书，内容较浅，缺乏值得咀嚼的味道。以笔者的理解，世间所有书籍，都可分为四种：看家书、精读书、泛读书、备检书。对于看家书，应该反复仔细阅读以至无比精熟，部分内容甚至全部内容都

① 牟钟鉴：《我的几点读书心得》，《人民日报》2018年7月24日第24版。

能背诵，并能运用自如。对于精读书，则至少系统读过三遍，且有必要的札记，对其框架、观点、方法、风格十分了解。对于泛读书，则取“随便翻翻”主义，闲时一阅，有个大概了解，遇到感兴趣的便记下来，简单过一遍即可。对于备检书，则主要作为工具书使用，有问题、有疑惑时拿来查找翻阅即可。这里所说的看家书、精读书，就主要指经典而言。

九、对于当代人来说，经典，尤其是古籍中的经典，往往存在着“知之者较多”而“读之者较少”的矛盾现象，在信息社会中这一现象会愈演愈烈

多年来，我们基础教育阶段的语言文学教育，以对教材的研习为主，在正式的课堂教育中，“整本经典阅读教育”普遍缺乏，使得很多学生在上大学之前，了解、知道了很多作家、学者、学派以及名著的名称，但肚子里却没有装下几本完整的、原汁原味的经典名著，所以其知识基础必然是不完善的。如经部中的“四书”“五经”，史部中的“前四史”和《资治通鉴》，子部的诸子百家，集部的唐诗、宋词、元曲，稍有文化基础的中国人都会知道，但未必都读过。我们姑且“卑之无甚高论”，即便像《唐诗三百首》《古文观止》以及“四大文学名著”这类耳熟能详的常见书，恐怕也很少有人读完读好。笔者在北京大学为本科生讲课时，经常会向同学们提两个问题：一是从小到大，有哪位同学曾彻头彻尾通读过“四大名著”中的一本？二是每年寒暑假回家，大家都有带好几本书回家的习惯，但开学归来，有哪位同学曾彻头彻尾地读完其中的一本？满堂少年中，给出肯定答案的总是寥寥无几。当今人们又普遍受到新媒体环境下数字阅读的影响，加上快节奏的生活方式，想让人们静下心来整本整本地熟读经典，会越发困难。在我们个人的阅读生活中，随便翻翻浅尝辄止、刚开个头就另觅他书的情况也会经常发生，因此就无法深入、系统地了解经典。可是这些经典书籍却是非常基础、非常重要的。如著名学者汪辟疆先生、余嘉锡先生就非常强调读常见的经典书，他们为此分别将自己的书房命名为“读常见书斋”“读已见书斋”。

在今天，保持阅读常见经典的习惯，是我们应当普遍重视的自觉性的文化“补课”行为，更是我们在信息化浪潮中保持清醒和镇定的重要手段。进入信息化时代，各种媒体的广泛应用的确使我们的生活方便起来，也在一定程度上开阔了我们的眼界，加快了我们的生活节奏，但也难以避免地让我们超负荷地接受了更多与自己无关的信息，让我们紧张、焦虑、浮躁起来。在铺天盖地的信息面前，我们甚至有些无所适从。我们中的很多人虽然拥有了信息，但却未必有知识，有了知识，也未必有文化，有了文化，也未必有智慧。很多人的思想支离破碎，没有深度，不成系统。早在20世纪90年代，美国著名影评家大卫·丹比就已经痛感信息社会之瞬息万变对于人们生活的负面影响。他发现自己已经不再是个博览群书、勤于思考的读者，而成了一个只读新闻、时事书籍以及各种各样的杂文的读者。更可怕的是，他深切地感受到：“我拥有信息，但没有知识；我拥有观点，却没有原则；我有本能，却没有信念。”[①]1991年，大卫·丹比在48岁时重返母校——哥伦比亚大学，与青年学生坐在一起，开始系统地重读“伟大的书”，书单中的作者包括荷马、柏拉图、索福克勒斯、亚里士多德、但丁、薄伽丘、卢梭、莎士比亚、黑格尔、奥斯丁、马克思、尼采、波伏娃、康拉德、伍尔夫等。他说：“严肃的阅读或许是一种结束媒体生活对我的同化的办法，一种找回我的世界的办法。”[②]这样的观点，对于身处信息化世界中的我们，真是具有一种振聋发聩的功效。

十、不论什么样的经典，到了不同读者那里，都会有一个“选择性接受”的问题

读书是一项个性很强的活动，每个人的读书志趣、习惯和方法绝

---

① 大卫·丹比：《伟大的书：我与西方世界不朽作家的历险记》，曹雅学译，江苏人民出版社，1998，第6页。

② 同上，第7页。

不会等同划一。即便在同一时间同一地点，不同的人读同一本书，最终所得的效果也会千差万别。真正会读书的人，在求学和工作阶段，除了一些硬性规定的必读书外，都会自主选择其他自己想阅读的书籍。很多学者指出，我们在选择和阅读书籍时，既需要认真听取并充分借鉴前人、名人和师友的主张和意见，但又不能照单全收，盲目遵从，而应主权在我，必须根据自己的趣味、眼光和实际需要去选择。相比之下，趣味应是第一位的标准。因此，不同的人心目中会有不同的经典。“一千个读者眼里有一千个哈姆雷特”，即便对同一部经典，不同的人也有不同的看法。从这个意义上说，笔者不赞同有些人“不读某本书，就不算是中国人”的极端之论。近人黄侃先生在北京大学任教时，面对声势浩大的白话文运动，不为时风所动，坚持提倡和使用文言文，甚至提出“八部书外皆狗屁”的观点，意谓平生信奉推崇的经典只有八部，即《毛诗》《左传》《周礼》《说文解字》《广韵》《史记》《汉书》《文选》，其余均不可论，更不用说白话文。这样看似不合潮流、有些极端的观点和选择，并没有妨碍黄先生成为一代国学大师。黄先生的经历给我们的启发就是：我们可以不读自己不感兴趣的经典，但一定要把自己感兴趣且认为有价值的经典读好。当每个人都在尊崇经典的前提下，自觉选择自己感兴趣的书去认真阅读时，整个社会的文化氛围也会发生很大的变化。今天我们要构建“书香社会”，首先要解决的问题，就是要引发国人对读书的兴致以及对经典的敬意，让大家认为读经典是有益的、必要的、美好的，进而养成自觉读书的习惯。接下来，读什么、怎么读之类的很多问题，都会迎刃而解。

（发表于程曼丽主编《北大新闻与传播评论》第 10 辑，北京大学出版社 2015 年版。收入本书时进行了增改）

由导读书目看中国经典著作与传统文化

图书与文化的关系十分密切。一方面，不同的文化体系孕育了不同的图书内容和形式；另一方面，图书本身就是文化的重要表现形式之一。和文化的其他部类一样，图书本身也有一个从无到有、从幼稚到成熟的历程，这一历程已构成文化史中一条重要的支脉。各种思想、意识、经验、理论、科学等若想物质化、有形化和社会化，都有赖于图书。图书的形式也是不断变化的，有刻画记录、抄写记录、印刷记录、磁性记录、光电记录等；记录手段的变化反映了技术的发展，也是文化发展的要求。所以说，图书不仅具有文化信息传递的意义，就其本身而言，也有科学和美学的价值。

一、图书与文化的关系

（一）图书是记录文化信息最直接的工具

据人类学家研究，在没有文字之前，人们表达思想、传递信息十分困难。最初只能靠声音和动作来表达感情、交流意识，在这“有声无言”的阶段，人与其他动物并没有很大的区别。经过长期进化，人们可以利用口中发出的不同声音来表达不同的感情。由声音发展到语言，是人类社会的一大进步，人与人之间可以相互对话，沟通思想，交流经验。但由于文字尚未出现，此时还处在“有言无文”时期，仍有诸多不便。用语言传递信息，只能限于一时一地，距离稍远就不便传达，时间稍久，亦不便记忆，这就使人类在文化交流上具有很大局限性。

为了进一步使感情、信息得到交流传播，人们开始把自己的经验和知识，用简练的、便于记忆的语言编写成歌谣、口诀和故事，以此相告，代代相传，这就是所谓的“传说”。中外许多远古的历史和知识，就是靠传说才传之于后人的。如我国上古时期，关于“黄帝”“炎帝”“有巢氏”“伏羲氏”“神农”“女娲”的故事；外国的《奥德赛》《伊利亚特》（《荷马史诗》）等，都是依靠口耳相传的方式得以流传下来的。利用“传说”来传播信息文化，所依靠的是人的自然记忆。而人的记忆力总是有限的，一件事经过若干人口口相传之后，往往会被遗漏或增加某些内容，甚至完全走了样。因此，“传说”虽然为后人保存了古代的知识，但这种知识既零散无序，又真伪参半。

有了文字，就能比较全面、真实地记录和反映人类的知识文化，而且能超越时间和空间上的障碍和局限，特别是人们可以用文字把需要传播的知识文化记录在一定形式的载体之上。中国的先民，曾使用竹木、甲骨、金石、缣帛等作为记录信息、知识和文化的载体，在汉代还发明并改进了造纸术。将丰富、系统的知识文化记录在各种载体上，即成为图书文献。有了图书文献，容纳、提供的文化信息更为丰富、更为系统、更为精确、更为翔实，传递知识、交流思想的功能也更加完备。发展到今天，人类记录信息的载体和媒介的形式越来越多样，越来越便利，但图书仍然是记录文化信息最直接的工具。

（二）图书文献是积累文化的重要手段

从人类文化发展的垂直继承关系上来分析，有了图书文献，人们就不需事必躬亲，事事从头做起，而可以高效地继承前人的知识、经验、认识、技能，以古为鉴，以传统为基础，从已有的认识和成果出发去创造新的认识和成果。在这一方面，中外学者都有共同的认识。

成书于唐初的《隋书·经籍志》盛赞图书在积累文化进而在创造文化方面的重要作用：

> 夫经籍也者，机神之妙旨，圣哲之能事，所以经天地，纬阴阳，正纪纲，弘道德，显仁足以利物，藏用足以独善。学之者将殖焉，不学者将落焉。

1837年，俄国著名的作家赫尔岑在维亚特卡公共图书馆开幕式上也特别提到图书在文化积累方面的重要作用：

> 书，这是这一代对另一代人精神上的遗言，这是将死的老人对刚刚开始生活的青年人的忠告，这是准备去休息的哨兵向前来代替他的岗位的哨兵的命令。人类的全部生活都依次在书本中留下印记：种族、人群、国家消逝了，书却依然存在。它跟人类一起成长，一切使智慧震惊的学说，一切使内心激动的热情都在书本中结晶化起来。[①]

从人类文化的发展史来看，的确如赫尔岑所言：许多科学家、发明家用一生或者数十年的精力研究得出的定理公式，人们可以在很短的时间内就掌握并运用，避免研究者们所经历的无数次失败，这就是人类社会能加速发展的原因。时代的进步就是建立在前人经验的基础之上的。前人不断积累经验，而后人能够继承和借鉴的一个重要因素，就是由于有了图书文献作为载体与媒介。

（三）图书是传播文化的媒介

从横向的交流关系来分析，民族文化的表达，中外文化的冲击、碰撞与交流融合，都离不开图书。无论什么时代，人们总要吸收别人的经验，取长补短、扩大视野，从而建设、丰富本民族的文化科学。也可以说，文字记录文化和积累文化的作用都是为传播和交流文化服

① 赫尔岑：《赫尔岑论文学》，辛未艾译，上海译文出版社，1989，第3页。

务的，这一点更为重要。在中国历史上，从汉代佛教的传入，明末清初以及晚清时期的“西学东渐”活动，以及中国文化向日本、朝鲜、越南等国家的传播活动中，都可以看出，图书是世界各民族文化交流传播最为重要的载体之一。研究中外文化交流史，可以发现，在海上和陆上除了有著名的丝绸之路以外，还有非常重要的“书籍之路”。今天，随着中国综合国力的不断提升，除了继续积极输入西方优秀图书以外，还应在国家战略层面上主动推进实施中国图书“走出去”的文化输出活动。向内输入什么，向外输出什么，以及如何输入和输出，输入和输出的效果如何，不仅对中国当代的出版业，更重要的是对当代的中国乃至世界文化发展，都有着十分深远的影响。

二、关于“最能体现中国文化的经典图书”的讨论

图书与文化的关系如此密切，而中国图书的数量又是浩如烟海，要通过图书来了解中国的传统文化，就必须择其经典来研究和阅读。那么，究竟哪些书是中国的经典，哪些书是中国人的必读之书，哪些书影响了中国的历史，哪些书最能代表中国文化的精神？要回答这些问题，就必须借助书目，尤其是比较有影响的导读书目。自近代以来，在研究中国传统文化时，很多著名学者和文化机构为学生、子弟或社会大众开过导读书目。这些书目一般有两个功用：一是告诉人们哪些书应该重点去读；二是告诉人们读书的门径、次序和方法。

最先开出导读书目的是晚清著名学者张之洞。同治十三年(1874)，他到四川任学政，发现不少应考的读书士子并不会读书。有些人头发都已花白，但因屡试不中，仍然只能称“童生”，读了几十年书，还没有入门。为给这些生员指引门径，回答他们提出的“应该读哪些书”“书以何本为善”这两个问题，张之洞编撰了一部《书目答问》，一下子就列举了2200余种古籍。他把这些书按经、史、子、集、丛五部分类编排，每部之下又分若干小类，每类当中的书大体按时间先

后为序，告诉初学者该读哪些书，选择什么版本。因为他经过了一番斟酌，选择的书籍反映了中国学术的发展，因此，这部书受到后人的重视，被多次翻印补正。虽然选的书数量多，补正的人还是说："诸生当知其约，勿骇其多。"鲁迅先生说过："我以为倘要弄旧的呢，倒不如姑且靠着张之洞的《书目答问》去摸门径去。"[①]

1923年，清华学校的一批留学生即将出国，为了在短期内学到国学常识，他们请胡适、梁启超二人各自拟定一个有关国学的书目。胡适编撰了《一个最低限度的国学书目》，工具之部列《书目举要》等14种，思想史之部列《中国哲学史大纲》上卷等93种，文学史之部列《诗经集传》等78种，计185种。当时《清华周刊》的记者致书胡适，一方面，提出这个书目的范围太窄了，似乎只针对中国思想史及文学史而言，不能代表国学，即包括氏族史、语言文学史、经济史、政治史等在内的中国文化史；另一方面，所谈的两方面又太深了，不合于"最低限度"四字，没有顾及清华学生的时间和程度这两种事实。因此，提出希望胡适另外拟一个书目，以求读过那书目中所列书籍以后，对于中国文化能粗知大略。对此，胡适承认关于程度和时间方面，动机虽是为清华的同学，但动手之后就不知不觉地放高了、放宽了。于是，又在原书目上打一些圈，作为《实在的最低限度的书目》，并说："那些有圈的，真是不可少的了。"以下是加圈的书：

《书目答问》《中国人名大辞典》《九种纪事本末》《中国哲学史大纲》《老子》《四书》《墨子间诂》《荀子集注》《韩非子》《淮南鸿烈集解》《周礼》《论衡》《佛遗教经》《法华经》《阿弥陀经》《坛经》《宋元学案》《明儒学案》《王临川集》《朱子年谱》《王文成公全

① 鲁迅：《而已集·读书杂谈》，载《鲁迅全集》第3卷，人民文学出版社，1981，第441页。

书》《清代学术概论》《章实斋年谱》《崔东壁遗书》《新学伪经考》《诗集传》《左传》《文选》《乐府诗集》《全唐诗》《宋诗钞》《宋六十家词》《元曲选一百种》《宋元戏曲史》《缀白裘》《水浒传》《西游记》《儒林外史》《红楼梦》。计39种。

对于胡适的书目，比他年长18岁的梁启超直言不讳地提出批评：

> 胡君这书目，我是不赞成的，因为他文不对题……胡君致误之由：第一在不顾客观的事实，专凭自己主观为立脚点……胡君第二点误处，在把应读书和应备书混为一谈……我最诧异的：胡君为什么把史部书一概屏绝！一张书目名字叫做“国学最低限度”，里头有什么《三侠五义》《九命奇冤》，却没有《史记》《汉书》《资治通鉴》，岂非笑话？……还有一层：胡君忘却学生没有最普通的国学常识时，有许多书是不能读的，试问连《史记》没有读过的人，读崔适《史记探源》，懂他说的什么？连《尚书》《史记》《礼记》《国语》没有读过的人，读崔述《考信录》，懂他说的什么？连《史记·儒林传》《汉书·艺文志》没有读过的人，读康有为《新学伪经考》，懂他说的什么？……（思想之部，连《易经》也没有。什么原故，我也要求胡君答复。）①

梁启超用三日之力，也开列了《国学入门书要目及其读法》及《最低限度之必读书目》。《国学入门书要目及其读法》分五类：

① 梁启超：《国学要籍研读法四种》，国家图书馆出版社，2008，第157–159页。

（甲）修养应用及思想史关系书类；（乙）政治史及其他文献学书类；（丙）韵文书类；（丁）小学书及文法书类；（戊）随时涉览书籍。

《最低限度之必读书目》包括：

> 《四书》、《易经》、《书经》、《诗经》、《礼记》、《左传》、《老子》、《墨子》、《庄子》、《荀子》、《韩非子》、《战国策》、《史记》、《汉书》、《后汉书》、《三国志》、《资治通鉴》（或《通鉴纪事本末》）、《宋元明史纪事本末》、《楚辞》、《文选》、《李太白集》、《杜工部集》、《韩昌黎集》、《柳河东集》、《白香山集》，其他词曲集，随所好选读数种。

梁氏认为："以上各书，无论学矿、学工程……皆须一读。若并此未读，真不能认为中国学人矣。"①

我们不难看出，梁氏所列比胡氏书目在范围上面宽了些，尤其是增加了不少史学著作；在部头上略微精减了一些，删去了不少卷帙浩繁的总集、全书；但仍嫌"博而寡要"，实际上，对学理工者还是不适用。

1925年新年伊始，《京报副刊》的主编孙伏园在刊物上发表启事，征求"青年爱读书十部"和"青年必读书十部"的书目。启事刊登后不久，海内外众多的名流学者纷纷参与"青年必读书"推荐书目的编写与讨论，《京报副刊》从1925年2月11日开始登载各位学术名流学者开列的书目，一天一位（除2月28日刊登了22位的推荐书目），至4月9日结束，共刊出78位名流学者列出的书目。除胡适、梁启超再度亮相外，周作人、马裕藻、林语堂、沈兼士、顾颉刚、马叙伦、许寿裳、太虚等先后执笔，这些推荐书目在当时社会造成了广泛的影

① 梁启超：《国学要籍研读法四种》，国家图书馆出版社，2008，第152页。

响，指导青年阅读之路。但也有江绍原、鲁迅、俞平伯三位给必读书目交了“白卷”，鲁迅写道“从来没有留心过，所以现在说不出”[①]。鲁迅等三位学者的做法立刻引起了轩然大波，把“青年必读书”事件推向了高潮，展开了一场更为激烈的社会争论，鲁迅和反对者们辩论的信件也在《京报副刊》和《晨报副刊》公开刊出。

时隔两年，在1927年前后，鲁迅先生老友许寿裳的儿子许世瑛攻读中国文学，向鲁迅请教应该从哪些方面入手，看些什么书。鲁迅随手给他开了一个书目，书不多，仅有12部：

> 计有功（宋人）　《唐诗纪事》（四部丛刊本，又有单行本）。
>
> 辛文房（元人）《唐才子传》（今有木活字单行本）。
>
> 严可均　《全上古……隋文》（今有石印本，其中零碎不全之文甚多，可不看）。
>
> 丁福保　《全上古……隋诗》（排印本）。
>
> 吴荣光　《历代名人年谱》（可知名人一生中之社会大事，因其书为表格之式也。可惜的是作者所认为历史上的大事者，未必真是“大事”，最好是参考日本三省堂出版之《模范最新世界年表》）。
>
> 胡应麟（明人）　《少室山房笔丛》（广雅书局本，亦有石印本）。
>
> 《四库全书简明目录》（其实是现有的较好的书籍之批评，但须注意其批评是“钦定” 的）。
>
> 《世说新语》　刘义庆（晋人清谈之状）。
>
> 《唐摭言》　五代王定保（《雅雨堂丛书》中有，

① 《京报副刊》1925年2月21日。

唐文人取科名之状态）。

《抱朴子外篇》 葛洪（有单行本，内论及晋末社会状态）。

《论衡》 王充（内可见汉末之风俗迷信等）。

《今世说》 王晫（明末清初之名士习气）。[①]

应该指出两点：第一，这份书目是鲁迅先生写给一个极熟的子侄辈后生的，原稿写得较随便，始无标点，有的书名没写全，甚至有误，很像是并没有腹稿，而是想到一部开列一部，而且偏重于中国文学史，不是全面的中国文化史。第二，这个书目还是能给后人不小的启发和借鉴。里面列书不多，中心突出，又照顾到各个方面，既有《历代名人年谱》《四库全书简明目录》《唐诗纪事》等工具书，又有《全上古三代秦汉三国六朝文》《全汉三国晋南北朝诗》等大部头作品集；既有《少室山房笔丛》《唐摭言》等笔记杂考之书，又有《抱朴子外篇》《论衡》等论辩之书。读这些书，确实能使初学者掌握必要的历史知识，进而了解各家作品及产生这些作品的时代背景和社会关系，以及文人生活习惯与形成他们各自不同的作品风格之间的因缘。此书目的另一个特点是每部书都附有简短的提示，或列出较好的版本，或点明开列此书的目的意图，言简意赅，切中要害，真正起到“提要钩玄、指导治学”的作用。

1953 年，北京图书馆开列了一个《中国古代重要著作选目》选书 20 种，分文史和科学两方面。文史方面包括《诗经》、《楚辞》、李白诗、杜甫诗、白居易诗、《水浒传》、《三国演义》、《西厢记》、《西游记》、《红楼梦》、《史记》、《大唐西域记》、《徐霞客游记》；科学方面包括《论衡》《齐民要术》《梦溪笔谈》《营造法式》《农书》《本草纲目》《天工开物》。这个书目是经过郭沫若、俞平伯、

① 鲁迅：《开给许世瑛的书单》，载《鲁迅全集》第 8 卷，人民文学出版社，1981，第 441 页。

何其芳等人审订过的。既然称为“古代重要著作”，那么如《周易》《论语》等哲学、思想方面的著作一本未选，应该说也是个缺憾。

1981年，胡道静增补《中国古代重要著作选目》10种，使这一书目范围有所扩大。这10种书分别为：《老子》《庄子》《荀子》《孙子兵法》《资治通鉴》《墨子》《孟子》《韩非子》《春秋左氏传》《水经注》。

1978年，史学家钱穆在其讲座（后编为《从中国历史来看中国民族性及中国文化》一书）中认为，有7部书最能代表中国文化精神，是中国人的总纲，也是中国人必读之书。这7部书是《论语》《孟子》《老子》《庄子》《六祖坛经》《近思录》《传习录》。

1979年，蔡尚思在他的《中国文化史要论》一书中，开列了一个《中国文化基础书目》，共收古代著作90种、近现代著作47种。后来，他又对这一书目予以精简，提出最能代表中国文化的40种书籍：

> 文学十种：①《诗经》，代表先秦古诗。②《楚辞》。③《李太白诗集》。④《杜工部诗集》。二者代表汉后古诗。⑤《白香山诗集》。⑥《韩昌黎文集》，代表古散文。⑦《宋元戏曲史》，代表古代戏曲。⑧《水浒》。⑨《红楼梦》，代表古代小说。⑩《鲁迅杂感选集》，代表近代文学思想。
>
> 史学六种：①《左传》。②《史记》，代表古代史学中的通史方面。③《史通》，代表古代史学中的批评方面。④《徐霞客游记》，代表地理游记。⑤《廿二史札记》，代表正史研究。⑥《帝王春秋》，代表历代王朝黑暗统治。
>
> 哲学思想方面二十种：①《论语》，代表孔子思想。②《墨子》，代表墨家思想。③《孙子》，代表古代兵法。

④《老子》。⑤《庄子》，代表道家思想。⑥《孟子》。⑦《荀子》。⑧《韩非子》，代表法家思想。⑨《论衡》，代表古代唯物论。⑩《金刚经》或《六祖坛经》，代表佛学。⑪《化书》。⑫《李氏焚书》《续焚书》。⑬《明夷待访录》，代表古代民主思想。⑭《读四书大全说》。⑮《四存编》或《习斋先生言行录》。⑯《太平天国文选》，代表农民革命理想。⑰《天演论》，代表西学。⑱《清代学术概论》，代表清代学术。⑲《孙中山选集》，代表资产阶级革命派思想。⑳《五四运动文选》，代表新文化运动。

科学四种：①《梦溪笔谈》，代表古代科学。②《农书》。③《本草纲目》，代表古代医药学。④《天工开物》。

上开书目计40种，尤以其中20种应先读：

《诗经》《李太白诗集》《杜工部诗集》《宋元戏曲史》《红楼梦》《鲁迅杂感选集》《史记》《史通》《徐霞客游记》《论语》《墨子》《孙子》《庄子》《韩非子》《明夷待访录》《太平天国文选》《孙中山选集》《五四运动文选》《梦溪笔谈》《本草纲目》。[①]

1986年由季羡林主编、十余位北京大学教授合作编写的《中外文学书目答问》是一本为初学者指点自学门径的普及读物。在此前后，高上秦主编的《中国历代经典宝库》（1981）、张舜徽主编的《中国史学名著题解》（1984）、李昭恂等编著的《文史书目手册》（1986）、知识

① 蔡尚思：《哪些书最能代表中国文化？》，《书林》1982年第5期。

出版社编辑的《人间天书：宗教典籍举要》（1989）、王燕均和王一平编的《国学名著200种》（1992）、郭勉愈等编的《经典品读：人生必读百部名著》（1999）等都具有推荐导读国学经典的意义。

我们认为，开列一份代表中国传统文化的书目，应该特别注意以下五个问题。

一是时间界限要明确。反映中国传统文化，时间的下限大致应该划在1911年，不涉及近现代体现新思想、新学说的重要书籍。比如晚清“西学东渐”时期国人翻译的一些域外著作，就不能归入其中。

二是内容要全面。经、史、子、集四大类目下各个重要学科的书籍都应该有所反映，而不能偏重一点，不及其余。

三是历史性要突出。应纵贯中国学术文化史的全部发展历程，从上古到近古，凡是重要的具有创造性、代表性的著作都应列入其中。

四是民族性要妥善处理。中国的传统文化是我国56个民族共同创造和发展起来的，因此呈现“多元一体”的格局和特征，除了汉族的文化典籍外，少数民族创造的重要典籍也应该予以反映。

五是数量要合理。经典是书中之书，其数量总不会很多，但也不能过少。

基于以上的研究和思考，我们在北京大学讲授北京市精品课“中国图书出版史”期间，参考诸家书目，也推出了一个《中华传统文化名著100种》的书目（由于笔者能力所限，尚未涉及少数民族经典著作）。

儒家经传13本：《周易》《尚书》《诗经》《周礼》《仪礼》《礼记》《大戴礼记》《春秋左传》《春秋公羊传》《春秋穀梁传》《论语》《孟子》《孝经》。

字词蒙书4本：《尔雅》《说文解字》《广韵》《千字文》。

宋明理学2本：《近思录》《传习录》。

诸子百家30本：《老子》《孙子兵法》《墨子》《管子》《晏子春秋》《庄子》《公孙龙子》《六韬》《鬼谷子》《荀子》《韩非子》《吕氏春秋》《淮南子》《春秋繁露》《盐铁论》《说苑》《列女传》《法言》《论衡》《潜夫论》《申鉴》《中论》《人物志》《抱朴子》《颜氏家训》《容斋随笔》《日知录》《明夷待访录》《盛世危言》《大同书》。

史学要典15本：《战国策》《国语》《史记》《汉书》《后汉书》《三国志》《资治通鉴》《通鉴纪事本末》《通典》《通志》《文献通考》《唐律疏议》《史通》《廿二史札记》《文史通义》。

科学技术11本：《黄帝内经》《伤寒杂病论》《本草纲目》《九章算术》《齐民要术》《梦溪笔谈》《营造法式》《王祯农书》《天工开物》《农政全书》《畴人传》。

艺术3本：《法书要录》《历代名画记》《茶经》。

地理6本：《山海经》《水经注》《洛阳伽蓝记》《大唐西域记》《徐霞客游记》《读史方舆纪要》。

文学经典14本：《楚辞》《昭明文选》《文心雕龙》《太平广记》《乐府诗集》《全唐诗》《西厢记》《世说新语》《水浒传》《西游记》《三国演义》《红楼梦》《聊斋志异》《古文辞类纂》[①]。

书目源流2本：《四库全书总目提要》《书目答问》。

中国图书浩如烟海，要从中准确地选择出最能代表中国文化特色并对中国历史产生过重大影响的书籍，是相当困难的。随着中国文化研究的深入和广泛开展，这一选择无论是对初学者，还是对研究者来

---

① 原为《经史百家杂钞》，收入本书时改为清代姚鼐编选的《古文辞类纂》。

说，都将是颇有意义的。本文对此进行探讨，一方面是想从今人的眼光，提出一个比较合适的书目，供大家参考；另一方面特别希望能有人将100多年来中国新文化发展中涌现的代表性经典著作予以梳理和选择，为国人献上一个权威的当代中国文化书目。

传统有经典，现代有创新，古今辉映，再造繁荣，是每一位中国文化人不可推卸的重大责任。

［发表于《河南大学学报》（社会科学版）2016年第1期］

集体编修精品图书的历史经验及其对出版精品战略的启示

——以《资治通鉴》等书为例

在强调“出版强国”战略和“出版原创力”的今天，如何利用集体的力量打造出里程碑式的大部头精品佳作，无论是从国家文化创新发展的宏观战略考虑，还是从出版精品工程的具体实施来看，都是一个值得深入思考和努力破解的重要问题。所谓精品出版物，“是去粗取精，大浪淘沙，经过了时间检验、读者检验而沉淀下的出版物。这些出版物能够传承文化，弘扬时代精神，体现国家水准，群众喜闻乐见”[①]。如果以这样的标准来衡量，纵观中国出版史，由集体编修图书，尤其是大部头著作而成经典名著者，为数并不多。比如，我们所熟知的“二十四史”中，质量最高的“前四史”（《史记》《汉书》《后汉书》《三国志》），大体由私人撰写而成，而其他二十部中的十九部均由集体修撰（《新五代史》由欧阳修私人撰写），整体都无法和“前四史”相媲美。再如史部中的“十通”，清乾隆年间官修的“续三通”（《续通典》《续通志》《续文献通考》）和“清三通”（《清朝通典》《清朝通志》《清朝文献通考》），就显然不如“三通”（《通典》《通志》《文献通考》）。

由于集体修撰图书的活动多由官方组织，所以从古到今，人们针对官修图书鲜有精品的情况提出过不少批评。最有代表性的，就是唐代刘知幾在《史通》中提出的“五不可”：参与人数虽多却不精干，

① 周百义：《出版企业实施精品战略的若干策略》，《出版发行研究》2012年第5期。

分工、责任不明确；“视听不该”，“簿籍难见”，无法获取完备的资料；据实直书，容易得罪权贵，著述有顾忌，难以尽展其才；多人监修，十羊九牧，令出多门，让参编者无所适从；总领其事者不负起领导责任，不指定规划，不分配任务，导致参修者互相推诿，拖延时日。[①]当代学者张舜徽更有“官修之书无关著述”的论断[②]。现代出版业兴起以来，除政府以外，由各种基金支持、各类机构组织的集体大规模修书活动日渐增多，但从实际效果来看，其质量也是参差不齐，似乎并未能完全摆脱“集体修书少精品”的规律。

令人欣慰的是，在这一普遍现象之外，还有为数不多的“另类”。比如宋代司马光主修《资治通鉴》，清代纪昀主修《四库全书总目提要》，当代顾颉刚、赵守俨主持点校《二十四史》和《清史稿》，吕叔湘、丁声树主持编撰《现代汉语词典》，姜椿芳主持修撰《中国大百科全书》等，均是集体修书而成精品的优秀典范。分析这些精品工程的宝贵历史经验，对于如何实施出版精品工程，具有很强的借鉴作用。在笔者看来，集体修撰精品名著，应具备以下五个条件。

一、因应时代发展与社会需求，具有重大出版价值

图书的编撰和出版活动，历来与时代发展息息相关。任何一部著作，既是作者与编辑共同努力的结果，也必然是特定时代的产物。由于大部头著作卷帙浩繁，编写人员众多，花费颇巨，用时甚久，所以必须有比较稳定的社会环境作为保障。我国历来有“盛世修史”的传统，是有深刻的社会和历史原因的。如唐初官修史书、宋代修“四大部书”和《资治通鉴》，明代修《永乐大典》，清代修《明史》《古今图书集成》《四库全书》《全唐诗》等活动，都出现在社会稳定、文化昌

① 刘知幾：《史通·外篇·忤时第十三》，载姚松、朱恒夫译著《史通全译》，贵州人民出版社，1997，第441-462页。

② 张舜徽：《广校雠略·汉书艺文志通释》，华中师范大学出版社，2004，第17页。

明的承平之世。另据2010年的不完全统计，中华人民共和国成立后的60年间，全国共整理出版古籍近2万种，其中80%是在改革开放30年间完成的[①]，也能说明稳定的社会环境和时代背景是出版事业繁荣发展的基础保障。

而在战乱频仍、政局动荡的乱世，集体修书工作往往并非统治者心中的“当务之急”，很少能花费大量的人、财、物去开展。即便有相关机构组织，其工作进程和修书质量也会受到时局影响。比如，1927年，“北京人文科学研究所”以日本退还的部分“庚子赔款”为经费，组织七十多位中国学者纂修《续修四库全书总目提要》，但由于“七七事变”之后，时局不稳，战火蔓延，加上中国学者出于对日本侵略中国的反感纷纷退出编纂小组，致使编纂工作中途停止。已经修成的珍贵原始稿本和相关资料被长期封存，并有部分损毁或散落民间，令学界和出版界抱憾不已。

集体修撰大书，或由执政者与政府机构根据政治经济社会发展变革的需要，自上而下地组织和开展，或由学者根据学术文化发展的实际情况，自下而上地倡导和推动。不论开展形式如何，出版的内容都要能因应社会文化的需要，具有重大的编撰出版价值，这样才能推出真正的名著。正如顾炎武所言，文须“有益于天下，有益于将来”，这是它“不可绝于天地间”[②]的原因。当代出版家陈昕也说过，“无论什么时代、无论传播手段如何变化，有价值的内容始终是出版的根本”[③]。集体修撰的大部头精品著作，一般属于学术文化史上的集大成之作，能对经济社会的发展和变革、文化的传承和积累产生深远的影响。如司马光编修《资治通鉴》，既是我国编年体史书发展的最高峰，

① 庄建：《我国重要古籍整理成果出版呈系列化》，《光明日报》2010年5月6日第8版。

② 顾炎武著，陈垣校注：《日知录校注》（中），陈垣校注，安徽大学出版社，2007，第1043页。

③ 陈昕：《有价值的内容始终是根本》，2012-01-04，http：//www.bookdao.com/article/33157/。

发挥了“从政教科书”的作用，同时也直接催生了后世“纪事本末体”和“续通鉴”著作的大量涌现。而清代《四库全书》和《四库全书总目提要》的编撰，既是对我国18世纪70年代以前重要著作和学术发展的整理和总结，也对“乾嘉学派”的繁荣起了推波助澜的作用。

二、政府（或其他机构）大力支持，提供有力保障

大部头著作非私人之力所能独办，必须有政府或其他机构（如财团、基金会、出版机构等）的宏观统筹、大力支持和积极配合。古今集体修书活动，多为政府行为，其原因就在于政府可以“集中力量办大事”。比如，“体现国家意志、出版传世精品”，就是国家出版基金的本质属性和核心要求。为此，政府或相应机构必须做好四方面的工作。

首先，组织有价值的修书项目，重点选择合适的主编。作为集体修书工作的指导者和组织者，政府或相关机构必须能够慧眼“识时务”和“识英雄”，选择在合适的时间段，选择合适的出版机构和编修团队，启动有价值的项目。以大型的古籍整理项目为例，在选择项目时，柳斌杰指出：

> 在出版资助方面要注重整理者的水准是否高，学风是否严谨，选用的版本是否权威，整理的形式和方法是否有创新，整理的成果是否代表这个时代、这个阶段的最高水平？在出版方面，要注重出版社是否有较强的学术判断力和识别力，有没有较强的古籍整理编辑能力，编校质量是否能达到一流的水平？①

其实，所有集体修书项目的选择都应该从这几个方面去考量。其

① 柳斌杰：《把古籍整理出版推向精品化阶段》，2010-06-09，http：//www.chinnews.com/cul/news/2010/06-09/2331555.html。

中最重要的，是要选择学术水平、办事能力以及影响力都“上佳”的学者主持其事，因为，在其他因素都确定以后，主编的水平和能力将是决定集体修书成功与否的关键因素。在明确目标与责任之后，还要给予其充分的信任和权力，而不在具体业务上做太多的干涉。

其次，提供充足经费和物质保障，为参编者解除后顾之忧。这是让参编者专意修书而心无旁骛的基础保证，因为尽管艰难困苦可以让个别优秀作者在逆境中写出经典之作，却不能保证集体修书中的所有人员都能安心著述。例如，在编撰《资治通鉴》时，宋朝的最高统治者英宗与神宗都给予了极大的支持，在人、财、物等方面充分满足司马光等人的需要。英宗同意司马光设立书局，自择官属。神宗为书赐名、制序，以示重视。修书所需笔、墨、绢、帛，以及果饵金钱之费，尽由国家供给，为他们提供了优厚的著书条件。与之相反，古往今来，由于经费不足或保障不到位导致集体修书项目半途而废的情况并不少见。

再次，提供丰富和完备的资料，为编修者开展研究提供便利。没有资料，或资料不完备，或虽有资料却无法获取，都会影响编修图书的进度和质量。集体修书作为大工程，需要的大量文献资料必须仰仗政府和相关机构的协调与帮助。尤其是在很多藏书机构封闭甚严的情况下，这一点就显得更为必要。编修《资治通鉴》时，在都城汴京，龙图阁、天章阁、三馆和秘阁等处的政府藏书都允许司马光等人借阅；在西京洛阳，宋神宗将颍邸旧书 2400 卷全部赐予司马光。另外，司马光、刘恕等人的私人藏书也很丰富。“简牍盈积，浩如烟海”的丰富资料，为他们的修撰工作打下了坚实的基础。

最后，营造宽松的政策环境，让编修者尽情展其才情。政府或其他机构对修书活动管得太死，不可能出精品。应该在定下总目标、大原则的前提下，坚持百花齐放、百家争鸣，营造比较民主自由的学术风气，尽量减少其他因素对修书活动的影响，尤其不要预设太多的条条框框，这样才能让参修者摆脱束缚，尽情发挥聪明才智，充分表达学术观点。例如，在1963年到1966年之间，中华书局组织一流史家开展点校二十四史工作，由于“没有太多的政治介入，人们严格地按照学术标准进行工作”，专家可以埋头读书，享受不参加政治学习的学术优待，所以工作进展非常顺利，被很多人视为“非常美好的校史生活”[①]。但是，“文革”的风暴却让这项意义重大的编辑出版工程戛然而止。直到1971年周总理做出批示后，才得以接续进行。张舜徽更是指出，唐、宋、清各代组织官修大书，统治者均有明确的政治控制目的，原是笼络士人、老死英雄之法，故而难成精品：

> 创始之意既如彼，卷帙之繁又若此，委之于不学，成之以短时，而欲以著述之例绳之，此实难矣。加以思想受其桎梏，学术因以停滞，利害相权，所得殆未足以偿失。[②]

三、主编者素质全面，能文能武

实践证明，精品图书的产生取决于作者的选择。在集体修书项目中，主编是关键和灵魂，其素质和水平将决定全书的质量优劣。欲出精品，必须有一位卓越的学者领导全局。这样的主编不仅能治学，还必须能治事，属于“能文能武”的全才，让这样的人主持编修工作，应犹如“大匠之为巨室”和“良将之用众”。而要找到这样的人选，殊非易事。严复曾论其难云：“治学之材与治事之材，恒不能相兼。尝有观理极深、虑事极审、宏通渊粹、通贯百物之人，授之以事，未必即胜任而愉快。”[③]所谓治学方面的才能，系指其兼备才、学、识、德，是一流的学界领军人物。而绝对不能外行领导内行，庸者指挥智者。所谓治事，

---

① 杨青：《点校“二十四史”：动乱岁月中的文化奇观》，《深圳商报》2009年8月16日第8版。

② 张舜徽：《广校雠略·汉书艺文志通释》，华中师范大学出版社，2004，第17页。

③ 严复：《论治学治事宜分二途》，载牛仰山选注《严复文选》，百花文艺出版社，2009，第137页。

就是要懂管理与协调，既能妥善处理外部关系，又能团结和带动修书班子愉快而高效地工作。同时还能够真抓实干，身先士卒，做好规划和统稿等工作。而不能只做挂名主编，不问耕耘，只问收获，出现“不自操管，而责众手以为之。劳力尽出于人，名利皆归于己”[①]的情况。

在这一方面，司马光为我们树立了最好的典范。《资治通鉴》之所以能够成为名著，司马光个人的史学素养、组织才能和负责态度是根本原因。一方面，他以认真负责的态度做好了全书的编写规划，制定了“四步编辑法”（凡例→丛目→长编→定稿）和“考异法”，而且在执行中还随时审读，与编写人员进行深入的讨论。翦伯赞通过对其永昌元年（322）手稿的研究指出：

> 它说明了司马光对于《通鉴》的编写，不只是在事后修改润色，而是一开始就抓提纲，不仅抓总提纲，而且抓每年的提纲，至少抓重要年代的提纲。这一点就大大地值得我们学习。[②]

在另一方面，他还知人善用，充分调动助手的积极性，发挥其才能和特长，得到编写班子的一致认同。最重要的是，他在众人修成的“长编”的基础上，进行了成功的删改润色，取精用宏，使得此书初稿虽成于众人之手，但定稿却井然有序，浑然一体，毫无驳杂纷乱之感。以范祖禹所作唐代长编为例，司马光整整花费了4年时间，才将“六七百卷”的史料长编删定为81卷。为此，司马光耗费了难以估量的心血，他对宋神宗说“臣之精力，尽于此书”[③]，并非自夸之词。

---

① 张舜徽：《爱晚庐随笔》，华中师范大学出版社，2005，第202页。

② 翦伯赞：《学习司马光编写〈通鉴〉的精神：跋〈宋司马光通鉴稿〉》，《人民日报》1961年6月18日第5版。

③ 司马光编著，胡三省音注，“标点资治通鉴小组”标点：《资治通鉴》第10册，中华书局，2005，第9607-9608页。

今人胡益祥说："在中国历史上，集体编书历代有，挂名主编何其多。到如今，集体编书已成风，主编署名排长龙，但像司马光这样尽心尽责，功力极深的主编，仍属少见。"[①]例如清代毕沅主编《续资治通鉴》，虽得章学诚、邵晋涵、钱大昕、孙星衍等著名学人之助，但由于他个人的史才、学识、精力、能力均有限，有志续书而无力凝练裁剪，致使《续资治通鉴》存在的问题很多，根本与《资治通鉴》无法媲美。中华人民共和国成立后，由容肇祖标点，聂崇岐负责校勘此书，初步考正的讹误、遗漏、衍文、颠倒、重复等问题，大小有两千四百余条[②]，证明了毕沅作为主编，"总其成"的水平与司马光相去甚远。而今天的很多"挂名主编"，其学术水平、责任意识又与毕沅相差甚远，极端者甚至还有"一要名，二要利，三不肯出气力，四不愿负责任"的空头主编。故而精品寥寥，也在情理之中。

四、写作班子分工合理，能够尽用专家之长

编修鸿篇巨制，必须依靠众人的力量。优秀的主编一定要善于网罗人才并激发其热情，"因人而成事"。参与者均应是本领域的行家里手，并有团结意识和精品意识，讨论往还，优势互补，按照主编的意图和编写方案圆满完成写作任务。如汉代刘向、刘歆主持整理编次皇家藏书，就由不同的专家分别负责不同的学科门类：步兵校尉任宏校兵书，太史令尹咸校数术，侍医李柱国校方技，刘向则校经传诸子诗赋并总其成。为后世的集体修书树立了很好的榜样。清代纪昀编撰《四库全书总目提要》，经部得力于戴震，史部委之邵晋涵，子部属之周永年，也印证了一个优秀写作集体的重要性。而最典型的事例，还应属《资治通鉴》。

---

① 胡益祥：《司马光的主编风范》，《晋阳学刊》1990年第3期。

② 王继：《〈续资治通鉴〉撰修刊刻考略》，《史学史研究》1982年第2期。

《资治通鉴》的编写队伍可谓尽得一时之选，除司马光以外，刘攽、刘恕、范祖禹等人都是一流的史学家，在不同领域都有专长。他们在政治立场上与司马光志同道合，所以司马光能够将他们聚集在一起，组建起一支严谨、博学、精干、团结的编写团队，并能让每个人各司其职，尽展其长。这几位助手的主要任务是编写“宁失之繁，勿失于略”的史料“长编”。“长编”的写作分工大致如下：司马光负责先秦，刘攽负责两汉，刘恕负责魏晋南北朝隋，范祖禹负责唐五代，“各因其所长属之，皆天下选也”[①]。翦伯赞称赞这种分工说：

> 集体不大，每一个成员都是自己邀请的具有专门研究而又是志同道合的朋友，即因志同道合，在认识上、观点上就容易取得一致。即因都有研究，每一个参加编写的人，都具备独立处理历史问题的能力，都能担负起他们所承担的那一部分的任务，都能写出基本上具有当时学术水平的初稿。这些，我以为是成功地编写《通鉴》的主要条件之一。[②]

与之相比，《续资治通鉴》的失败，除了主编毕沅的原因外，一直未能建立一个固定的修书班底也是重要原因之一。预修者，虽不乏学者名流，但随来随去，时断时续，书成众人之手，又缺乏细致打磨的责任感，所以书稿质量参差就在所难免。

五、时间相对充裕，能够精雕细琢

著述绝非易事。张舜徽云：

---

① 胡三省：《新注资治通鉴序》，载司马光编著，胡三省音注，“标点资治通鉴小组”标点《资治通鉴》第1册，中华书局，2005，第29页。

② 翦伯赞：《学习司马光编写〈通鉴〉的精神：跋〈宋司马光通鉴稿〉》，《人民日报》1961年6月18日第5版。

> 著述之业，谈何容易，必须刊落声华，沉潜书卷，先之以十年廿载伏案之功，再益以旁推广揽披检之学，反诸己而有所得，然后敢着纸笔。必有自得之实，方可居作者之林。①

而要使一部书成为精品和名著，更是难上加难。顾炎武认为，只有那些“古人之所未及就、后世之所不可无，而后为之”的书，才能真正成为传之不朽的精品。如《资治通鉴》和《文献通考》，都是作者“以一生精力成之，遂为后世不可无之书”。②

美成在久，没有充分的积累，不经过细致的打磨，很难出精品。吴尚之认为：

> 精品力作，不一定要搞大制作、大工程，是不是精品，关键是看内容水准，而不是作品的大小。精品的出版不能求一日之功，不能走捷径，不能急功近利，精品的出版必然是“十年磨一剑”。③

出版史上，很多名著和经典是倾注编著者一生心血而成的，板凳坐穿，字字辛苦，实非虚言。私人撰写尚且如此，集体修书就更不易。在这种情况下，时间一定要服从质量。急于求成，潦草从事，搞成的“急就章”连及格都不算，遑论精品？欧阳修、宋祁编修《新唐书》用时17年，司马光主持修撰《资治通鉴》历时19年，清代官修《明史》历时近百年，都绝非一朝一夕之功。与之形成鲜明对

---

① 张舜徽：《爱晚庐随笔》，华中师范大学出版社，2005，第343-344页。

② 顾炎武著，陈垣校注：《日知录校注》（中），安徽大学出版社，2007，第1046-1047页。

③ 吴尚之：《出精品关键在创新》，2012-01-04，http: //data.chinaxwcb.com/epaper2012/epaper/d5209/d2b/201201/17457.html。

比的，是“元末修《宋》《辽》《金》三史不过三年，明初修《元史》，两次设局不过一年，毋怪乎草率荒谬，为史家最劣也”[①]。有鉴于此，赵翼才得出“编订史事未可聊尔命笔矣”的感慨。史书以外，其他著作的修撰概莫能外。比如明代永乐年间官修的《永乐大典》，是我国历史上规模最大的一部类书，全书近23000卷，约3.7亿万字，分装11095册，号称“包括宇宙之广大，统会古今之异同”。如此浩大的规模，仅仅用了五年时间完成，无暇打磨，疏漏必多，最终得到《四库全书总目提要》“割裂庞杂，漫无条理……殊乖编纂之体”的讥评。当然，强调时间服从质量，并不是说著书工作可以无限制地拖延下去，大体上还应有一个时间限制。否则就有可能“首白可期，而汗青无日”[②]。

综上所述，时代的呼唤，外界的支持，均是集体修书成功的外因，内因则主要取决于全体编写人员的综合能力和精神品质。能否像先贤一般，具备渊博的学识、实干的精神、严谨的态度、淡泊的襟怀，耐得住寂寞，下得了苦功，既是评判编写人员“著述力”和“编辑力”的最佳标准，更是决定图书产品文化价值和社会影响高低的关键因素。随着经济社会、学术文化以及出版事业的大发展，由集体编写大部头著作的情况会越来越多（其中不乏像重修《清史》这样的浩大工程），相应地，集体修书的政策、经费、资料等条件会越来越优于以往，能否以十年甚至数十年“磨一剑”的毅力，不断推出“无愧于前修与来哲”的传世经典，全赖学人和出版人的自觉努力！

（发表于《中国出版》2013年第20期）

① 赵翼：《廿二史札记》（上），曹光甫点校，上海古籍出版社，2011，第1页。

② 刘知幾：《史通·外篇·忤时第十三》，载姚松、朱恒夫译著《史通全译》，贵州人民出版社，1997，第446页。

顾炎武的学术道德思想与实践

——兼论对当代研究生学术道德教育的启示

顾炎武（1613—1682），人称亭林先生，是我国明末清初的一位百科全书式的著名学者，被誉为“清代开国儒宗”和“一代儒林之冠”。难得的是，他作为“中国学术史上承先启后、继往开来的伟大宗师”[①]，对学术道德问题已经有了高度的自觉意识，从理论上比较系统地论述了学术道德规范问题，并以自己的治学经历践行了传统学者的学术道德规范，为后人树立了良好的楷模。在当前高校研究生学术道德教育中，如果能充分利用这一宝贵资源并进行恰当的当代转换，应当能起到一定的积极效果。

一、治学宗旨：博学于文，行己有耻

顾炎武一生信奉并坚持的圣人之道和治学宗旨，可概括为八个字：“博学于文”“行己有耻”。“博学于文”，是对学者学问方面的要求，即通过读万卷书、行万里路，达到一个博通众家、守正出新的大家气象，最终实现“通经致用”的目标。这里所说的“文”，既有书本知识，也有实践内容，包含甚广，即“自一身以至于天下国家，皆学之事”[②]，要想精通，殊非易事。因此，在顾炎武看来，治学之路可谓永无止境：“盖天下之理无穷，而君子之志于道也，

① 陈祖武：《高尚之人格，不朽之学术：纪念顾炎武亭林先生四百年冥诞》，《文史哲》2014 年第 2 期。

② 顾炎武：《顾亭林诗文集》，中华书局，2008，第 41 页。

不成章不达。故昔日之得，不足以为矜；后日之成，不容以自限。”[①]具体到他的著述活动，终其一生，都是处在“正在进行时”而从未彻底完成，真正做到了“君子之学，死而后已”[②]。“行己有耻”，是在学者道德品行方面的要求，“自子臣弟友以至出入、往来、辞受、取与之间，皆有耻之事”[③]，这就要求学者做一个心存耻辱之戒，能守住道德底线的“有耻之人”。顾炎武认为，古人所强调的“礼义廉耻”中，“耻”是最重要的标准，因为“人之不廉而至于悖礼犯义，其原皆生于无耻也”。而作为“四民之首”的文人士大夫，更应该在这一方面起到良好的表率作用，所谓“士大夫之无耻，是谓国耻”[④]。“士而不先言耻，则为无本之人。”[⑤]

在顾炎武的治学实践中，“博学于文”主要表现在两个方面：明道救世，勇担社会责任；采铜于山，撰写传世名著。“行己有耻”突出反映在两方面：独立磊落，保持耿介之气；自主创新，坚持实事求是。对于今天的学者而言，“博学于文”和“行己有耻”这两方面的要求也是密不可分的：如果没有基本的道德底线，只是把学问作为追名逐利的“敲门砖”，就可能无所不用其极，而不可能俯下身子坐冷板凳，去从事“博学于文”的苦差事。正如梁启超所言，学者“人格不立，便讲一切学问都成废话”[⑥]。所以“博学于文”的前提，一定是“行己有耻”。同时，只有博览诗书，知行合一，以经典著述涵养气质修为，以圣贤之训砥砺德行，才能不断增强“行己有耻”的自觉性和自律性。今天学界的很多失德失范行为，究其根源，就在于违反者缺乏“行己

① 顾炎武：《顾亭林诗文集》，中华书局，2008，第 27 页。
② 同上，第 92 页。
③ 同上，第 41 页。
④ 顾炎武：《日知录集释（全校本）》，上海古籍出版社，2011，第 772 页。
⑤ 顾炎武：《顾亭林诗文集》，中华书局，2008，第 41 页。
⑥ 梁启超：《中国近三百年学术史》，东方出版社，1996，第 70 页。

有耻”的自律意识和习惯。净化学术环境，提倡学术道德，都可落脚到学者的“行己有耻”上。

二、明道救世，勇担社会责任

情关社稷苍生，勇担社会责任，是中国传统知识分子的优良传统，也是传统学者践行学术道德的第一要义，顾炎武在这方面可谓杰出代表。顾炎武身处明清易代之时，目睹了世道衰败、天翻地覆的时代变局，因而从年轻时即“感四国之多虞，耻经生之寡术”[①]，断然弃绝科举事业，专心研讨经世之学。明清易代之际，他积极投身抗清运动。明亡之后，顾炎武怀抱故国之思，一直以反清复明作为自己的人生使命，平生的学术研究活动，都是围绕着这一主题展开的。即便反清复明的政治理想无法实现后，他仍坚信“立言不为一时”，寄意著述，以待后来，“意在拨乱涤污，法古用夏，启多闻于来学，待一治于后王”[②]。所以他的治学经历与政治活动密不可分。与当时很多学者钻研用心于内的“性命之学”不同，他的著述中体现着强烈的现实关怀和经世致用之意，力图通过“用心于外”的“博学于文”，承担起学者“明道”与“救世”的社会责任。

在顾炎武看来，“保天下者，匹夫之贱与有责焉”[③]，更何况历来以“修齐治平”为天然使命的文人士大夫？对于孟子提出并为历代读书人奉为处世圭臬的原则“穷则独善其身，达则兼善天下”，他提出了不同见解：作为读书人，无论何时何地，不问穷达与否，都要承担起“救民于水火”的社会责任。达而在位时，固然要兼善天下；穷而在野时，也不应消极地独善其身。他说：“今日之民，吾与达而在上位者之所共也。救民以事，此达而在上位者之责也。救民以言，此

① 顾炎武：《顾亭林诗文集》，中华书局，2008，第131页。
② 同上，第139页。
③ 顾炎武：《日知录集释（全校本）》，上海古籍出版社，2011，第757页。

亦穷而在下位者之责也。”[1]虽然一生未能进入仕途，是典型的“穷而在下位者”，但顾炎武一直以豪杰自命，以天下为己任：“天生豪杰，必有所任……今日者拯斯人于涂炭，为万世开太平，此吾辈之任也。仁以为己任，死而后已。”[2]

在此理念下，顾炎武治学首先反对只求名利的学术研究。针对当时学者把著述视为“成名求利”捷径的做法，顾炎武批评说：“凡今之所以为学者，为利而已，科举是也。其进于此，而为文辞著书一切可传之事者，为名而已，有明三百年之文人是也。”[3]成名求利，当然是愈快捷愈好，学术成果只是获取名利的手段和途径而已，其质量和价值之低可想而知。与此同时，顾炎武还反对空疏清谈，鄙视脱离实际的玄虚研究。针对明末学界普遍存在的“以明心见性之空言，代修己治人之实学”等弊病，他明确提出：“君子之为学也，非利己而已也，有明道淑人之心，有拨乱反正之事，知天下之势之何以流极而至于此，则思起而有以救之。”[4]他评判著述、文章价值的基本标准是“文须有益于天下”：“文之不可绝于天地间者，曰明道也，纪政事也，察民隐也，乐道人之善也。若此者，有益于天下，有益于将来。多一篇，多一篇之益矣。”[5]

在著述实践中，顾炎武以孔子“删述六经”为楷模，提出自己的写作标准：“凡文之不关于六经之指、当世之务者，一切不为。”[6]比如，他曾言撰写《日知录》三十余卷，分为经术、治道、博闻三大部分，其用意在于期待“有王者起，将以见诸行事，以跻斯世于治古之隆”[7]。即便是今天看来无关世务的古音学研究，仍然寄寓着他的良苦用心。

---

① 顾炎武：《日知录集释（全校本）》，上海古籍出版社，2011，第1084页。

② 顾炎武：《顾亭林诗文集》，中华书局，2008，第48页。

③ 同上，第166页。

④ 同上。

⑤ 顾炎武：《日知录集释（全校本）》，上海古籍出版社，2011，第1079页。

⑥ 顾炎武：《顾亭林诗文集》，中华书局，2008，第91页。

⑦ 同上，第98页。

他认为“读九经自考文始，考文自知音始”，便通过正文字、审音声、明训诂来研究经史，撰写《音学五书》，意在“续三百篇以来久绝之传”，最终实现“通经致用”的宏伟目标。因而整体来看，顾炎武的著述多属国家典制、郡邑掌故、天文地理、河漕兵农、风俗世道这些直面现实的“实学”，“所言皆天下大计，卓然名论”。诚如张舜徽先生所言：“亭林志在经世，于历代典章因革，政教利弊，了如指掌。凡所考证，皆引古以筹今，留意民瘼，不忘当代。”[①]这与当时知识分子读时文、写八股、闭门格物、袖手谈心性的旨趣和做法形成了鲜明的对比。

三、采铜于山，撰写传世名著

要通过学术研究实现明道救世的宏伟目标，就必须以强烈的精品意识和传世意识，严肃对待著述事业，绝不能率尔操觚，轻言著述。顾炎武心目中的优秀著作，是那些“古人之所未及就，后世之所不可无”的作品，也就是要在前人研究的基础上，开拓新领域，研究新问题，做出对当代和后世均有价值和意义的研究成果。在他心目中，只有司马光、马端临倾注一生精力专心著述《资治通鉴》《文献通考》的做法才值得效法，而今人求多求速以求名求利的著书方式则不值一哂。他甚至认为，一味追求著述数量的做法，必然会导致著作质量的下降：“多则必不能工，即工亦必不皆有用于世，其不传宜矣。”[②]

顾炎武在著述实践中，绝不做“一年磨十剑”的“急就章”，而一贯追求“十年磨一剑”的“精品力作”，提出并坚持了“采铜于山”的著述方法：“今人纂辑之书，正如今人之铸钱。古人采铜于山，今人则买旧钱，名之曰废铜，以充铸而已。所铸之钱既已粗恶，而又将古人传世之宝，舂剉碎散，不存于后，岂不两失之乎？”[③]所谓“铜”

① 张舜徽：《清人笔记条辨》，华中师范大学出版社，2004，第3页。

② 顾炎武：《日知录集释（全校本）》，上海古籍出版社，2011，第1080页。

③ 顾炎武：《顾亭林诗文集》，中华书局，2008，第93页。

是指资料，“采铜于山”是指广泛搜集和利用原始的一手资料，进行原创性的研究，提出新知新解。“旧钱”或“废铜”则是指他人用过的二手资料，使用这样的资料，其结果是不知资料的本源，所得结果像废铜铸出的钱那样，不仅质量很差，还会将原始资料歪曲、肢解，为害甚大。为了做到“采铜于山”，顾炎武在其著述活动中，采取了以下基本方法。

（1）“著书不如抄书”的文献资料工作。据潘耒记述，顾炎武“精力绝人，无他嗜好，自少至老，未尝一日废书。出必载书数簏自随，旅店少休，披寻搜讨，曾无倦色”①，终生与书为伴，以著述为业，是一名纯粹的“读书种子”。他从小即遵从嗣祖顾绍芾“著书不如抄书”的教诲，养成了抄书不辍的良好习惯。他说自己：“游四方十有八年，未尝干人，有贤主人以书相示者则留，或手钞，或募人钞之。”②抄书看似笨拙，但其重要作用有二：一是读书学习，便于抄写者记忆，使其所得学问更为扎实；二是积累资料，长年累月的抄录为其著书工作积累了大量的文献资料。如《天下郡国利病书》《肇域志》等书，便由长期大量抄辑正史、实录、方志、历代名公文集而成初稿，这显然已经成为一种更高层次的抄书形式。顾炎武的著作均以淹博著称，与其可贵的抄书习惯分不开。

（2）“九州历其七，五岳登其四”的实地考察工作。顾炎武特别重视“行万里路”的考察工作，终其一生，不辞艰辛，风雨无阻，足迹半天下，“九州历其七，五岳登其四”。而且这种实地考察并非泛泛的游山玩水，走马观花，而是走一路，学一路，问一路，写一路。他说自己：“比二十年间，周游天下，所至名山、巨镇、祠庙、伽蓝之迹，无不寻求，登危峰，探窈壑，扪落石，履荒榛，

① 潘耒：《日知录集释（全校本）·潘耒原序》，上海古籍出版社，2011，原序第1页。
② 顾炎武：《顾亭林诗文集》，中华书局，2008，第30页。

伐颓垣，畚朽壤，其可读者，必手自抄录，得一文为前人所未见者，辄喜而不寐。”[①]全祖望记述他出游考察的常态是：“凡先生之游，以二马二骡，载书自随。所至厄塞，即呼老兵退卒，询其曲折；或与平日所闻不合，则即坊肆中发书而对勘之。”[②]可见在顾炎武眼里，出游考察、积累资料、书本与实践比照勘对、挥毫著书已经融为一体，不可割裂。这是一种纯学术性的考察，也是成就大学者，写出优秀著作的坚实保障。《山东考古录》《京东考古录》《营平二州地名记》《昌平山水记》诸书，都是顾炎武通过认真的实地考察，将调查所得资料与书本记载相结合，进行分析研究以后写成的作品。

（3）“知我者当为攻瑕指失”的谦虚态度。顾炎武深信“独学无友，则孤陋而难成”，终其一生，交游甚广。梁启超先生曾列《亭林学友表》，收录36位优秀学者[③]，均与顾炎武有论学交游之谊，可谓真正的“以文会友，以友辅仁”。对于知交学友，顾炎武往往看到的是其长处和优点，并努力见贤思齐，没有丝毫的狂妄自大、文人相轻的习气。他每成一书，都会自视欿然，多方求教，虚心听取并采纳别人的批评建议，而不愿听一些夸奖吹捧之词。他对朋友诚恳地说：“知我者当为攻瑕指失，俾得刊改以遗诸后人，而不当但为称誉之辞也。”[④]《日知录》被阎若璩驳正若干条，他一见便欣然采纳。《音学五书》也经张弨改正一二百处，对此书的完善帮助很大。

（4）“如切如磋，如琢如磨”的精细打磨。顾炎武清楚地认识到，任何一本著作都是与今人相处之日短，与后人相处之日长，一旦落笔为文，就应“立千载以上之人于前，而与之对谭；立千载以下之人于

① 顾炎武：《顾亭林诗文集》，中华书局，2008，第29页。
② 全祖望：《亭林先生神道表》，载《鲒埼亭集》第二册，上海商务印书馆，1936，第146页。
③ 梁启超：《中国近三百年学术史》，东方出版社，1996，第80–84页。
④ 顾炎武：《顾亭林诗文集》，中华书局，2008，第190页。

旁，而防其纠擿”[①]。他针对当代学者“速于成书，躁于求名”的做法，指出“著述之家，最不利乎以未定之书传之于人”[②]，并在著述活动中力戒此弊。他每撰一书，绝不急于求成，而是以异常严谨甚至苛刻的态度反复修改，力争让书以接近完美的状态示人。他说自己“自三十以后，读经史，辄有所笔记。岁月既久，渐成卷帙，而不敢录以示人。语曰：‘良工不示人以朴。’虑以未成之作，误天下学者”[③]。他撰《音学五书》，历时三十余年，“所过山川亭鄣，无日不以自随”，其间五易其稿，手抄三遍。在书版已经刻好即将印刷出版前，还在书版上修改了四次。连他自己也感叹“其著书之难而成之之不易如此”[④]。撰写《日知录》时，有朋友问他“又成几卷”，他回答说，这样提问，是“期之以废铜。而某自别来一载，早夜诵读，反复寻究，仅得十余条，然庶几采山之铜也”[⑤]，足见其态度之精审。后来，潘耒要求刊刻《日知录》时，他回信拒绝，并说“《日知录》再待十年，如不及年，则以临终绝笔为定，彼时自有受之者，而非可豫期也。诗云：‘如切如磋，如琢如磨。’此之谓也”[⑥]。真可谓一息尚存，便打磨不休。如此著书，焉能不成传世名著？

四、独立磊落，保持耿介之气

顾炎武以“行己有耻”为要求，从伦理学的角度对中国传统知识分子阶层的负面国民性进行了深刻的反思和批判。在他看来，当代知识分子最大的问题就是普遍存在着根深蒂固的“夸毗之性”。所谓“夸

---

① 顾炎武：《顾炎武全集》第20册，上海古籍出版社，2011，第12页。

② 顾炎武：《顾亭林诗文集》，中华书局，2008，第77页。

③ 顾炎武：《日知录集释（全校本）》，上海古籍出版社，2011，第1853页。

④ 顾炎武：《顾亭林诗文集》，中华书局，2008，第26页。

⑤ 同上，第93页。

⑥ 同上，第77页。

毗”，就是巧言令色，善为进退，无骨气、无操守的奴才之性和乡愿之性。夸毗之人，只以名利富贵为念，长袖善舞，明哲保身，毫无原则和气节可言。这样的人如果在位任职，则“常足以遗民忧而召天祸”[①]，如果从事学术研究，必定会曲学阿世、枉道从人。顾炎武对这一劣根性深恶痛疾，并大力提倡以“耿介之性”予以救治。所谓的耿介之性，就是以不同流俗、特立独行的姿态，努力保持文人士大夫的独立人格和思想。如何保持学者的耿介之性，而不沦为夸毗之人，顾炎武提出应该从三方面着手去做。

（1）不趋附权贵。无论什么时候，总会有一些读书人唯以功名利禄为念，甘做权贵的附庸和奴才，“望尘而拜贵人，希旨以投时好”[②]。在顾炎武看来，这是一种典型的无耻行为，有志之士绝不肯为。他的嗣母在明亡之后，绝食而亡，临终对顾炎武有“无仕异代”之嘱。入清后，顾炎武一直以明末遗民自居，终其一生，从未屈服于清廷的威逼利诱，当有人鉴于他的声望和学问，推荐他出仕清廷，参与《明史》的修纂工作时，他断然拒绝，说“人人可出而炎武必不可出”，“七十老翁何所求？正欠一死！若必相逼，则以身殉之矣”[③]。保持住了读书人出处去就的“大节”，赢得了人们的普遍尊仰。

（2）不阉然媚俗。也就是绝不做为获取名利而从众之好，自降身份，“自贬其学”的媚俗之举。“‘大匠不为拙工改废绳墨，羿不为拙射变其彀率’，若徇众人之好，而自贬其学，以来天下之人，而广其名誉，则是枉道以从人，而我亦将有所不暇。”[④]同时不将编辑出版自己的著述作为求名于世的手段，他因此而讽刺有人“欲自刻其

---

① 顾炎武：《日知录集释（全校本）》，上海古籍出版社，2011，第162页。

② 同上，第430页。

③ 顾炎武：《顾亭林诗文集》，中华书局，2008，第53页。

④ 同上，第47页。

文集以求名于世，此如人之失足而坠井也”[①]。

（3）不依傍古人。在顾炎武看来，在治学中一味模仿古人、亦步亦趋，不敢或不能“自出己意”、提出自己的见解、形成自己的风格，也是一种缺乏独立思想和人格的表现。学术贵在创新，著作如无新意，只讲依门傍户，就没有存在的价值。他批评说：“近代文章之病，全在摹仿，即使逼肖古人，已非极诣，况遗其神理而得其皮毛者乎……进此而窥著述之林，益难之矣。”[②]他还直言不讳地批评自己的一位朋友：“君诗之病在于有杜，君文之病在于有韩、欧，有此蹊径于胸中，便终身不脱依傍二字，断不能登峰造极。”[③]

顾炎武提倡并坚持耿介之气，使他成为“风雨如晦”时代的特立独行者，在学术史上留下了伟岸刚健的身影。这一气概也与近代学人大力表彰的“独立精神，自由思想”等观念有异曲同工之处。如无独立精神和自由思想，则学者将无以言学。顾炎武曾对朋友说过“某虽学问浅陋，而胸中磊磊，绝无阉然媚世之习”[④]，其所言可谓精确地概括了何为夫子之道，应该成为今日学人努力遵循的忠言谠论。

五、自主创新，坚持实事求是

顾炎武认为，《礼记·曲礼》中的“毋剿说，毋雷同”之训，也就是不能“取人之说，以为己说”，乃古人立言之本，应该成为今人遵循的基本著述法则。因此他特别强调学术研究的原创性，提倡实事求是，征引有据的朴实学风，宁可劳而无获，不可不劳而获，尤其反对剽窃、“乱改古书”和“以文辞欺人”等无耻之举。在他看来，古往今来的剽窃行为可概括为四种[⑤]。

---

① 顾炎武：《顾亭林诗文集》，中华书局，2008，第96页。

② 顾炎武：《日知录集释（全校本）》，上海古籍出版社，2011，第1097页。

③ 顾炎武：《顾亭林诗文集》，中华书局，2008，第95–96页。

④ 同上，第94页。

⑤ 前三种类型参见许苏民《“行已有耻”的道德底线与中国伦理学的近代转型——论顾炎武道德伦理思想中的近代性因素》，《吉首大学学报》（社会科学版）2006年第4期。

（1）“以他人之书而窃为己作。”这是最严重的剽窃行为，以郭象剽窃向秀的《庄子注》，何法盛剽窃郗绍的《晋中兴书》最为著名。而到了明代，这种完全隐去他人姓名，径直剽窃他人成果的情况非常普遍，顾炎武指出：“若有明一代之人，其所著书无非窃盗而已。”可悲的是，当代剽窃之人，只有郭象之“薄行”，而无其“俊才”，“不能通作者之义，其盗窃所成之书，必不如元本”。因此，顾炎武将这类剽窃者直斥为“钝贼”①。

（2）“以前人之书改窜而为自作。”这种情况虽有加工改编，但仍有抄袭的成分，以班固据《史记》作《汉书》、宋祁据《旧唐书》修《新唐书》、朱熹据《资治通鉴》成《通鉴纲目》为代表。顾炎武引其嗣祖顾绍芾的话说：“凡作书者，莫病乎其以前人之书改窜而为自作也。班孟坚之改《史记》，必不如《史记》也；宋景文之改《旧唐书》，必不如《旧唐书》也；朱子之改《通鉴》，必不如《通鉴》也。”②

（3）“隐没古人名字，将为己说。”以明代弘治以后的经解之书为代表。虽然不是整本或大篇幅地抄袭，但在引用他人的观点时，却往往隐去其姓名，据为己说。针对这种问题，顾炎武提出无论引用何人之言，都应注明其姓名，即便没有具体姓名，也要注明观点的出处何在：“凡述古人之言，必当引其立言之人。古人又述古人之言，则两引之，不可袭以为己说也。诗曰：‘自古在昔，先民有作。’程正叔传《易·未济》‘三阳皆失位’，而曰：‘斯义也，闻之成都隐者。’是则时人之言，而亦不敢没其人，君子之谦也，然后可与进于学。”③

（4）“仅取已成之书抄誊一过而成新书。”在修撰新书时，只是抄录先前之书，拼凑而成，虽然注明出处，但由于仅是大量抄录，

① 顾炎武：《日知录集释（全校本）》，上海古籍出版社，2011，第1073页。

② 顾炎武：《顾亭林诗文集》，中华书局，2008，第30页。

③ 顾炎武：《日知录集释（全校本）》，上海古籍出版社，2011，第1162页。

全无裁剪加工创造，类似于今日的“攒书”行为，因而也是一种剽窃行为，其代表是永乐年间官修的《四书五经大全》。顾炎武说：“当日儒臣奉旨修《四书五经大全》，颁餐钱，给笔札，书成之日，赐金迁秩，所费于国家者不知凡几。将谓此书既成，可以章一代教学之功，启百世儒林之绪，而仅取已成之书抄誊一过，上欺朝廷，下诳士子……上下相蒙，以饕禄利，而莫之问也？”由于是官方行为，所以其为害更大，“经学之废，实自此始”[①]。官方著述尚且如此，遑论一般学者？所以历来学者言明代学问空疏，实在是渊源有自。

除了剽窃而外，顾炎武还发现在学术研究中存在着“乱改古书”和“以文辞欺人”的不端行为。所谓乱改古书，是在注解和出版古书时，缺乏“知之为知之，不知为不知”的谨慎态度，在理应存疑之处，凭主观臆断乱改原文。明代从万历年间以后，此风渐盛。“不知其人，不论其世，而辄改其文”[②]，导致“文益晦，义益舛，而传之后日，虽有善读者，亦茫然无可寻求矣”[③]，谬种流传，贻误后学。所谓以文辞欺人，就是违反“修辞立其诚”的原则，在著述中不能真实客观地陈述事实、表达观点，而是以非为是，以丑为美，混淆是非，以虚言欺世。“末世人情弥巧，文而不惭。固有朝赋《采薇》之篇，而夕赴伪廷之举者。苟以其言取之，则车载鲁连、斗量王蠋矣。”[④]等而下之，还有一部分文人主动为奸臣权佞缘饰其奸，助纣为虐。这实际上都是典型的学术造假行为，顾炎武将此类人斥为“巧言令色”之徒。如汉代梁翼、唐代李林甫、明代魏忠贤这些奸臣，原本都是不学无术之徒，之所以能够为祸天下，与一二文人为其摇旗呐喊，文奸饰非，有极大的关系，“是故乱之所由生也，犯上者为之魁，

① 顾炎武：《日知录集释（全校本）》，上海古籍出版社，2011，第1043页。

② 同上，第1077页。

③ 同上，第1075页。

④ 同上，第1095页。

巧言者为之辅”[①]。

六、余论：对研究生学术道德教育的若干启示

顾炎武的学术道德思想和实践是他能够成为一流学者的重要原因，也对今天学者思考如何治学与为人，具有一定的借鉴和警示作用。他所指出的学者不讲学术道德规范的问题，直到今天仍未在学术界销声匿迹，有些问题甚至还有愈演愈烈之势。郭清香指出：“三百年前之字字句句，尤似针对今日之事事物物。人心之浮躁，‘学者’之无耻，‘时文’之盛行，窃书之猖狂，竟与顾炎武所言丝丝入扣，令人汗颜，叫人警醒。”[②]当然，时迁世移，顾炎武的部分观点和做法在今天的高校中未必完全行得通。但这并不意味着我们可以放松学术道德方面的要求。对个人而言，正确的态度应该是，取法乎上，心向往并力行之。对高校的研究生教育而言，应有三方面的启示和建议。

对学校教育管理部门而言，应进一步扩充研究生学术道德的教育资源。在开设课程、编写教材时，努力挖掘和充分利用传统教育中的优质资源，在教育理念、内容和方法方面，进行必要的补充和调整。笔者为研究这一问题，在中国知网上查找相关文献时，发现没有一篇论文是从传统文化和传统学术的角度来探讨研究生学术道德问题的。实际上，这是一块对理论研究和实践工作均有重大价值的宝山良田。伟大的学者，必须以高尚的道德修养作为支撑。做人、做事、做学问是高度统一的，学术道德失范，说到底还是人的道德自律出了问题。而中国传统学术中，最重视的恰恰就是学者的高度自觉意识和严格的自律习惯。尤其是像顾炎武这类优秀学者，他们“以天下为己任”、“知行合一”、“重义轻利”、“尊德性与道问学并重”、倾注一生心血

① 顾炎武：《日知录集释（全校本）》，上海古籍出版社，2011，第1092页。

② 郭清香：《博学有耻，求实创新：论顾炎武的学术道德思想》，《求是学刊》2003年第2期。

撰写名著的治学理念和做法均值得大力表彰和发扬光大。如果能够采用适当的方式加以运用，必定对研究生产生极强的教育感染力。梁启超就认为，顾炎武不仅是经师，而且是人师，“他的感化力所以能历久常新者，不徒在其学术之渊粹，而尤在其人格之崇峻”[①]。今日要在高校中大力弘扬优秀传统文化，让导师和研究生一起继承中国传统学者的优良治学传统，十分有必要，从而避免在谈论这一问题时，“言必称希腊”而“不知有魏晋”。

对于研究生导师而言，一是注意言传身教，高度重视并不断加强学术道德，在自律的基础上，切实承担起“律人”的作用。大学各学科特点的不同、导师风格、研究生个性的差异，决定了导师育人方式必然多种多样，并无定式。但无论如何，最基本的“以身作则、言传身教”是不应该忽视的。孔子云“其身正，不令而行；其身不正，虽令不从”，这一论断，用在导师培养研究生方面十分恰切。在顾炎武的诗文集中，可以看到大量与师友论学明道、相互砥砺的篇章，它们的确对其门生弟子甚至后世学者起到很好的教育作用，今日读来，仍能因之想见其为人。二是在教学方式上，除了日常的课堂讲授外，还要特别重视在课堂外的“耳提面命”与“旁敲侧击”，真正让学生感到“从夫子游”的教育感染力量。顾炎武论学的很多文章，其实都是和门生学友的往来书信，篇幅、内容、格式均无一定之规，但其言之谆谆，对于做一流学者的殷切期许，时时溢于言表。现在在高校中，师生之间课堂之外的交流途径更为多样和便捷，通过各种新媒体就可以随时沟通教导。做还是不做，有心去做还是无心去做，区别会很大。

研究生，尤其是人文社科领域的研究生，应在导师的指导下，在学习知识技能的同时，养成阅读本学科领域传统大师的论学著作或学

① 梁启超：《中国近三百年学术史》，东方出版社，1996，第80页。

术传记的良好习惯，这样不仅能学到治学门径和成功经验，而且能够切身感受到这些学者的高尚品行，从而立志脱于流俗，把提高学术道德修养作为研究生阶段的一项重要内容。这对研究生的长远发展一定有很大益处。梁启超先生曾谈自己阅读顾炎武著作的感受说："他的说话，虽没有什么精微玄妙，但那种独往独来的精神，能令几百年后后生小子如我辈者，尚且'顽夫廉，懦夫有立志'。"①钱穆先生也评顾炎武："其志意之切挚，风格之严峻，使三百年后学者读之，如承面命，何其感人之深耶！"②两位国学大师类似的阅读感受，对于有志做大学问的人而言，应该是"心有戚戚焉"。

［本文原题为《顾炎武学术道德思想与实践——兼论对研究生学术道德教育的启示》，发表于《山东理工大学学报》（社会科学版）2015 年第 6 期］

① 梁启超：《中国近三百年学术史》，东方出版社，1996，第 72 页。
② 钱穆：《中国近三百年学术史》，商务印书馆，2005，第 139 页。

直为弦歌有教本，争说此地多书香

——《未名湖畔好读书：北大中华经典名篇诵读文本》出版后记

习近平总书记指出："当高楼大厦在我国大地上遍地林立时，中华民族精神的大厦也应该巍然耸立。"[①]对于正处在民族伟大复兴进程中的中国来说，当各方面的"硬实力"都在不断强大起来时，我们精神文化方面的"软实力"也应当挺立起来，因此就必须树立文化自信。"周虽旧邦，其命维新"，每一位中国人树立文化自信的前提是文化自知，尤其要对我们传承数千年的固有学术文化即国学有必要的了解和温情的敬意。知之深，方能爱之切，进而真正做到推陈出新，古为今用。

2017年，中共中央办公厅、国务院办公厅印发《关于实施中华优秀传统文化传承发展工程的意见》，提出传承中华优秀传统文化应"贯穿国民教育始终"，"传承发展中华优秀传统文化是全体中华儿女的共同责任"。当前，倡导全民阅读，构建书香社会，已经成为提高国民素质、树立文化自信、建设社会主义文化强国的重要国策之一。倡导国民阅读国学经典名著，无疑是学习、了解、传承中华优秀传统文化的正途之一。作为学术文化重镇之一的大学，传承和创新文化、服务社会大众是其最为基本的两大功能，理应在这一方面为全社会做出表率，以浓郁雅致的书香熏陶、影响全体师生，引领社会风潮。

上海交通大学的刘士林教授说过："关于大学灵魂或精神的讨论

① 中共中央宣传部：《习近平总书记在文艺工作座谈会上的重要讲话学习读本》，学习出版社，2015，第7页。

已经很多，我的看法是，无需胶粘于各种理念、口号或复杂的指数排名，衡量的标准不妨简单些，一是看有多少人在认真读书，二是有多少人在认真读中国经典。”[①]对此我深表赞同。我一贯坚定地认为，随时随处可见的读书身影（尤其是阅读经典名著的身影），应该是大学校园永不可缺少的风景之一，更应该是诸多风景中最美丽动人的永恒经典。作为毕业于北京大学信息管理系和新闻与传播学院，又以“治书之学”为业的学生，我应该永远铭记、遵循各位老师的教诲：不仅要做到爱书、读书、藏书、研究书、编著书，更有责任为这已有的美丽风景再添一道朝霞般的明艳亮色，进而为全社会撒播更多更好的读书种子。

古人云：“世间数百年旧家无非积德，天下第一件好事还是读书。”阅读可以帮助我们丰富并创造人生经验。无论我们如何勤勉，也不可能在有限的生涯中穷尽每一件事情，我们仅能在极小的范围内经历生活、体验人生。个人经验之于世界是沧海一粟。唯有读书，可以带我们走出生活的藩篱，进入一个无边疆域；唯有读书，可以让我们告别愚昧，亲近智慧，与高尚人物进行心灵的对话，见识到比眼前更深邃、更辽阔的另一个世界；唯有读书，可以让人超越时间与空间，与世界同在，不断向着更高远更雅致的境界攀登。当然，要取得这样的效果，还得遵循冰心先生的读书名言“读书好，好读书，读好书”。如果不认可读书的价值，没有读书的热情，方法又不得当，就会事倍功半，甚至有害而无益，前人批评的“读死书，死读书，读书死”就是读书不得法的不良后果。

我对读书素有天然的痴迷，是“开卷有益”的坚定信仰者。一日不读书，便觉六神无主，荒怠殊甚，面目可憎，语言无味。而我多年一贯推崇并坚持的读书方法中，最重要的有两种。一是抄读。凡属重要典籍，或遇精彩篇章，总要手抄留存。此法看似笨拙，但却效果甚著，

① 刘士林：《在今天，该怎么做一个读书人》，载《光明日报》2012 年 7 月 3 日第 13 版。

确如前人所言“眼过千遍，不如手过一遍”：既便于记忆，使所得学问更为扎实；又可积累资料，长年累月的抄录，可以为撰文演说积累大量的文献资料。二是诵读。清代桐城派大家姚鼐在《与陈硕士书》中云：“学古文者，必要放声疾读，又缓读，只久之自悟。若但能默看，即终身作外行也。”当代国学大师张舜徽先生也坚持“文须朗诵不宜默看”的读书主张[①]。依照这样的理念，我对于经典名篇，常于默读之余，放声朗诵数遍，以体其气韵，悟其精髓，诵读到一定程度，常有“声出金石”之乐和爱不释手之感。

为了个人诵读之便，我久有编撰一本经典诵读集的想法，平日也通过抄读等方式，逐年积累了一些于修身养性、为人处世、治学理政有益且音调铿锵、文辞清通、便于吟诵的名篇佳作，拟待积少成多、篇帙可观时，将其结集出版，分享给同有此爱好的广大读者。

2013 年 5 月，学校任命我为继续教育学院副院长，主管高端培训、网络远程培训的教学管理工作。当走进课堂与来自各行各业各地区的广大学员接触时，我发现，大家都对了解、学习、研究国学有着十分浓厚的兴趣和迫切的需求。因此，我一方面开始结合所学专业，为学员开设“国学经典阅读与人文素养提升”的课程，另一方面则尝试在所有培训班上推广晨读经典活动。具体的做法为：每天清晨在开课前 15 分钟，由班主任或学员代表带领全体学员放声诵读一篇经典诗文，让大家在一片琅琅书声中神清气爽地开始一天的学习，真正体验“未名湖畔好读书”的诗意生活。让中华民族的优秀传统文化充分展示在声音、文字中，回荡在燕园的课堂内外，“望之俨然，即之也温”，像空气一样浸润人们的心脾，净化人们的精神家园。

晨读活动得到了授课老师和学员的一致好评，很多授课老师主动参与晨读甚至领读活动。新闻与传播学院的俞虹教授在为学员开课时

① 张舜徽：《爱晚庐随笔》，华中师范大学出版社，2005，第 168 页。

讲道："这将是我30年来，印象最深的一堂课。晨读将我拉回了很多年以前。"国防大学的马骏教授说："每次上午上课前，都会看到学生肃立，手捧名篇，诵读经典：'大学之道在明明德，在亲民，在止于至善……'每逢置此境，不禁想起我之师长昔日谆谆教诲：晨读吐浊气、健口腔、增记忆、明事理、养习惯、蕴正气，嘱我从经典中明白做人的道理和涵养向上的精神气质……"学员则评价说："晨读是一种很好的形式，百年北大，琅琅书声，这才是知识分子应有的回归。既拓展了阅读的范围、开阔了眼界，又提振了精神，令人以充沛的精力开始新的一天的学习。"

随着晨读经典活动的全面推广，在很多人的建议下，我以先前积累的资料为基础，在吴晓峰、李文文等同事的协助下，在工作之余，搜校注解、分类编排，初步编成以各行各业的管理干部为主要读者的诵读手册——《未名湖畔好读书》。这本如今看来还十分单薄简陋的内部资料，在一段时间里发挥了两大作用：一是作为开展晨读活动的教材，赠送给每位学员；二是作为我和各位班主任学习提高的读本，得暇讽咏，甚至全部背诵，与学员一起成长进步。推广诵读不易，编成教材更难，其中甘苦，一言难尽。还记得在2014年端午节小长假期间，我仍在办公室反复校读修改。手册编定之日，我喜不自禁，遂赋《晨读手册编定志喜，兼寄诸编委》，诗云：

问君何事费思量，五次三番裁短长。
直为弦歌有教本，争说此地多书香。
披沙故纸搜金玉，点将精兵辨莠良。
编就众名附骥尾，欣随琅琅颂八方。

晨读手册推出以后，很受学员欢迎，在培训结束后，很多学员提出了大批量购买的诉求。但由于手册属于内部资料，无法售卖，只能拿出一小部分赠送，无法满足大家的迫切需要。有鉴于此，很多学员和朋友提出应该择机正式出版的意见，并对晨读手册的形式、内容提了不少建设性的意见。而我们在自己的学习、阅读过程中，也深感对其进行大幅度修改乃至重新编撰的必要性和紧迫性。

基于这样的构想，从2016年开始，我又在工作之余重新编选诵读篇目，撰写小序、注释、解析，增补理论参考文献，最终形成这本全新的国学经典名篇诵读文本。对我而言，整个工作几乎就是另起炉灶，工作量非常之大。且喜在吴晓峰、周婧、李文文、王逸鸣等同事的协助下，本书终于在2018年5月3日定稿，提交北京大学出版社正式出版。

本书分为两大部分。第一部分为经典选读篇，大致以“平天下、治国、齐家、修身”为序，划分为十个专题：“家国天下”“官箴政道”“知人用人”“家风家训”“人间真情”“修身励志”“读书问学”“雄武气象”“挫折应对”“闲情偶寄”，每个专题在序言之后，选诗文十余篇。为了便于诵读，绝大部分文章采取节选的方式，篇幅控制在一千字左右。对诗文中较为生僻的字词，随文标出读音，重要的词句，则以页下注的方式予以注解。为了便于读者更加深入地理解诗文内容，在正文之后，以“浅解”的方式对诗文的作者和出处、写作背景、诗文内涵及特点做了简单说明。第二部分为理论参考篇，收录了《经典的选择与阅读之法》《由导读书目看中国经典著作与传统文化》等两篇具有一定理论参考价值的文章，以便对国学经典阅读有兴趣的读者进一步参考借鉴。为了编好此书，我们参考、征引了不少前贤和时哲的研究成果，为了表示感谢，我们在书后列出了主要参考文献。

在本书出版之前，我特邀恩师李国新、张积先生审读了书稿，并请本师肖东发先生的生前好友、当代出版大家聂震宁先生在审读全书的基础上惠赐佳序。聂先生在序言中对此书予以高度评价，他说：“在全民阅读，特别是经典阅读的热潮中，我国出版业已经出版过一些经典阅读选本，可是相比较而言，北京大学出版社的这部《未名湖畔好读书：北大中华经典名篇诵读文本》，因为突出了诵读的主张，尤其值得赞赏，又由于编选颇具匠心，更让我赞佩。”聂先生和李先生、张先生都是当前全民阅读、经典阅读方面的著名专家和大力倡导者，他们的精心审读和充分肯定为本书增光不少，让我们备感振奋。北京大学出版社的周丽锦、胡利国两位编辑老师为了让此书能够以尽善尽美的面貌呈献给广大读者，付出了辛苦而卓有成效的劳动。对此，我们的感谢之情、敬佩之意，无以言表！

“松下花丛最想望，满园尽是读书人”，这几年来，每当在清晨时分，在教室内外，看到来自各行各业的优秀学员，手捧晨读手册，聚精会神，齐声朗诵“大道之行也，天下为公”“大学之道，在明明德，在亲民，在止于至善”“安得广厦千万间，大庇天下寒士俱欢颜”“先天下之忧而忧，后天下之乐而乐”“不要人夸好颜色，只留清气满乾坤”“士大夫之无耻，是谓国耻”“苟利国家生死以，岂因福祸避趋之”“红军不怕远征难，万水千山只等闲”等脍炙人口、打动人心的经典名篇时，每当得知有些学员在培训结束后，还把晨读手册带到单位、带到家中，继续坚持和同事、家人一起诵读时，我就特别激动和欣慰。由书香课堂而书香校园，由书香校园而书香单位、书香家庭，这再次说明了国学经典的永恒魅力和朗读吟诵的独特价值。犹记 2014 年 12 月 17 日，时届年末，回顾一年来的工作，尤其是晨读经典工作取得的一些成绩，我感慨系之，草《岁末书怀》一诗云：

暑往寒来如转轮，年来踪迹杂甘辛。
区区小吏责何重，漫漫长途身亦勤。
笔走龙蛇著论谨，舌耕绛帐微言新。
丹心略慰道南去，沾化乾坤万里春。

南宋士大夫倪思在《经锄堂杂志》中云：“松声、涧声、山禽声、夜虫声、鹤声、琴声、棋子落声、雨滴阶声、雪洒窗声、煎茶声，皆声之至清者也，而读书声为最。”诵读国学经典，能使我们的生活更加充实美好，令我们的精神更加超凡脱俗，更能让我们永远扎根大地，仰望星空，追怀先贤，关爱苍生，反观内心，提升境界，真乃人生一乐也！阐旧邦以辅新命，沾化乾坤万里春。我们诚恳地希望能够以此书为使者，把未名湖畔的浓郁书香和琅琅书声传播到更多、更远、更辽阔的地方，从而为构建书香校园、书香单位、书香家庭，进而为推广全民阅读，建设书香社会贡献自己的绵薄之力。可以说，这既是新时代给我们提供的良好机遇，更是我们义不容辞的责任，我们以此而感到无上荣光，其乐无穷。当然，由于才疏学浅，书中定有疏漏谬误之处，衷心希望读者诸君能对我们的经典诵读活动和本书的内容与形式提出宝贵意见，督促和勉励我们把好事做得更好！

（载杨虎主编《未名湖畔好读书：北大中华经典名篇诵读文本》，北京大学出版社，2018。同时发表于《新阅读》2018 年第 12 期。收入本书时略有修改）

经典的选择与阅读之法

各位同志：

大家好！今天我分享的题目为“经典的选择与阅读之法”，分享的对象是从事实务工作的各位朋友，所以谈论问题时尽量避免学术化、理论化，主要是结合实际工作和大家分享自己的一些体会和经验。今天我主要谈三个问题：为何读书，应读何书，经典的阅读之法。粗浅之见，还请大家多多批评指正。

一、为何读书

对于已经工作且不以学术为事业的人来说，为什么还要读书，基本原因有三：修身、立业、乐生。

一是修身的需要。

人生是一个不断成长和完善的过程，需要从前人的经验中汲取必要的养分。常言道“不听老人言，吃亏在眼前”，书籍，尤其是优秀的书籍就是人生这个大学中的重要教科书。开眼界，长本事，提能力，修气质，均要依靠读书。从人的气质修为而言，书卷气最为难得。“腹有诗书气自华”“气质变化学问深时”，这些耳熟能详的名言，都是在讲读书对一个人气质塑造的重要作用。曾国藩教导其子重视读书时说：“人之气质，由于天生，本难改变，惟读书则可变化气质。古之精相法（者），并言读书可以变换骨相。”[①]现实中，我们也会发现，有些人的相貌并不出众，穿着也不甚讲究，但其言谈举止中往往透露

① 唐浩明编：《曾国藩家书》（下册），岳麓书社，2015，第 19 页。

着一种儒雅之气，我们与其交往，也会觉得非常舒服，甚至有春风拂面、朗月入怀之感。这就是长期读书、长期熏陶的效果。

孔子从是否学习的角度把世人分成四类。第一等人，生而知之。这类人，生下来天赋就好，不用学也可成为智者。第二等人，学而知之。通过学习完善自我，也可以知晓天地万物之理，他认为自己就是这类人。第三等人，困而学之。一般情况下不主动学习，只有在出现问题时，才被动去学，通过学习寻求解决问题之法。第四等人，困而不学。根本就没有学习的意识和习惯，即便出现了困难和问题，也不知道去学习，这样的人简直就无可救药。[①]对于职场中人，以上四种情况都存在。一般来看，有学习习惯和没有学习习惯，经常读书和根本就不读书或者读书甚少的人，他们的人生境界和气质修为，可能一两天看不出差异，但时间长了以后，一定能分出高下优劣来。据明人陈继儒《岩栖幽事》载，黄庭坚曾云："士大夫三日不读书，自觉语言无味，对镜亦面目可憎。"这样下去，心中自然会增加许多尘俗之气。而世间百病皆可医，唯独这个"俗"字根深蒂固，万难根治。而医俗之法，最好的就是多读书，多读古往今来的有益之书。

当然，也有人会说，不读书也不会影响一个人的正常生活，也不妨碍其成为好人，甚至在某些方面成为名家专家。中国历史上的确出现过一些不识字的英雄豪杰，比如唐朝的禅宗六祖慧能法师，就一字不识，但却成为开宗立派的大师，是中国乃至世界上了不起的思想家。在现实生活中，也的确有许多不识字或文化水平不高的成功人士。这些人的成功，在很大程度上是由天赋、悟性好决定的，这类人几乎都是天才。但我相信在这个世界上，天才总是少数人，一般人绝不能单靠天赋成功，还得靠勤奋努力。要想取得成功，聪明人尚且得下点笨

① 参见《论语·季氏第十六》，孔子曰："生而知之者，上也；学而知之者，次也；困而学之，又其次也；困而不学，民斯为下矣。"

功夫，更何况资质一般的人，更得下些常人所不能下的功夫。而读书学习，就是帮助自己不断成长、不断完善的重要途径。

最近，我在微信上看到一篇文章，大概的意思是，修养非关读书多少。这个观点有一定道理，的确，读书多的人未必品德修养就好，不读书者未必没有道德修养，在一定程度上，读书、学问的多少的确与品行修养的高低并不成正比。宋代著名理学家陆九渊讲："若某则不识一个字，亦须还我堂堂地做个人。"[①]从历史上看，天下有些事有时就败在一帮读书人手上，而在乡间地头、工厂车间、市井街道，则有很多一字不识的普通民众反倒品行很好。这是客观现实。但由此而否认读书的重要性，因此而弃书不观，无疑就是因噎废食之举。出现这些问题，并非书之错，也并非读书无用。读书甚多而修养不佳，问题应该是出在三个方面：一是读书人的心术不好，根子上就有问题；二是所读之书不同的问题，天天读《厚黑学》这类书的人，和读《论语》的人，一定不可同日而语；三是把读书和实际生活割裂开来，不懂得知行合一。读书只是他装点门面、获取实际利益的敲门砖而已。

二是立业的需要。

也就是提高谋生之术，适应社会发展的需要。现代社会发展变化的速度实在太快，知识尤其是科学技术的更新让人常有目不暇接、无所适从之感。面对新形势、新情况、新问题，如何做到心有定力，手有良法，至少不被社会淘汰？这就得靠不断学习和定期读书。

早在1939年，毛泽东同志就在延安在职干部教育动员大会上意味深长地指出，在全党开展生产运动以解决物资供应问题的同时，应该在全党开展学习运动，把全党建成一个"无期大学""社会大学"。为什么要这么做？一个非常重要的原因是，毛泽东敏锐地看到了随着形势的变化，全党同志都面临着一种前所未有的"本领恐慌"，他形象地说：

① 陆九渊：《陆九渊集》，钟哲点校，中华书局，2008，第447页。

> 我们队伍里边有一种恐慌，不是经济恐慌，也不是政治恐慌，而是本领恐慌。过去学的本领只有一点点，今天用一些，明天用一些，渐渐告罄了。好像一个铺子，本来东西不多，一卖就空，空空如也，再开下去就不成了，再开就一定要进货。我们干部的“进货”，就是学习本领，这是我们许多干部迫切需要的。[①]

如何去克服这种“本领恐慌”？一个有效的方法，就是重学习，好读书。在这一方面，毛泽东率先垂范，可谓党内酷爱读书而且能把书读好读活，真正做到学以致用的优秀典范，由此而缔造了一个伟大的学习型政党。据毛主席生前的图书报刊管理负责人逄先知回忆，毛泽东除了自己爱读书、读书不知疲倦以外，还多次号召干部养成看书的习惯，使看书占领工作之外的时间[②]。这样的思想和做法如今仍对我们有很大的启示。

现在我们无论从事什么工作，是不是或多或少也存在着本领不够用、心中无底气的恐慌？答案一定是肯定的。除了个人的本领恐慌之外，我们还面临着一种越来越多的“行业消亡恐慌”，并不是说我们的本领不够，而是随着技术的不断更新和社会的不断进步，一些原来看似很时兴、很繁荣的行业却被整个淘汰了。比如电报、BP 机，还有诺基亚、摩托罗拉等手机的衰亡，以及 20 世纪 90 年代传统工人的下岗浪潮，都是我们很多人耳闻目睹的行业消亡现象。在行业消亡之后，原来在这个行业中的能手、精英，该何去何从，是一个绝大的问题。时至今日，这种情况恐怕会越来越多。

面对“本领不够”和“行业消亡”的恐慌，作为具体的个人，是

---

① 《毛泽东文集》（第 2 卷），人民出版社，1993，第 178 页。

② 龚育之、逄先知、石仲泉：《毛泽东的读书生活》，生活·读书·新知三联书店，2014，第 14 页。

无动于衷，听之任之，还是有所醒悟，投入学习？虽然可能就是一念之差，一个习惯之别，但却会决定不同的人生走向。时间会证明，那些在工作中或在工作之余善于读书之人，迟早会脱颖而出。因为他们能够通过长期的积累，占领住思想的高地，永远不会被淘汰出局。这就好比小鹰、小鸡、小鸭在起初阶段，都是在地上走，但随着时间的推移，雄鹰一定会飞上天空去搏击，打出一片广阔的天地，而鸡鸭之类仍在自己的一亩三分地上，志得意满、优哉游哉地过着它们自以为幸福的生活。

一个人是成为雄鹰，还是鸡鸭，是否重视读书学习，应该是一个重要的分水岭。要成为雄鹰，恐怕就得借助书籍这个东风，“好风凭借力，送我上青云”。被誉为“当代毕昇”的王选先生说过：“我很赞赏北大博士生的一句话：‘在大学、研究生期间，不要致力于满口袋，而要致力于满脑袋。’满脑袋的人最终也会满口袋，我是相信这点的。”①

从现实情况来看，我们参加工作以后和上学时会有很大变化，为了谋生立业，当然要想办法装满口袋，但与此同时，仍然需要经常提醒自己，应该时刻心存“困而知学”的自觉性和紧迫感，通过读书往脑袋里装新思想、新知识，让我们的脑袋不要枯涩僵化，甚至被掏空耗干。民国时期，著名学者胡适曾对大学毕业生说，毕业之后，很有可能存在两种堕落的危险：一是容易抛弃学生时代的求知识的欲望，二是容易抛弃学生时代的理想和人生追求。为了防御这两方面的堕落，一方面要保持求知识的欲望，一方面要保持对于理想人生的追求。其中一个具体药方就是：“总得时时寻一两个值得研究的问题！”②个人如此，单位也是如此，一个不重视学习、不懂得读书重要性、不懂得用知识和理论武装员工的单位，其工作水平一定不会高到哪里去，

---

① 王选：《我一生中的八个重要抉择》，《文明与宣传》1999 年第 10 期。

② 胡适：《读书与治学》，生活·读书·新知三联书店，1999，第 89-90 页。

而其发展前景也一定令人担忧。

三是乐生的需要。

其目的在养成一种良好的生活习惯，提高生命的整体质量。有一句话讲得很好，闲暇决定人生。把我们宝贵的业余时光投入什么地方，是需要认真思考并慎重抉择的大事，这会决定我们的生活习惯，进而影响我们的生命质量和人生方向。工作之余各种正当的消遣都是必要的，这样生活才能丰富多彩，逛街、听戏、旅游、打游戏、看电视，甚至搓麻将、睡懒觉，只要不违背法律条文和社会公德，不影响自己的家庭幸福和身心健康，我看都是无可厚非之举。周作人在《北京的茶食》一文中有一段名言，可谓真正懂得人生的闲适意味：

> 我们于日用必需的东西以外，必须还有一点无用的游戏与享乐，生活才觉得有意思。我们看夕阳，看秋河，看花，听雨，闻香，喝不求解渴的酒，吃不求饱的点心，都是生活上必要的——虽然是无用的装点，而且是愈精炼愈好。

但我总想说，对于一个有了基本文化储备且有一定梦想的人而言，最好能将读书当成自己的一种生活方式，在“浮生难得半日闲”的状态下，能给读书留下一席之地。这应该是一种费力甚少而获益甚多的文化投资，只要愿意投入时间、精力和感情，总会有潜在或显在的收获。

在实际生活中，我们会发现，但凡有读书习惯的人，每次和他接触，都会觉得他有新的进步，他的思想和见解，就像那源源不断的活水，总会涌出新鲜的甘泉。这也在一定程度上印证了康熙皇帝的一段名言：“凡事可论贵贱老少，惟读书不问贵贱老少。读书一卷，则有一卷之益；读书一日，则有一日之益。此夫子所以发愤忘食，学如不及也。”[①]

① 康熙：《庭训格言》，陈生玺、贾乃谦注译，中州古籍出版社，2011，第152页。

除此之外，经常读书的人，其心态也会非常平和，其精神生活的质量会非常高。因为他有自得之乐，不徐不疾，眼界高，胸怀广，充满了自信和从容。明代杰出的政治家于谦有一首《观书》诗，很能体现这种生活的趣味和境界：

> 书卷多情似故人，晨昏忧乐每相亲。
> 眼前直下三千字，胸次全无一点尘。
> 活水源流随处满，东风花柳逐时新。
> 金鞍玉勒寻芳客，未信我庐别有春。

大家都知道，每年的4月23日为世界读书日，该节日的一个重要目的就是定期提示人们阅读的重要性。我则认为，真正的读书人，其生命中的每一天都是读书日，每一处都可成为读书地，因为读书已经成为他生命的重要组成部分。鲁迅先生曾在《读书杂谈》中非常风趣地形容这种自觉自发的读书方式：

> 嗜好的读书，该如爱打牌的一样，天天打，夜夜打，连续的去打，有时被公安局捉去了，放出来之后还是打。诸君要知道真打牌的人的目的并不在赢钱，而在有趣。牌有怎样的有趣呢，我是外行，不大明白。但听得爱赌的人说，它妙在一张一张的摸起来，永远变化无穷。我想，凡嗜好的读书，能够手不释卷的原因也就是这样。他在每一叶每一叶里，都得着深厚的趣味。自然，也可以扩大精神，增加智识的，但这些倒都不计及，一计及，便等于意在赢钱的博徒了，这在博徒之中，也算是下品。

在高校等文化机构工作的人，整天与文化打交道，尤其应该具备这种以读书为乐趣的良好习惯，这样才能具备与学术文化界人士平等对话的知识储备。

有人说，青年学子读书的身影，是北大校园里最美的风景，我特别赞同这个说法。说句心里话，我每天步行上班，经过静园草坪，看到众多师生晨读的场景，都会备受感染。有一年春天的一个雨后清晨，光景一时新，空气格外好，路过静园草坪时，看到牡丹花盛开，层层叠叠，缤纷灿烂，煞是好看；花丛旁边的烈士纪念碑前，松柏之下，聚集着很多学生在集体晨读，齐声朗诵国学经典名篇。我触景生情，赋诗一首：

咏静园草坪晨读者

匆匆流转已春深，无限风光雨后晨。
松下花丛最想望，满园尽是读书人。

南宋倪思曾在《经锄堂杂志》中言：“松声、涧声、山禽声、夜虫声、鹤声、琴声、棋子落声、雨滴阶声、雪洒窗声、煎茶声，皆声之至清者也，而读书声为最。闻他人读书声，已极可喜；更闻子弟读书声，则喜不可胜言矣。”满园尽是读书人，处处可闻读书声，这才是一所大学应该常有的文化景观。2014 年我们开始安排到继续教育学院参加培训的学员开展经典晨读活动，并为此而编写了《未名湖畔好读书：北大中华经典名篇诵读文本》的晨读手册。虽然每天用时仅有 15 分钟左右，但其用意却在让大家找回亲近经典的感觉，养成一种良好的习惯：在琅琅书声中开始一天的学习和工作，也让我们的工作人员在一片书声中抖擞精神，开始一天的工作，真正实现大家“未名湖畔好读书，博雅塔下宜聆教”的梦想。这样一来，我们的培训也会增加一些北大特色和文化味道。

二、应读何书

与专职的学术研究者不同，工作是我们的主业，读书是我们的副业，因此选择所读书目的标准就应该有所差异。应该读哪些书呢？我的意见是，要重点读自己感兴趣，并且对自己有益有用的经典之作，即坚持趣味性、有益性和经典性三个基本标准。

（一）趣味

读书是一项个性很强的活动，每个人的读书志趣、习惯和方法绝不能等同划一。即便在同一时间同一地点，很多人在读同一本书，每个人最终所得的效果也会千差万别。在求学和工作阶段，除了一些硬性规定的必读书目外，我们也应该自主选择其他书籍。需要注意的是，我们读书，需要认真听取并充分借鉴前人、名人和师友的主张和意见，但又不能照单全收，盲目遵从，而是主权在我，必须根据自己的趣味、眼光和实际需要去选择。相比之下，趣味应是第一位的。因为世间万事皆可勉强，兴趣虽然可以培养，但却万难勉强。

我在大学一年级时，曾选修信息管理系孟昭晋先生的“人类文化学”一课。孟老师曾在课上向全班同学推荐一本书和一本杂志：书是费孝通先生的《乡土中国》，杂志是《读书》。孟老师还补充说，衡量一个人爱不爱读书的重要标志，便是看他是否爱读《读书》杂志。这当然是非常重要的指导意见，但也好像给我们全班 28 人戴上了一个枷锁。当时我们都谨遵先生之教，或买或借，分头去读。至今还记得，《乡土中国》读来真是酣畅淋漓，爱不释手，让我和同学都惊叹，学术著作原来还可以这样精彩、有趣。而后者，无论我们怎样去读，总是没有感觉。参加军训时，我买了好几本《读书》杂志，放在枕头底下，得闲便翻阅，但无论怎么硬着头皮去看也看不下去，不知道那些作者在说啥，我和他们之间根本就没有交集。问问周边的同学，大家也有同感。那咋办？索性横下心来，像这样的东西不看也罢。但这毕竟留下了一个不能解开的心结。时隔十多年，我在新闻与传播学院给本科生讲授“期刊编辑实务”一课时，有学生做期刊案例分析时，就通过比较丰富的论据证明了《读书》杂志由盛而衰的重要原因之一，就是文章越来越晦涩，越来越脱离普通读者。看来我当初的感觉并没有大错，至此，我心中的《读书》心结才得以解开。时至今日，我自认为也是普通人中一个好读书之人，但却由于阅读趣味不同（当然也有学术积累不够的原因），几乎不读《读书》这样的杂志，的确是有负老师的教导，但又有什么办法呢？

徐志摩曾告诉青年人，读书时应该把一句话记在心里：

> 舌头是你自己的，肚子也是你自己的，点菜有时不妨让人，尝味辨味是不能替代的：你的口味还得你自己去发现（比如胡先生说《九命奇冤》是一部名著你就跟着说《九命奇冤》是一部名著，其实你自己并不曾看出他名在那里，那我就得怪你），不要借人家的口味来充你自己的口味，自骗自决不是一条通道。①

从我的经验来看，如果不是为了做专门的研究，也不是为了完成规定的任务，而是在职场中打拼，对于别人推荐的书，我们可以先拿来翻翻，觉得好便往下读，觉得不合口味，弃之一旁也无妨。原因是我们的空闲时间是有限的，而我们的选择又是多样的，何必胶柱鼓瑟，去自寻烦恼和压力呢？还是多读些能提起自己兴味的好书吧。不过，前提是，可以不读自己不感兴趣的书，自己感兴趣的书则一定要读，而且要力争读好。

---

① 徐志摩：《再来跑一趟野马》，载《京报副刊》1925 年 2 月 16 日第 62 期。

（二）有益

兴趣之外，还应该重点选择那些对自己有用的书，应该有些“正其谊而谋其利，明其道而计其功”的功利性。那些有助于我们修身养性，有助于应接世务，提高工作水平，应付现实困难的好书、经典书，更要重点读。我们经常会听到一些人说，读书不要有太多的功利性，而应该注重“无用之用”，重道而轻术，甚至不言术。对此我一直抱有不同意见。读书固然要重形而上的道，但也不能轻视或者否定形而下的“术”，二者应该是相辅相成、互为补益的。比如学习新闻与传播学的学生，大学几年，学了一大堆基本理论，讲起大道理来头头是道，却对如何做专访，如何拍摄、剪辑片子，如何设计产品宣传方案之类的基础操作问题一无所知，难道不是十分令人匪夷所思之事吗？

我常想，对于衣食无忧、不用考虑稼穑艰难的人来说，阅读当然可以一味凭着感觉和兴趣走。比如我的一位韩国师兄，他本是韩国的富豪，家底甚厚，丝毫可以不为生计担忧。他的一个爱好就是去各国的大学拿博士学位。读完美国的，又读日本的，我上学时，他又来到中国读肖东发老师的博士，整天过得优哉游哉，望之恍如无关世务的神仙中人。

像师兄这样的人毕竟是少数，对于芸芸众生如我之辈，很难做到。在很多情况下，就必须读一些功利性很强、能够解决现实问题的书。在我的阅读生活中，功利性的读书还是占有很大比例的。我们很多人在选择书籍时，都会有一个基本的预设判定：读了这本书，对我一定要有启发，有帮助。我们也常讲，读书要能做到知行合一，学以致用。读了学了不能落到实处，不能对实际工作有所助益和促进，不能提升生活的质量和人生的境界，那读它又有何用呢？

（三）经典

不论是听从兴趣，还是讲求实用，我们的精力和时间毕竟总是有限的，不可能把自己感兴趣且有一定用处的书都拿来读一遍。事实上，即便真正把这样的书都读完了，也未必真有什么好处，正如郑板桥所云："《五经》《廿一史》《藏》十二部，句句都读，便是呆子；汉、魏、六朝、三唐、两宋诗人，家家都学，便是蠢材。"[①]在这种情况下，该怎么办？会读书的人都主张把好钢用在刀刃上，集中精力攻读那些好书，甚至是好书中之极品书，这就是所谓的经典。

为什么要这样做？

一是因为古往今来的书籍浩如烟海，而经典之书则有目可数，真正值得阅读的就是这些经典。二是因为从实用的角度来看，真正会读书的人，在博览群书的同时，尤其要精熟几部书。历史上记载，宋代开国名相赵普曾以半部《论语》辅佐宋太祖皇帝打天下，又以半部《论语》辅佐宋太宗治天下[②]，真正做到了"欲为一世经纶手，止熟数篇紧要书"[③]。明代藏书家汪道昆藏书甚多，但读书却重精读。他的观点是，"人生所用书，只须熟数种足矣"，其他的书籍虽然很多，但其作用主要在于"聊备检证"。[④]这无疑是一种非常通达的主张。吾师张积先生就多次教导我，读书一定要有"看家书"，作为自己为人为学的根据地。这里所讲的"本根书""看家书"，都是指经典而言。钱理群先生则强调，读书如择友，一定要重点挑选经典名著来阅读，他说：

> 我们提倡阅读经典，就是因为这样你就可以和真正的思想、文化、科学、文学的大师对话，从他们那里直接吸

---

① 郑燮：《题随猎诗草、花间堂诗草》，载《郑板桥全集》，齐鲁书社，1985，第279页。

② 据宋人龚昱编《乐庵语录》载，宋太宗欲相赵普，或谮之曰："普山东学究，惟能读《论语》耳。"太宗疑之，以告普。普曰："臣实不知书，但能读《论语》，佐艺祖定天下，才用得半部，尚有一半，可以辅陛下。"太宗释然，卒相之。

③ 王余光等译注：《读书四观》，湖北辞书出版社，1997，第79页。

④ 同上，第68页。

> 取人类文明的精华，使自己在人生起点就站在“巨人”的肩膀上，占据精神的制高点。这样，你就为自己的理想、信仰的建立，吸收广泛的精神资源，打下了最坚实的基础——理想、信念、信仰，不能产生于个人的苦思冥想中，而必须建立在深厚的知识学养和人类文明的精神继承的基础上。[①]

以我的理解，世间所有书籍，都可分为四种：看家书、精读书、泛读书、备检书。我们的阅读重点应该放在看家书和精读书上。一个人在 30 岁前后，如能做到胸有三五本看家书，精读十来本好书，那么做学问的基本功就算打下了。职场中人，即便不为做学问计，也应在其床头案头，常备一两本经典要籍，经常诵读，以求精熟。

三、经典的阅读之法

应该如何阅读经典？前哲时贤就此问题多有论述。每个人的读书之法也会有很大的差别。但不论采用什么方法，就是先要解决是否愿意读书，是否认可读书的价值的根本问题。廖沫沙先生说过：

> 讲到“读书方法”，我想第一个要问的问题，是要不要读书，爱不爱读书……第一个读书方法，是养成读书的习惯，养成读书的兴趣和嗜好。……任何时间地点，只要有可能，就打开书本，毫不犹豫。任何书都愿意读，从历书一直到小摊上的连环画，只要拿得到手，就翻开来认真而有趣的读。[②]

---

① 钱理群：《风雨故人来：钱理群谈读书》，商务印书馆，2016，第 4 页。

② 廖沫沙：《我的读书方法》，载《博览群书》杂志选编《读书的艺术：如何阅读和阅读什么》，九州出版社，2004，第 90-91 页。

廖先生提到的是一个先决性的问题。与人谈读书，首先就得教其认可读书的价值，以读书为要事、好事、乐事。如果对方所持的观点是“读书无用”“读书穷酸”，那么一切具体的方法就无从谈起。

在这一部分，我结合自己的阅读经历，从宏观和微观两个层面谈一点粗浅的看法，与那些认可读书价值且有读书习惯的朋友分享。

（一）宏观六要

宏观上，应特别重视以下六个方法。

一是定书目，明计划。也就是根据志趣，立足实用，咨之名师，考之书目，选定自己的攻读对象，最好能制订出一个相对固定的阅读书目和比较可行的阅读计划，或十年廿载，或一年半载，在工作之余，有条不紊、按部就班去读；可以将其列为每日的必做功课，或定时，或定量，不完成决不罢休，如鸡孵卵，久久为功，自有成效。刚开始可能会有山重水复、读之不易的困惑，但只要硬着头皮坚持读下去，则读任何书都会有柳暗花明、豁然开朗的欣喜，那些看起来再难啃的硬骨头书也迟早会有被攻克之时。明末清初著名学者姜宸英在《湛园集·与子侄论读书》中云：“读书不须务多，但严立课程，勿使作辍，则日累月积，所蓄自富，且可不致遗忘。欧阳公言：‘《孝经》《论语》《孟子》《易》《尚书》《诗》《礼》《周礼》《春秋》《左传》，准以中人之资，日读三百字，不过四年半可毕。稍钝者，减中人之半，亦九年可毕。’今计九年可毕，则日读百五十字也。”这都是颇有见地的经验之谈。

至于阅读计划如何去实施，则因人而异，不必强求统一。适合自己的方法才是最好、最有效的方法。笔者近年来读书，深受清人张潮提倡之法，春夏秋冬，四时不同，所读之书也当有异。其说法见《幽梦影》一书：“读经宜冬，其神专也；读史宜夏，其时久也；读诸子宜秋，其致别也；读诸集宜春，其机畅也。”我遵循此法，春天会读一些诗歌、散文、小说等文学色彩比较浓厚的书籍，夏天则会读《资治通鉴》

等史学著作，秋天读《韩非子》《老子》《庄子》等诸子百家的学说，冬天则会重点反复阅读十三经等儒家经典。

二是择版本，重交流。制定了阅读书目和阅读计划后，就有一个选择版本的问题。同样一本书，在古代由不同的刊刻者刻印，在今天由不同的出版社出版，均会形成不同的版本。版本不同，书的质量就会有差别。清代张之洞曾在《书目答问·略例》中说："读书不知要领，劳而无功；知某书宜读而不得精校、精注本，事倍功半。"这里所说的"精校、精注本"就是那些版本较好的书籍。现代学者陈垣先生曾在《通鉴胡注表微·校勘篇》中说："日读误书而不知，未为善学也。"这里所说的"误书"，当指那些版本差的书籍。古往今来，因择书不善读误书而闹笑话的例子不胜枚举。因而时至今日，我们读书时，仍要注意精择版本。一般情况下，大家所著作品、名社所出之书质量比较信得过，应该优先选择，普通的出版社就要慎重，盗版书尤不可读。比如中华书局、上海古籍出版社出版的古籍，人民文学出版社、作家出版社出版的文学著作，商务印书馆、三联书店、北京大学出版社出版的学术著作，译林出版社、外语教学与研究出版社出版的外语著作，其质量都比较有保障。当然，在选择书籍时，还有一个很现实的因素，就是书籍的价格。一般情况下，名社出版的经典之作价格都比较贵，往往会让人望而却步。但笔者的购书经验是"宁吃鲜桃一口，不食烂杏一筐"，宁可花大价钱买一本值得反复品读并长期珍藏的好书，也远比花小钱买一大堆质量不过关的"误书"划算。

除了选择好的版本以外，读书还应注意与师友之间的交流。《礼记·学记》云："独学而无友，则孤陋而寡闻。"读书虽然是个性化的行为，但也应该经常与志同道合者交流心得，以收相互砥砺、相互启发之效。与此同时，还要向走在自己前面的优秀人物，尤其是自己的老师请教学习，多向他们汲取养分，这也是非常重要、非常必要之事。

三是勤动笔，做抄读。前人讲，在读书时“勤笔免思”“好记性不如烂笔头”“眼过千遍不如手过一遍”“不动笔墨不读书”，这些都讲了读书时动笔的重要性。边读边抄，以抄为读，是谓“抄读法”，在古人那里是非常重要的治学之法。以大学者顾炎武为例，其学问素以淹博有识著称，他从小即遵从嗣祖顾绍芾“著书不如抄书”的教诲，养成了抄书不辍的良好习惯。他说自己：“游四方十有八年，未尝干人，有贤主人以书相示者则留，或手钞，或募人钞之。”[①]抄书看似笨拙，但其重要作用有二。一是便于读书学习。抄写后所得印象，一定比只用眼观察所留印象更为深刻，所得学问将更为扎实。二是积累资料。长年累月的抄录，可以为著书工作积累大量的文献资料。像《天下郡国利病书》《肇域志》等书，便是顾炎武通过长期大量抄辑正史、实录、方志、历代名公文集而写成初稿的，这显然已经成为一种比较高级的抄书形式。

后来笔者读梁启超先生《治国学杂话》，看到他特别推荐使用抄书和做笔记的读书法，便深受触动：

> 若问读书方法，我想向诸君上一个条陈。这方法是极陈旧的，极笨极麻烦的，然而实在是极必要的。什么方法呢？是抄录或笔记。
>
> 我们读一部名著，看见他征引那么繁博，分析那么细密，动辄伸着舌头说道：“这个人不知有多大记忆力，记得许多东西，这是他的特别天才，我们不能学步了。”其实哪里有这回事。好记性的人不见得便有智慧，有智慧的人，比较的倒是记性不甚好。你所看见者是他发表出来的成果，不知他这成果原是从铢积寸累困知勉行得来。大抵凡一个大学者平日用功，总是有无数小册子或

① 顾炎武：《顾亭林诗文集》，中华书局，2008，第30页。

单纸片，读书看见一段资料，觉其有用者即刻抄下（短的抄全文，长的摘要记书名、卷数、页数）。资料渐渐积得丰富，再用眼光来整理分析他，便成为一篇名著。想看这种痕迹，读赵瓯北的《二十二史札记》、陈兰甫的《东塾读书记》，最容易看出来。

这种工作，笨是笨极了，苦是苦极了，但真正做学问的人，总离不了这条路。做动植物的人，懒得采集标本，说他会有新发明，天下怕没有这种便宜事。

发明的最初动机在注意，抄书便是促醒注意及继续保存注意的最好方法。当读一书时，忽然感觉这一段资料可注意，把他抄下，这件资料自然有一微微的印象印入脑中，和滑眼看过不同。经过这一番后，过些时碰着第二个资料和这个有关系的，又把他抄下。那注意便加浓一度。经过几次之后，每翻一书，遇有这项资料，便活跳在纸上，不必劳神费力去找了。这是我多年经验得来的实况。诸君试拿一年工夫去试试，当知我不说谎。

梁先生是一代国学大师，他的见解很值得参考、遵循。当年笔者读大学三年级时，课程压力不大，便常在课余时间泡图书馆，于完成课程作业之余抄读《论语》《孟子》《老子》《楚辞》《汉魏六朝诗选》诸书，这段经历至今难忘，笔者也由此记住了一些重要的东西，打下了一些文史基础。最重要的是这种做法引发了笔者的兴致，笔者由此养成了抄书的习惯。现在读书，如遇重要的内容，若不手抄一遍，总觉心中不安，似乎未经读过一般。在工作中，笔者也常备一些笔记本，看到重要的资料时就随手抄录下来，以备不时之需。所以笔者常常建议人人准备自己专用的读书札记或者笔记本，长年累月一本接着一本抄录下去。这样既积累了资料、增加了学问，又可以将其作为自己思考、创作、演讲时用以取材的宝库。

四是常诵读，体气韵。在阅读经典时，还应养成择其精要放声诵读的良好习惯。清人曾国藩教导其子弟，学习时应该做到“看、读、写、作”四字，“看”即泛读书籍，读一遍即可，求快求广，力争在最短的时间里博览群书。“读”即讽咏朗诵，反复诵读，求精求熟，力求将其中的知识内化为自己治学为人的看家本领。他在《复邓寅皆》中具体解释说：

> 看者，涉猎宜多宜速；读者，讽咏宜熟宜专。看者，日知其所亡；读者，月无忘其所能。看者，如商贾趋利，闻风即往，但求其多；读者，如富人积钱，日夜摩挲，但求其久。看者如攻城拓地，读者如守土防隘，二者截然两事，不可阙，亦不可混。

时至今日，在中小学阶段，日常的课业以“读”为主，而工作以后则以“看”为主，已经很少有人再像读书时那样诵读经典名篇了。实际上，恢复并养成这样的习惯非常重要。南宋大学者朱熹曾言：“大抵观书，先须熟读，使其言皆若出于吾之口；继以精思，使其意皆若出于吾之心，然后可以有得尔。”[①]张舜徽先生是一位读书甚广且特别会读书的当代国学大师，他也特别提出“文须朗诵不宜默看”的读书主张：

> 桐城姚鼐，为清乾隆时桐城派古文领袖……每言学文之法，重在多读多作。而《与陈硕士书》中所云：“大抵学古文者，必要放声疾读，又缓读，只久之自悟。若但能默看，即终身作外行也。”此乃其平生学文之心得语，足为后人法

① 张舜徽：《爱晚庐随笔》，华中师范大学出版社，2005，第168页。

> 矣。昔人治学，将看与读分别甚明。学习古代文辞，所重在读。必须熟读深思，然后有悟入处。如仅默看不读，毕竟不能受用也。余少时读文，悉承父教。先读短篇，取其易熟能背诵耳。后乃朗诵长篇，如王安石、苏轼之《万言书》，以及贾谊《陈政事疏》《过秦论》之类，皆手抄熟读。每篇皆朗诵百遍，历久不忘。故余少时所读之文，至今犹能略举其辞。既早养成耐心读长篇文之习惯，后乃进而看大部书，亦不畏难矣。终身受用，不徒在文辞间耳。①

诵读经典的益处很多。笔者的一点体悟是，至少可以通过诵读深刻体味诗文的文脉气象，进而养出胸中一段诗书气象。梁实秋先生曾以非常生动的文笔，记述了他幼时的国文老师徐锦澄先生向他们讲授文章之道的诀窍之一就是认真朗诵的过程，现将其中精彩片段摘引如下：

> 徐先生于介绍作者之后，朗诵全文一遍。这一遍朗诵可很有意思。他打着江北的官腔，咬牙切齿的大声读一遍，不论是古文或白话，一字不苟的吟咏一番，好像是演员在背台词，他把文字里的蕴藏着的意义好像都给宣泄出来了。他念得有腔有调，有板有眼，有情感，有气势，有抑扬顿挫，我们听了之后，好像是已经理会到原文的意义的一半了。好文章掷地作金石声，那也许是过分夸张，但必须可以琅琅上口，那却是真的。②

我在读书时，经常有这样一个想法：每个人都可以根据自己的兴

---

① 朱熹：《朱子读书法》，李孝国、董立平译注，天津社会科学院出版社，2016，第 31 页。

② 梁实秋：《我的一位国文老师》，载《梁实秋精选集》，北京燕山出版社，2006，第 79 页。

趣爱好，将一些义理、辞章、考据、经济俱佳的经典名篇汇集成册，成为自己的诵读集，置于案头，闲暇或困顿之时，拿出来择要诵读，至少也是消遣世虑的妙法之一。至于具体的诵读之法，我没有做过深入的研究，只能根据自己的经验谈几点感受：一是在了解文章大意的基础上，宜知人论世；二是做个角色转换，站在作者角度，设身处地去读；三是带着感情色彩去读，得讲求基本的起承转合与抑扬顿挫，速度尽量慢下来；四是在朗诵中要特别体悟文中连绵不断的气息，好的文章，全以气行。韩愈“气盛言宜”的观点，非常有道理。

五是勤背诵，多温习。

在熟读经典的过程中，我们还可以有意识地背诵一些东西。中国传统的教学方式，就讲三个字：“念背打”。私塾先生不用讲求太多的教学技巧，重点是让学生们在记忆力较强的时期把重要的典籍整篇整部死记硬背下来。待到年龄渐长，知识储备和生活阅历丰富之后，再回过头来像老黄牛吃草一样，慢慢地“反刍”回味，逐步体味出读书的真乐趣。现在很多人说死记硬背不好，在我看来也要具体问题具体分析，得看死记硬背的内容是什么。如果是立意好、内容好、文辞好的经典名篇，趁着年富力强、记忆力很好的时候，死记硬背一些，又有什么不好？我认为倒是多多益善。文史大家吴小如先生曾谈到他对学生的基本要求，也重在精读背诵几本经典：

> 我要求学生懂繁体字，懂草书，懂古文字。有人问我，会中国古典的东西有什么必读书？我说过去清朝有一句话：“诗四观。”诗是《唐诗三百首》，四是“四书”，观是《古文观止》。要我说，把这3本书从头到尾都看过、都背过，那你的国学基础就是上乘的。多了解中华传统文化，修养也会提高。①

① 潘衍习：《吴小如的书房》，《人民日报》（海外版）2012年10月26日第11版。

我们现在都会有这样一种感觉：工作以后讲话撰文时，能够运用自如的名言警句、诗词歌赋，主要还是小时候背下来的那些东西，这一点“背”的童子功，会让我们每一个人受益终生。上高中时，语文老师曾对笔者讲，学习语言文学，除了听、说、读、写四门基本功以外，还得有个“背”的基本功，古人摇头晃脑背书的习惯并非一无是处。笔者认为这真是正确的经验之谈。

“背”虽然看似属于笨功夫，但却最为管用，因为能记得深刻、悟得真切，能够随时随地触景生情，融入生活。一直以来，笔者对唐宋名家的诗歌兴趣甚浓，经常会选择一些自己喜欢的诗歌反复诵读、抄读，以求背诵。2013 年春季，笔者每天上下班途中，都会背诵杜甫的律诗，两年下来已经背下来近 200 首，这对陶冶情操、指导自己写古体诗，都有莫大好处。2014 年笔者去成都时，几乎每见一处有些历史的地名和景点，都会吟出杜甫的相关诗句来，这为参观游览增添了不少乐趣，因此成都之行给笔者留下了十分深刻的印象。

有人常会抱怨说，年龄大了，工作忙，事情多，记忆力也大不如前，想背也背不下来。那没有关系，背不了长篇大论，可以有意识地背诵一些短小精悍的美文、诗词，或者一些自己喜爱的名言警句。长则一两百字，短则三五句，只要认真去背了，总有能背下来的时候。日积月累，我们的谈吐、文章一定会有所改观。背的方法很多，笔者的经验是闲暇之时可以随意默写。既温书，又练字，还静心养气，获益良多，何乐而不为呢？

六是知行合，贵在用。我们在读书时，应该避免两种倾向。

第一，尽信书，唯书是从，成为固执偏颇的“本本主义者”。书中所言，并非字字句句都是真理，在了解、吸收知识的同时，不能放弃自己的思考和鉴别，不可在书中淹没了自我。既要学会“我注六经”，也要让“六经注我”，让所有的知识都为自己服务。同时还要特别善于用实践去印证、修正书中的知识。正所谓读万卷书要与行万里路密切结合起来，这样才行。

第二，只知口诵讲说，炫人耳目，而绝不落到实处，知与行仍是两张皮，甚至所行与所知、所言完全相反，因而成为令人厌烦的伪君子、假道学。曾国藩讲过，读书为文应特别注意兼顾义理、考据、辞章、经济。“经济”就是经世济民，落到实处，真正干实事。对于我们来说，应当首先完善自身，把自己的人生“经营”好。一定要将学到的好思想、好方法落实到实践中，不可将所学知识仅仅当成口头的谈资，全不落实。尤其是读那些修身养性、接人待物、经世济民之书时，更应讲求“知行合一”，重在落实。如家父每日的生活习惯，就显然深受《朱子家训》的影响。单说其中的第一句“黎明即起，洒扫庭除，要内外整洁；既昏便息，关锁门户，必亲自检点”，家父多年来几乎天天如此执行，这就算是把书读到实处了，非常值得笔者去学习。

对于从事实务工作的人来说，做到知行合一，特别要注意将读书和工作很好地结合起来。南朝梁元帝萧绎在国破家亡之际，以“读书万卷、犹有今日”为借口，在江陵城将苦心收藏的14万卷图书付之一炬，造成了“焚书坑儒”之后的另一场文化浩劫。梁元帝才华满腹而治国无术，读书万卷却国破身灭，其惨痛教训就在于没有将读书与工作很好地结合起来。习近平同志讲过：“学习的目的全在于运用。领导干部加强学习，根本目的是增强工作本领、提高解决实际问题的水平。‘空谈误国，实干兴邦’，说的就是反对学习和工作中的‘空对空’。战国赵括‘纸上谈兵’，两晋学士‘虚谈废务’的历史教训大家都要引为鉴戒。读书是学习，使用也是学习，并且是更重要的学习。”[①]做好工作是人们的立身之本，是基础性的东西，读书则服务于工作。强调读书，是为了把工作做得更有水平、产出更多“亮点”，而不是除了读书就

① 习近平：《习近平谈治国理政》，外文出版社，2014，第406页。

没有别的东西。最好就是既把工作做好，又把书读好，二者互为补益、互相促进，实现“业务精致化”与“读书常规化”的双佳效果。

理想的读书效果应该是，读过一本书后，要和未读之前，在言行举止、待人接物、干事创业方面有所不同。如无区别，就等于白读。宋代理学家程颐讲不同人读《论语》后的表现说：“读《论语》有读了全然无事者，有读了后其中得一两句喜者，有读了知好之者，有读了后直有‘不知手之舞之足之蹈之’者。”还说：“今人不会读书。如读《论语》，未读时是此等人，读了后又只是此等人，便是不曾读。”[①]

（二）微观四要

微观上，阅读经典应该采取精读之法。如何精读？现当代史学家郑天挺先生解释说：“精读要一字不遗，即一个字，一个名词，一个人名、地名，一件事的原委都清楚；精读是细读，从头到尾地读，反复地读，要详细做札记；精读一书不是只读一书，是同一时间只精读一本，精了一书再精一书；精读可以先读一书的某一部分；精读的书可以一人一种。”[②]如何精读一篇古文佳作，笔者曾总结如下。

读古文中的经典名篇，每次至少读四遍方能受益：第一遍，一意读完，醒悟大意，生僻字词，权且放过。第二遍，逐字研读，标注音义，释疑解难，画出重点。第三遍，抖擞精神，高声朗诵，体其气韵，明其深意。第四遍，提炼要点，梳理脉络，择要抄录，略做札记。以上四遍，可总结为“一读，二释，三诵，四抄”。

如何精读一本书，针对这个问题，笔者曾发表过《从认真读好一卷书做起》一文，谈到四个关键字：完、熟、透、活。现将全文转录如下：

古人云：“读万卷书，行万里路”，是读书人成长

① 朱熹：《四书章句集注》，中华书局，2016，第44页。

② 冯尔康、郑克晟：《郑天挺学记》，生活·读书·新知三联书店，1991，第402页。

成才的必经之路。万里征程，要一步一步地走；万卷好书，也要一卷一卷地读。读，甚至读破万卷书，谈何容易？究竟该从何处入手，得其门而入，应该是困扰许多人的一个问题。就此问题，我曾专门向张积老师请教，恩师叮嘱：做学问要重基础，从经典入手，尤其得读懂弄通一本最为基础的经典著作，作为自己读书治学的“看家书”，是很多著名学者的共通之路。后来读书，了解到高亨先生也提倡并坚持“一经通，百经毕”的“一通百通”之法。他早年在清华大学就读时，曾选定《韩非子》一书作为主攻的对象，朝夕研读。《韩非子》作为他的“看家书”，成了他研究周秦典籍的起点，从此出发，他读通了一系列经典名著，取得了相当了不起的学术成果，最终成为一代学术名家。

如今年龄渐长，读书愈多，愈觉“看家书”的重要性和“一通百通”读书法的必要性。依我的理解，这样的“看家书”，就好比干革命创事业的根据地，有此作为牢固的根基，就会心中不慌，越走越稳，越走路越长。胸中是否有“看家书”，是决定以后学问格局和气象的关键因素。由此体会到，读书要着眼于读遍乃至读破万卷，但在具体操作层面上，则要“卑之，无甚高论”，从老老实实、认认真真地读好一本书做起。

究竟该如何把一卷书读好呢？结合恩师的教诲和自己的经验，我想至少得经过四个阶段：

一是读完。

选定一本书后，首先要做到的，就是从头到尾，完完整整，一字不落地将其读完。这难道不是很容易吗？看似容易，实则未必。我上课时，经常向同学们提两个问题：

一是从小到大，有哪位同学曾彻头彻尾通读过“四大名著”中的任何一本？二是每年寒暑假回家，大家都有带好几本书回家的习惯，但开学时，有哪位同学曾彻头彻尾地读完其中的一本？满堂少年中，有肯定答案的总是寥寥无几。在我们个人的阅读生活中，随便翻翻浅尝辄止，刚开个头就另觅他书的情况也会经常发生，这种蜻蜓点水、走马观花的读法，作为消遣是可以的，但是要靠这样的路子研究学问、提高水平，恐怕很难有成绩。国学大师黄侃先生对于随随便便翻阅读书、点读数篇中途而废的读书方法很不赞同，讥讽其为“杀书头”，因此，他读书治学讲究“扎硬寨，打死仗”[①]，主张“读书贵专不贵博，未毕一书，不阅他书”[②]。他自己读书，从来都是正襟危坐，将选定之书从头到尾一卷一卷地详加评注圈点，从不“杀书头”。

二是读熟。

在读完一书的基础上，要反复读，以至精熟。在精熟之后，还要定期拿出来重读，“温故而知新”。熟能生巧，用在读书上，也是对的。虽然读过或者读完一书，但对其语言、观点、内容、风格不能熟稔于心，时间长了，终会成为过眼烟云，了无痕迹。读书不熟，终是无济。就像仅有一面之缘的朋友和朝夕过从的朋友，其亲密程度根本无法相比。朱光潜先生就讲过，读书“最重要的是选得精，读得彻底，与其读十部无关轻重的书，不如以读十部书的时间和精力去读一部真正值得读的书；与

---

① 程千帆、唐文编：《量守庐学记：黄侃的生平和学术》，生活·读书·新知三联书店，2006，第41页。

② 张晖编：《量守庐学记续编：黄侃的生平和学术》，生活·读书·新知三联书店，2006，第11页。

其十部书都只能泛览一遍，不如取一部书精读十遍”[1]。如此花大力气读一本书，其用意和目的就在于读精读熟。在求精求熟的过程中，精彩之处，该动笔头子抄的就要一丝不苟地抄，该动嘴皮子的就要一字不落地诵读，该动脑子的时候就要整段甚至整篇地背诵。我上高中时，语文老师曾对我讲，学习语言文学，除了听、说、读、写四门基本功以外，还得有个“背”的基本功，古人摇头晃脑背书的习惯，并非一无是处。我看这真是正确的经验之谈。

三是读透。

读完了、读熟了并不意味着就真正读懂弄通、读透彻了。精熟一书后，还要做到读透。“读书破万卷，下笔如有神”的关键在一“破”字，也即掌握书中精蕴，勘透书中玄机，真正能够透过书面文字，理解作者的观点、意图，悟出书中的微言大义和弦外之音，了解全书的体例结构和研究方法，并能知其优劣，有所评述；甚至能设身处地，与作者感同身受，引发持久而深刻的共鸣。如读《红楼梦》，没有“满纸荒唐言，一把辛酸泪”的切肤之痛和悲凉之感，即便读得再熟，恐怕也不能算是读透了这本名著。据赵与时《宾退录》记载，宋人安子顺曾云：“读诸葛孔明《出师表》而不堕泪者，其人必不忠。读李令伯《陈情表》而不堕泪者，其人必不孝。读韩退之《祭十二郎文》而不堕泪者，其人必不友。”读此三文而至动情堕泪，其前提也一定是读透读破。

① 朱光潜：《谈修养》，广西师范大学出版社，2004，第71页。

四是读活。

读书不能读死书、死读书、读书死，这是古人十分宝贵的读书经验与教训。虽然耗费了很大的精力和时间读懂弄通一本书，但却深陷其中，为书所役，死在书下，成为只会掉书袋的“两脚书橱”和不通事务的“书呆子”，于己于人，是为迂；于社会于公务，则为害。清人钱泳《履园丛话·笑柄·不准》云：“为官者必用读书人，以其有体有用也。然断不可用书呆子，凡人一呆而万事隳矣。”原因就是前者把书读活读灵了，后者则把书读僵读滞了。那么怎样才能避免这样的陷阱呢？一言以蔽之，就是要以我为主，书为我用，达到“六经注我”的最高境界：在理论方面，努力做到融会贯通，守正创新，提出新知新解，甚至创造出新的理论体系。在实践方面，则要活学活用，学以致用，而且能够用好用对，将书中的理论、方法、观点融入自己的知识体系中，结合实际情况，指导和推动工作的科学发展。在这一方面，毛泽东、邓小平等党和国家领导人，都是善于把书读活的优秀典范。

如此看来，读好一卷书也绝非易事，需要有大智慧，下大力气才能做到。在平常的学习、工作、生活中，选择一本自己喜欢的经典之作，认认真真、老老实实地读下去，读完、读熟、读透、读活，必定会为“读破万卷”打好坚实的基础。即便不为治学计，为了寻求生活中的乐趣，有一本与自己朝夕相处的“知心好书”，也未尝不好。“书卷多情似故人，晨昏忧乐每相亲”，这种读书境界，是值得每一位读书人努力追寻的。

当然，强调认真读好一卷书，并非整日、整月、整年甚至数十年只守定一本书，而不知博观泛览其他书籍。

理想的做法，应该是在“一年读十书”的浅读、泛读、快读的同时，养成并坚持“十年读一书”的深读、精读、慢读的习惯，二者相辅而行，假以时日，必有大益。

四、结语：阅读经典可以让我们的精神不老

笔者在讲授“国学经典阅读与人文素养的提升”时，经常会用三句话作结：第一句是颜之推的“若能常保数百卷书，千载终不为小人也”；第二句是清代人的一副名联“数百年旧家无非积德，第一件好事还是读书”；第三句是笔者总结的“经典相伴，幸福一生”，笔者坚信，坚持阅读经典可以让我们的精神日益充盈、日新其境。

在这里笔者要特别和大家分享自己读《论语·先进》中《子路、曾皙、冉有、公西华侍坐》一则的一点感受。在这一则中，孔子让自己的四位学生分别谈谈志向所在，子路、冉有、公西华的志向都在于具体的从政事业，曾皙（名“点”）则非常潇洒地谈到自己的理想生活：“莫（通‘暮’）春者，春服既成，冠者五六人，童子六七人，浴乎沂，风乎舞雩，咏而归。”孔子听后，对曾皙大加赞叹，喟然而叹：“吾与点也。”很多人读到这里的时候，往往会有不解：孔子作为积极的入世者，对从政保持着高度的热情，为什么却对这样看似无为的闲适生活情有独钟、倍加赞赏，这岂不是非常矛盾吗？笔者的理解是，从政不过是孔子提倡的入世手段，其目的则着眼于用自己的学说改造这个令人不满的现实世界，最终实现理想中的太平世界。革命成功之日，每个读书人，岂不是都可以过上这种优哉游哉的生活？试想：天下太平无事，天气晴朗温润，生活自在潇洒，精神愉悦平和，没有一件烦事挂心头，人生之乐，无过于此，这恐怕就是人类的理想生活吧。直到今天，这样的生活，对我们很多人来说都是可望而不可即的精神奢侈品。如果在现实生活中无法达到，我们就先从经典中获取。现实生活有些时候是枯燥劳累的，但我们的精神却可以丰富而自

在。宋元间的学者翁森曾有《四时读书乐》诗四首，分别歌咏春、夏、秋、冬四季读书的情趣，其中春日的那首，就化用了《论语》的这个典故，诗云：

山光照槛水绕廊，舞雩归咏春风香。
好鸟枝头亦朋友，落花水面皆文章。
蹉跎莫遣韶光老，人生惟有读书好。
读书之乐乐何如？绿满窗前草不除。

春天读书的乐趣，的确就像那“绿满窗前草不除”的景象，充满欣欣向荣的勃勃生机，是那么美丽生动、满是希望。春来天气好读书，读书，读经典，的确会让我们精神不老，幸福常在！

最后给大家推荐十本谈读书的书，大家如果感兴趣，可以闲时一阅：

（1）胡适：《读书与治学》，北京：生活·读书·新知三联书店，1999年。

（2）肖东发、杨承运主编：《北大学者谈读书》，北京：北京图书馆出版社，2002年。

（3）《博览群书》杂志选编：《读书的艺术：如何阅读和阅读什么》，北京：九州出版社，2004年。

（4）梁启超：《国学要籍研读法四种》，北京：国家图书馆出版社，2008年。

（5）杜松柏：《国学治学方法》，北京：中国人民大学出版社，2011年。

（6）朱永新：《我的阅读观》，北京：中国人民大学出版社，2012年。

（7）聂震宁：《舍不得读完的书》，北京：商务印书馆，2015年。

（8）王余光、徐雁主编：《中国阅读大辞典》，南京：南京大学出版社，2016 年。

（9）（日）斋藤孝：《经典的魅力》，武继平译，厦门：鹭江出版社，2016 年。

（10）（日）斋藤孝：《阅读的力量》，武继平译，厦门：鹭江出版社，2016 年。

2015 年 6 月 3 日整理，2018 年 3 月 10 日补充

（选自杨虎《北大钝学记》，北京大学出版社，2018，收入本书时进行了增订）

用经典阅读教育引领基础教育阶段的语言文学教育

各位老师：

大家下午好，我今天主要讲三个问题。

第一个问题：谈谈我对素质教育的理解。

无论是基础教育，还是大学教育，其根本任务都是立德树人，培养出一代又一代全面发展的优秀人才，也即培养具有高素质的人才。所以，多年来教育改革的目标也着眼于学生素质的提升。素质的核心是什么呢？我认为就是毛泽东同志所提倡的“文明其精神，野蛮其体魄”。“文明其精神”，就是要培养“博雅”君子，让学生既有“安身立命”的渊博学问和基本技能，也有正确的世界观、人生观、价值观以及儒雅的气质。前者是形而下的“技”，其中语言表达、文章写作以及与人沟通的能力最为重要；后者为形而上的“道”，最重要的是正确价值观的养成。正确的价值观是学生辨别真善美与假恶丑，并主动亲近、勇于坚持真善美的意识与能力。而这些重要素养的获得，一靠家长、教师的言传身教，二靠大量的经典阅读。古人有名联云：“数百年旧家无非积德，第一件好事还是读书”，表达的就是这个意思。读书，尤其是读经典，是让我们在“道”和“技”两方面都立得住的最重要的途径。因此我们要特别重视经典阅读教育。所谓经典阅读教育，就是在学校和家庭教育中，要高度重视经典的力量，指导学生系统、深入阅读全人类普遍认可的经典作品，使其树立尊崇经典的基本意识，掌握阅读和使用经典的基本方法，进而养成终身阅读经典、不断提高综合素养的良好习惯。这在基础教育阶段尤其重要。

第二个问题：谈谈基础教育中语文教育改革的问题。

多年来，我对教育的一个直观感觉是，一波又一波的改革新政层出不穷。为什么要不断改革呢？是因为以往做得还不够好，要改得更好才行。所以我们有“减负”，有课改，有考试改革、招生改革，等等。这一系列改革的目标都是要让学生更有素质。但一直改下来，我们能说现在的学生素质就比十年前或者二十年前的学生高吗？倒也未必。华中科技大学著名教授涂又光先生生前，年过八旬仍然坚持为学生开设课程和讲座，但却不带一个研究生。原因是他无法找到一个能与其在思想上衔接的学生。“现在的学生，地下，第一、二、三层楼都没有，如何在四、五层楼表演？”他批评当下的教育说，“我们的教育没有本，是无本的教育！‘君子务本，本立而道生’。本是道理的根，本在地下，像是树根，树干开花结果，看得见的统统都是末。没有本，花果叶还能繁荣吗？”他还说，大学中所出现的问题，很多是应该在小学、中学解决的问题。针对有些地方组织学生学经典的做法，涂先生认为这样很好，但同时又质疑道：“我们有些教授到国外开办孔子学院，而我们自己呢？我们的本呢？”[①]涂先生的这些看法很能引起我们的深刻反思。衡量改革成效最重要的标准就是教育产品的质量。仅就素质教育中的语言表达、文章写作能力而言，语文教育改革多少年来，从小学一直改到大学，但从现在大学生撰写的论文来看，很多博士论文却比不上二十年前的硕士论文，相当多的硕士论文也比不上二十年前的本科论文。从高校毕业以后，学生中能成为“笔杆子”的少之又少。现在单位里最缺的人才，往往是能写文章的“秀才”。这不是说要让学生从事专业的文学创作，仅仅要求把文章写得观点正确、逻辑清晰、文从字顺，也没有多少人能够做到。这或多或少说明我们改革的成效不容乐观。所以我们需要反思，是不是我们的教育理念、改革措施、

① 张春雷、耿俊伟、靖咏安：《涂又光：以读书和治学为心灵寄托》，《中国教育报》2008年4月21日第5版。

培养机制还有待继续改进。

近年来，我在教学实践中，一直在学习、研究、推广国学经典阅读。通过对比，我感觉，我们的语文教育中，可能存在三个比较突出的问题。

一是文言文和古典诗词（即古典诗文）教育的整体缺失，导致学生的国学素养一代不如一代。就写作而言，张舜徽先生认为，诵读精熟文言文，对撰写白话文（语体文）大有益处："学文之始，诵读之功不可少。先读短篇，后读长篇；先读唐宋名家文，后读秦汉魏晋文。无论为文言文或语体文，总求先通文理。文言文做到畅达雅健，语体文做到明白简净，即已不易。善为文言文者，即偶尔写语体文，亦多佳者。此实相通，不相悖也。"[①]如欲深入了解中国传统文化，也必须养成阅读文言文的能力，如果仅仅阅读白话文，则还不够。张先生解释说："此无他，以数千年之悠久文化，悉载在古书中，乃文言文之渊薮。苟不能通其读，则无由知吾祖先之功烈及成就，奚从而激起爱国之心。"[②]古典诗文是语文教育乃至整个中国传统文化教育的"源"，我们在当代的教育中，既要重视"流"，更要强调"源"。好文章、好气质应该主要从优秀的传统经典中涵育出来。因此，大量阅读经典是学生写好文章、变化气质的重要前提和保障。在这里，我给大家分享一下著名学者徐复观先生年轻时读书、撰文的经历。徐先生15岁时进入武昌省立第一师范学校就读，当时为学生改作文的是李希哲先生，据徐先生回忆：

> 他（李希哲）发作文时，总是按好坏的次序发。当时我对旁的功课无所谓，独对作文非常认真，并且对自己的能力也非常自负。但每一次都是发在倒二三名；心

---

① 张舜徽：《爱晚庐随笔》，华中师范大学出版社，2005，第321页。

② 同上。

里觉得这位李先生，大概没有看懂我的文章；等到把旁人的文章看过，又确实比我做得好，这到底是什么道理？好多次偷流着眼泪，总是想不通。有一次，在一位同学桌子上看见一部《荀子》，打开一看，原来过去所读的教科书上“青出于蓝而胜于蓝”的一段话，就出在这里，引起了我的好奇心，便借去一口气看完，觉得很有意思。并且由此知道所谓“先秦诸子”，于是新开辟了一个读书的天地，日以继夜的看子书。因为对《庄子》的兴趣特别高，而又不容易懂，所以在图书馆里同时借五六种注本对照看。等到诸子看完后，对其他书籍的选择，也自然和以前不同。有过去觉得好的，此时觉得一钱不值；许多过去不感兴趣的，此时却特别感到兴趣。此后不太注意作文而只注意看书，尤其是以看旧小说的心情来看梁任公、梁漱溟和王星拱（好像是讲科学方法），及胡适们有关学术方面的著作。到了第三学年，李先生有一次发作文，突然把我的文章发第一；自后便常常是第一第二。并且知道刘凤章校长和几位老先生，开始在背后夸奖我。我才慢慢知道，文章的好坏，不仅仅是靠开阖跌宕的那一套技巧，而是要有内容，就一般的文章说，有思想才有内容；而思想是要在有价值的古典中妊育启发出来，并且要在时代的气氛中开花结果。[①]

我有这样一个观点：满腹经纶者也有可能成为“两脚书橱”，未必能成为文章大家，但腹笥瘠薄者一定写不出好的文章来。游国恩先生经常对学生讲，人要有“中气”，学问要有“底气”。学问和人是

① 徐复观：《无惭尺布裹头归·生平》，九州出版社，2014，第48-49页。

一样的，有“气”才能活。他多次说：“我说的这个‘气’，讲的是‘底气’，不是花里胡哨的‘气’。没有500篇古文打底，你就不会有这个‘气’，人文学科不论你专业是什么，这个‘底气’是重要的。500篇古文打下去，好比是造房子，就做了一个钢筋水泥的地基，再加上现代的知识，你才可以做学问。不然你就是‘嘴尖皮厚腹中空’，你就是墙头草！”① 杜甫说过一句我们经常挂在口头的警句，“读书破万卷，下笔如有神”，结合杜甫原诗的上下文以及我们阅读的亲身经历来看，这两句诗至少有四层意思值得注意。一是从阅读者的年龄来看，必须是在记忆力特别强的青少年时代，而不是用一辈子去慢慢“破”。二是从阅读的对象来看，所“破”之书应该是经典之作，而不是平庸之作。三是从阅读的数量来看，“万卷”虽非准确数字，但也不会太少，做一个不太准确的计算，如果以294卷的《资治通鉴》为准，万卷书当约等于34本《资治通鉴》这样大部头的书，可见阅读量要求之高。四是从阅读的程度或效果来看，一定要把所读之书读熟读透，以至滚瓜烂熟。和古人相比，我们现在的学生，在这四个方面几乎都相形见绌。

二是整本书阅读教育的缺乏。古代语文教育，在学生能够识字断句之后，即开始整本书阅读教育，通过这种传承两千多年的教育方式，我们培养出了一代又一代非常优秀的文章大家，其良好的成效有目共睹。三国时期钟会在《母夫人张氏传》中记述其少时在母亲教导下的读书经历云：“夫人性矜严，明于教训。会虽童稚，勤见规诲。年四岁授《孝经》，七岁诵《论语》，八岁诵《诗》，十岁诵《尚书》，十一诵《易》，十二诵《春秋左氏传》《国语》，十三诵《周礼》《礼记》，十四诵成侯《易记》（此指其父钟繇所著书），十五使入太学问四方奇文异训。”从这段记载中，大致可以看出古人在幼年和少年时的读

① 严绍璗：《我的老师们：北大在于斯、北大存于斯》，载钱理群主编《寻找北大：温习一些故事和一种精神》，中国长安出版社，2008，第76-77页。

书次序。另据唐代韩愈《师说》结尾云，李蟠在17岁时，即已通习“六艺经传”。明代杨基在《梁园饮酒歌》中自称“九龄六经已毕读，掩卷背诵无掣肘”。清代“学童入学伊始，识字千余即授以四书五经。塾师必责以背诵。稍长，看经疏，经文多能随口举读，了无违差。即其效也”[①]。这些走的都是整本书阅读乃至背诵教育的路子。即便进入民国，很多重视家学传承的家庭仍然遵循着整本书阅读教育的传统。如胡适《四十自述》载：他五岁回乡读书，读书这九年中，读的书有《学为人诗》、《原学》、《律诗六钞》、《孝经》、朱熹的《小学》、《论语》、《孟子》、《大学》、《中庸》、《诗经》、《书经》、《易经》、《礼记》。再如周一良九岁时，虽已经进入民国十余年，但其父周叔弢仍按照传统教育之法为其亲自制订《一良日课》，由家塾先生按此课表施教：“读生书——《礼记》《左传》；温熟书——《孝经》《诗经》《论语》《孟子》；讲书——《仪礼》（每星期二次）；看书——《资治通鉴》（每星期二、四、六，点十页）、《朱子小学》（每星期一、三、五，点五页）（同用红笔点句读，如有不懂处可问先生）；写字——《汉碑额》十字（每日写）、《说文》五十字（每星期一、三、五，须请先生略为讲音训）、《黄庭经》（每星期二、四、六，先用油纸景写二月）。”[②]周一良后来回忆说，这样的训练为他打下了深厚的国学根基。

令人感到遗憾的是，现代的语言文学教育制度确立后，不论是语文还是英语，课堂教育的重点一直集中于教材。上大学之前，很多人都知道一大堆作家、学者及其著作的名字，但认认真真、原原本本通读几本经典原著的人却少之又少。甚至有些学生在上大学之前，连一本经典都没有认真通读过。教材很重要，但教材不是完整的书，更不是经典著作，其内容与原著相比，碎片化的特征很明显，只是引导学

① 汪辟疆：《汪辟疆文集》，上海古籍出版社，1988，第66页。

② 田余庆：《师友杂忆》，海豚出版社，2014，第62页。

生走向、走进经典原著的重要桥梁。因此，光读教材是不行的。基础不牢，地动山摇，如果学生在该打基础的阶段，没有在肚子里装下几本像样的经典，其学习的根底一定是不够扎实的。金克木先生就主张让人们在青少年时期通读、读通一些重要的经典著作。他说：“孩子时期稍用一点时间照这样‘程序’得到‘输入’以后，长大了就可腾出时间专攻‘四化’，这一‘存储’会作为潜在力量发挥作用。错过时机，成了大人，记忆力减弱，理解力不同，而且‘百忧感其心，万事劳其形’，再想补课，读这类基础书，就难得多了。”[①]现在我们在课程改革中重新强调整本书阅读教育，实际上是在一定程度上复兴了古代语言文学教育的优良传统。这也印证了一点：当创新成为普遍现象时，守成有可能成为最大的创新源泉。回归传统和常识，可能会让我们“豁然开朗”。

三是教育方法中不再突出强调朗读、抄读乃至背诵的重要性，导致很多学生在进入大学之前没有系统、熟练掌握阅读经典的方法。传统的经典阅读教育一直强调通过朗诵、抄读的方式熟读、背诵经典原文，这些看似笨拙的阅读方法，对提高文章写作水平和语言表达能力作用极大。今天我们看古人长期遵循的“念、背、打”的教育方法，除去“打”的做法不值得提倡以外，朗诵、背诵的做法仍有其可取之处。清代桐城派大家姚鼐讲文章之道时尤其重视朗诵：“大抵学古文者，必要放声疾读，又缓读，只久之自悟。若但能默看，即终身作外行也。”当代著名作家余光中先生曾深情回忆，他在高中时在吟诵经典方面受到父母和国文教师戴伯琼先生的熏陶，令其受益终生。其时，戴伯琼先生是前清的拔贡，年已古稀，是旧学功底深厚的“老夫子”。“至今我还记得他教周敦颐的《爱莲说》，如何摇头晃脑，用川腔吟诵，有金石之声。这种老派的吟诵，随情转腔，一咏三叹，无论是当众朗诵或者独自低吟，对于体味古文或诗词的意境，最具感性的功效。”

① 金克木：《书读完了》，上海文艺出版社，2018，第 18 页。

余先生的父母在课余时间教其诵读《谏太宗十思疏》《留侯论》《春夜宴桃李园序》《吊古战场文》《与韩荆州书》《陋室铭》《为徐敬业讨武曌檄》《滕王阁序》《阿房宫赋》等古文名篇。“父母教我这些，每在讲解之余，各以自己的乡音吟哦给我听。父亲诵的是闽南调，母亲吟的是常州腔，古典的情操从乡音深处召唤着我，对我都有异常的亲切。就这么，每晚就着摇曳的桐油灯光，一遍又一遍，有时低回，有时高亢，我习诵着这些古文，忘情地赞叹骈文的工整典丽，散文的开阖自如。这样的反复吟咏，潜心体会，对于真正进入古人的感情，去呼吸历史，涵泳文化，最为深刻、委婉。日后我在诗文之中展现的古典风格，正以桐油灯下的夜读为其源头。为此，我永远感激父母当日的启发。”①

抄读更是古人常用的一种阅读、治学方法，其效在于“一经手写，则永不忘”。清代著名学者顾炎武终生遵循“著书不如抄书”的治学路径，最终成就斐然。我曾在一篇读书札记中谈到抄书的四点益处，虽然是从成年人的角度来谈论此事，但对当代中小学生或许也能有一些启发和借鉴，现将全文转录如下：

> 予读小学时，读书往往难以背诵，杨尚严师诲之曰：“欲记诵一文，当于朗诵之余，勤用抄读之法，盖眼过千遍，不如手过一遍也。”此法与昔贤之教诲同出一辙。予读书至今，抄书已成习惯。重要之文献资料，若不手抄一遍，常觉未经我读。以予之见，抄书虽用时久于泛读，然益处大概有四，非滑眼读过所能比也。
>
> 一曰积累资料，以备查阅。此治学之最笨办法也，然亦最不可缺之“水磨功夫”也。余自工作以来，常于

① 余光中：《左手的掌纹》，江苏文艺出版社，2005，第294–295页。

案头置读书笔记一本，每遇重要资料，则手抄一过，积之既久，已有十数册，平日撰文、备课、演说，常能从中取之不竭，真不啻为一日益丰富之资料库也。

二曰加深印象，以助记忆。昔贤讲读书须有“四到”：目到、口到、手到、心到，而手到之功，尤胜于口、眼之功也。凡遇重要文献，凝心聚神手写一二遍，乃至三四遍，往往记忆更为长久，理解更为深刻。尤其读古典诗文，不记忆、背诵，即无从掌握其内涵精蕴，因此尤须重手抄之功。诚如清人孙德谦所言：“盖人当钞书时，心神凝聚，字字不轻放过，而加以思索，入之既深，此书烂熟于胸中，其于书之义理，必能融会而贯通。此钞书之所以大有裨于读书也。”[①]

三曰练习书法，怡悦性情。抄书可练书法，久久为功，自能使字迹趋于端正，且能下笔快速成章，此为平日生活之一绝佳消遣法也。今日学生，多用手机、电脑输入文字，书写能力令人堪忧，提倡抄读极有必要。又当心绪烦乱之际，择一名篇佳作，于诵读之余，或全抄，或节抄，不多时，即能趋于宁静，其收敛身心之效极为显著。当外在消息纷扰、诱惑颇多时，以此法应之，尤为大妙也。

四曰功力渐深，可成著述。梁启超先生云：“善抄书者可以成创作。”[②]诚哉斯言！揆之中国书籍史，名著多有抄撰而成者。类书若《北堂书钞》《艺文类聚》《古今图书集成》，史书如《汉纪》《通鉴纪事本末》，诗文集若《唐诗三百首》《古文观止》《古文辞类纂》《经

① 孙德谦：《古书读法略例》，上海书店出版社，1983，第206页。

② 梁启超：《中国历史研究法　中国历史研究法补编》，中华书局，2014，第20页。

史百家杂钞》等，皆昔人抄撰之佳作也。又如张舜徽先生之《文献学论著辑要》《经传诸子语选》诸书，皆其平日读书治学手抄资料之汇编也。类似此等之书，欲跻身著述之林，必主题明确、体例新颖、分类妥善、收录宏富、资料准确无误方可。天资一般之读书人，欲有著述之志，可从此类著作入手，钝学累功，积之数年，必有成绩。余近年出版之《微说北大》《未名湖畔好读书》，即循昔贤轨辙而初成之抄撰之作也。

从阅读经典的方法来看，古人的宝贵经验就是，趁着年富力强、记忆力尚锐时，通过诵读、抄读等方式，先把大量的经典名篇装到肚子里，待年龄增长、阅读面丰富后，再像黄牛吃草“反刍”一样回味品读，加深印象，就可厚积薄发。以当代著名学者蔡尚思为例：1913年到1920年，是他入私塾、死背经书的时期。其间使他感到痛苦的“死记硬背”功夫之后却让他终身受益：“我边在农村做农业劳动，边入私塾读书，被拉去在‘大成至圣先师孔夫子神位’前行开学礼以后，就是天天死背儒家经书，背得最熟的是《四书》，光背诵而不了解其意义，真感痛苦；一直到了懂得它的内容之后，才觉得幼时死背书的好处，自恨没有多背些古书。”[①]他发现，无论谁的著作，哪怕只差一个字，他一看就知道其非原文。比起一部分中青年人，他和读过私塾者都是占了便宜的。涂又光先生曾在多种场合提倡人们读经典名著，他特别主张要让小孩子先把中国古代的一些基本文明经典“吞”下去，这样以后才有可供“反刍”的材料。学习也可以像牛吃草一样，先“吞”下去，以后再行反刍。青少年应趁记忆力旺盛，进行大量的阅读和背诵，尤其是阅读和背诵经典，越多越好，虽然儿时不能完全理解，长大以

① 蔡尚思：《蔡尚思全集·集外集补编》，上海古籍出版社，2015，第124页。

后随着知识的增加、经验的积累，就会慢慢理解、消化和吸收。[①]对此，我深表赞同。

第三个问题：提出解决上述问题的想法与建议。

一是在基础教育阶段，进一步加大优秀古典诗文的教育力度，用经典阅读为学生的成长打下深厚的根基。尤其是高年级的经典阅读教育比重要加大。在这一方面，白化文先生和钱理群先生的意见，我认为很有见地。白先生建议将"国学"普及到九年义务教育中去，他说："读经典，应在初高中阶段的语文课本里多加国学经典篇目。我们可以看看解放前的国文课程设置。初中阶段，文言文和白话文的比例是 7 : 3。到了高中阶段，就全是文言文了。1955 年，时任教育部部长的叶圣陶曾建议'语言''文学'分科，并在中学施行过三年。当时出两种教科书，一种是语言，一种是文学。'语言教科书'未免太深，相当于现在大学中文系的《中国语言概论》，我不太赞成，应该挪到大学去学。而'文学教科书'可是完全恢复了解放前的课程设置，我觉得现在值得借鉴。"[②]钱理群先生则认为，每个民族都有其原创性、源泉性的作家。他们的作品，总是成为国民教育的基本教材；对这些作品进行的教学，是培育民族精神的基础性工作。基于这样的认识，钱理群认为在中学应该至少开四门课：《论语》《庄子》选读（这是民族思想文化的源头）、《唐诗》选读（这是民族文化的青春期）、《红楼梦》选读（这是民族文化的集大成）、鲁迅作品选读（这是现代思想文化的开创）。"接受了这样的基本教育，每一个中学生精神上就有了一个底，以后他们无论选择什么职业，做什么工作，都有了底气。"[③]

---

① 张春雷、耿俊伟、靖咏安：《涂又光：以读书和治学为心灵寄托》，《中国教育报》2008 年 4 月 21 日第 5 版。

② 刘悠扬：《北京大学教授白化文："我赞成适当普及国学"》，《深圳商报》2008 年 6 月 16 日第 C04 版。

③ 钱理群：《鲁迅与当代中国》，北京大学出版社，2017，第 63 页。

二是持续、系统地开展整本书阅读运动。国学大师章太炎云：“大约学问之事，书多而文义浅露者，宜各自阅览；书少而文义深奥者，宜教师讲解。”[①]可按照这一思路和兼顾古今中外的原则，在中学阶段挑选出若干本经典著作，于教材之外一学年精讲、精读两三本，将之作为通识教育、经典教育的主要内容。就国学经典而言，可从经、史、子、集中挑出十余本经典著作，如《论语》《孟子》《史记》《老子》《庄子》《六祖坛经》《古文观止》《唐诗三百首》《诗经》《楚辞》《韩愈文集》等都可重点考虑。当然，针对篇幅较长的书，可以择其精要阅读，主要目的是让学生深入原著之中，并在教师的指导下掌握阅读整本书的有效方法。说到这里，我还想特别建议，中小学不要那么早放学，可以把学生组织起来，或是到操场、体育馆开展丰富多彩的体育活动，以“野蛮其体魄”，或是组织、指导学生深入阅读经典，学会“泡图书馆”，以“文明其精神”。

三是在教学方法中大力倡导诵读、抄读和背诵。首先，校园中永远都要有琅琅书声。建议学校把晨读经典、经典诵读比赛、诗词大会等活动开展得有声有色。其次，重视抄读之法。“好记性不如烂笔头”，应让学生养成勤动笔、勤抄书的好习惯，这可以与书法教育结合起来去做。最后，增加对背诵的要求，即便学生背不下来，做到熟读也是必要的。短到一两句名言警句，长到整篇文章、整部书，只要是经典，就有背诵的价值。我们都有一种比较普遍的感觉：年龄大了以后，无论是说话还是写文章，能够随手拈来的东西，大多是以前背下来的内容。有人甚至说，在人文社科领域，学习就是记忆，记住的才是知识，记不住的不是知识。语文教育除了“听、说、读、写”四门功课以外，应增加一个“背”字。我并不提倡简单的死记硬背，但也不简单否定“死记硬背”的作用。我坚信，对于那些优秀的经典名篇，强调背诵，

---

① 章太炎：《章太炎国学讲演录》，中华书局，2013，第9页。

多多益善。

古人还有一副名联：“勤耕种无多有少，多读书不圣也贤。”经典阅读教育的作用，除了“道”与“技”的培养以外，还能修儒雅气质，养浩然正气，正所谓“腹有诗书气自华”“气质变化学问深时”。现在我们的很多问题，比如行为的失范、气质的粗鄙等，究其原因，都可归结为“读书太少，尤其是读经典太少”。更重要的是，优秀传统文化的传承，也主要得靠经典阅读教育。因此，重视、加强经典阅读教育，也是在传承整个民族的文脉、培养整个民族的气质、规范整个民族的言行，这是文化建设中的百年乃至千年大计，值得我们花大力气、下大功夫去做好！

（此文初稿为 2018 年 4 月 13 日下午在北京大学“大学精神引领与基础教育发展”高峰论坛上的发言稿，收入本书时进行了增订）

第二辑：文化建设与畅销书出版

中国特色社会主义进入新时代，习近平总书记高屋建瓴地指出：“当高楼大厦在我国大地上遍地林立时，中华民族精神的大厦也应该巍然耸立。”一个国家文化界和出版业推出的精神产品，其格局应该像一座金字塔一样，基座由大量的优秀畅销书组成，中间为“常销书”，塔尖则是永恒的“经典”。要想使国家社会乃至人类本身不断进步，全体出版人就必须共同努力，用崇高的文化理想和强大的经济实力，建造起一座座美丽的精神大厦和文化宝塔。诚如近现代出版大家陆费逵先生所言：“我们希望国家社会进步，不能不希望教育进步；我们希望教育进步，不能不希望书业进步。我们书业虽然是较小的行业，但是与国家社会的关系，却比任何行业为大。”从战略意义上来看，就出版业自身而言，要为提高国民阅读率和国民文化素质做出应有贡献，还需主要依靠优质畅销书的生产力和传播力。

从“文化自知”到“文化馈赠”

——树立“文化自信”需要注意的五个问题

习近平总书记在党的十九大报告中指出，中国特色社会主义已经进入新时代，中国共产党在新时代里全新的伟大历史任务，是要带领全国各族人民最终实现让中华民族“强起来”的伟大复兴之梦。经过中国共产党和全国各族人民近百年的接续奋斗，尤其是经过改革开放四十多年的快速发展，我们国家的经济、科技、社会、军事等各方面的“硬实力”都得到大幅度的提升，在有些方面还走在了世界前列，发展的速度和成就，改变的深度和广度，都让全世界为之瞩目和“点赞”。正如习近平总书记指出的那样：改革开放以来，“党的面貌、国家的面貌、人民的面貌、军队的面貌、中华民族的面貌发生了前所未有的变化，中华民族正以崭新姿态屹立于世界的东方”[①]。作为一个“旧邦新命”的大国，中国再次崛起、全面复兴的光辉前景已经越来越清晰地展现在我们面前。这令每一位中华儿女备受鼓舞、无比自豪。

但我们也知道，决定一个国家是否真正强大、是否具有积极的世界影响力的因素，除了显在的“硬实力”以外，文化这种潜在的“软实力”更为重要，甚至是一种起着决定性作用的关键因素。古往今来，无论中外，有多少个财富充足、城堡坚固、武力强盛的朝代和政权，就是因为缺乏优秀文化的强大支撑，最终却没有摆脱“其兴也勃，其亡也忽”的历史周期律，有的甚至是转眼之间便“樯橹灰飞烟灭”。有鉴于此，

① 习近平：《决胜全面建成小康社会　夺取新时代中国特色社会主义伟大胜利：在中国共产党第十九次全国代表大会上的报告》，人民出版社，2017，第10页。

习近平总书记历来高度重视文化和文化建设工作。2015年10月15日，习近平总书记在文艺工作座谈会上指出："没有中华文化繁荣兴盛，就没有中华民族伟大复兴。一个民族的复兴需要强大的物质力量，也需要强大的精神力量。没有先进文化的积极引领，没有人民精神世界的极大丰富，没有民族精神力量的不断增强，一个国家、一个民族不可能屹立于世界民族之林。"[①]"当高楼大厦在我国大地上遍地林立时，中华民族精神的大厦也应该巍然耸立。"[②]2016年7月1日，习近平总书记在庆祝中国共产党成立95周年大会上进一步指出，中国共产党人"坚持不忘初心、继续前进"，就要坚持"四个自信"，即"中国特色社会主义道路自信、理论自信、制度自信、文化自信"。而在四个自信中，文化自信是更基础、更广泛、更深厚的自信。[③]说到底，坚定道路自信、理论自信、制度自信，就是要坚持文化自信。在党的十九大报告中，他又特别指出："文化是一个国家、一个民族的灵魂。文化兴国运兴，文化强民族强。没有高度的文化自信，没有文化的繁荣兴盛，就没有中华民族伟大复兴。"[④]

回顾历史就会发现，近代以来，由于国势衰微、民族危机空前严重等现实问题，中国这个历史上从来没有过文化自卑感的国家，面对现代化的世界潮流，出现了严重的包括文化危机在内的社会危机，其中文化危机的重要表现之一就是文化自卑和对传统文化的放弃。大致梳理一下可以看出，近代以来，国人对自己固有文化的态度，经历了

---

① 习近平：《在文艺工作座谈会上的讲话》，见中共中央宣传部《习近平总书记在文艺工作座谈会上的重要讲话学习读本》，学习出版社，2015，第5-6页。

② 同上，第7页。

③ 习近平：《在庆祝中国共产党成立95周年大会上的讲话》，《人民日报》2016年7月2日第2版。

④ 习近平：《决胜全面建成小康社会　夺取新时代中国特色社会主义伟大胜利：在中国共产党第十九次全国代表大会上的报告》，人民出版社，2017，第40-41页。

“看不起、看不到、看不懂”的尴尬历程，所以在文化的传承方面出现了严重“断档”。但在现实中，我们会发现，优秀传统文化仍然是我们向外传播中国“软实力”的主体内容，是建设当代中国特色社会主义文化的坚强基石。因此习近平总书记特别指出：“历史和现实都表明，一个抛弃了或者背叛了自己历史文化的民族，不仅不可能发展起来，而且很可能上演一幕幕历史悲剧。”“坚定文化自信，是事关国运兴衰、事关文化安全、事关民族精神独立性的大问题。”[①]可以说，在新时代里强调“文化自信”，也是纠正以往文化发展误区、摆脱文化危机、挺立文化脊梁的迫切需求和必然选择。

放眼未来，党的十九大已经对第二个百年的奋斗目标进行了战略规划，将全面建设社会主义现代化国家的新征程分为两个阶段来安排，最终的宏伟目标，是到21世纪中叶，在基本实现现代化的基础上，把我国建成富强、民主、文明、和谐、美丽的社会主义现代化强国。这里所说的“富强”“民主”“文明”“和谐”“美丽”等关键定语，其实都与“文化”密切相关。因此，我们甚至可以说，在实现国家奋斗目标的进程中，在“文化自信”思想引领下进行伟大的“文化建设”，将是各项“伟大工程”中的重中之重。

在实践层面，笔者认为，对于身处新时代的中国人来说，要切实做到、做好“文化自信”，就必须以习近平新时代中国特色社会主义思想为指导，努力做到、做好文化自知、文化借鉴、文化反省、文化创造、文化馈赠。

一、文化自知

“文化自知”即要看得懂本国的文化，对本国的文化有“自知之

① 习近平：《在中国文联十大、中国作协九大开幕式上的讲话》，2016-11-30，http：//cpc.people.com.cn/n1/2016/1130/c64094-28915395.html。

明”，正确、全面地了解其来历、形成过程、所具有的特色和发展的趋向，在此基础上带着一种“温情与敬意”去坚信，我们的文化是有价值的，由此而树立必要的文化自尊。只有知之深，才能爱之切，这应当是文化自信的前提和根本。正如习近平总书记所讲的那样：“我们是中华儿女，要了解中华民族历史，秉承中华文化基因，有民族自豪感和文化自信心。”[①]如果生活在一种文化氛围中的人，对自己身处其中的文化一无所知，或者所知甚少，其 所知甚至有偏颇、有错误，那么所谓的“文化自信”就只能是文化无知或文化虚骄。

如何正确、全面地了解新时代的中国特色社会主义文化？从纵向来看，中国特色社会主义文化有三方面的文化根基：中华优秀传统文化、革命文化和社会主义先进文化，这都需要我们深入学习、全面了解。从学习的对象来看，中国特色社会主义文化既包括书本上、课堂上的文化，更包括现实生活中的文化。前者要求我们读万卷书，尤其是要熟读经典，加强理论学习，后者则要求我们行万里路，深入群众，加强调查研究。按照梁漱溟先生的观点，文化就是人们生活的样法，要想切实了解中国当代文化的发展状况，后者不可或缺。毛泽东同志早在 1941 年就指出，要了解中国的实际情况，唯一的方法是做社会调查，而要做这件事，“第一是眼睛向下，不要只是昂首望天。没有眼睛向下的兴趣和决心，是一辈子也不会真正懂得中国的事情的”[②]。他还指出，“一切实际工作者必须向下做调查。对于只懂得理论不懂得实际情况的人，这种调查工作尤有必要，否则他们就不能将理论和实际相联系”[③]。2016 年 2 月 23 日，习近平在中央全面深化改革领导小组第二十一次会议上也特别强调：“要重视调查研究，坚持眼睛向

① 习近平：《在北京大学师生座谈会上的讲话》，人民出版社，2018，第 12 页。

② 《毛泽东选集》第三卷，人民出版社，1991，第 789-790 页。

③ 同上，第 791 页。

下、脚步向下，了解基层群众所思、所想、所盼，使改革更接地气。”这一点，对于身处象牙塔中的理论学习者、研究者而言，显得更为重要和必要。

二、文化借鉴

文化借鉴，即在承认自己的文化有价值的同时，尊重别人，放眼看世界，虚心、积极地汲取别人的长处，为我所用。文化自信绝不等同于文化自闭，拒绝学习只会走上封闭僵化的老路。美国著名人类学家博厄斯通过研究指出：“人类的历史证明，一个社会集团，其文化的进步往往取决于它是否有机会吸取临近社会集团的经验。一个社会集团所获得的种种发现可以传给其他社会集团；彼此之间的交流愈多样化，相互学习的机会也就愈多。大体上，文化最原始的部落也就是那些长期与世隔绝的部落，因而，它们不能从临近部落所取得的文化成就中获得好处。”①

国学大师陈寅恪在《李唐氏族之推测后记》中有一个重要的论断：唐代的崛起，盛唐气象的形成，与当时南北文化的深度融合息息相关。“李唐一族之所以崛兴，盖取塞外野蛮精悍之血，注入中原文化颓废之躯，旧染既除，新机重启，扩大恢张，遂能别创空前之世局。”与其形成鲜明对比的是，清代中后期最高统治者的“天朝上国”心态和闭关锁国政策，直接导致了清代的盛极而衰。而近代以来，中国在外力的推动下，开始了从农业社会向工业社会的转型与变革，在文化上则开启了“西学东渐”的进程，最终，“十月革命一声炮响，给中国送来了马列主义”。今天看来，正是马克思主义这种最科学、最先进的西学思想的传入和中国化，让中国社会方方面面都发生了

① 斯塔夫里阿诺斯：《全球通史：1500年以前的世界》，吴象婴、梁赤民译，上海社会科学院出版社，1999，第57页。

巨大而深刻的变化。今天，在全球化的浪潮中，我们决不能否定自我、全盘西化，更没有理由孤芳自赏、拒绝交流，比较中允的态度，应该是立足本土、放眼世界，学习、借鉴、吸收优秀的外来文化，取精用宏，洋为中用。

三、文化反省

文化反省，即通过文化自知、文化借鉴，深入分析、反省自身的文化，爱而知其丑，勇于承认、正视、改进自身文化的不足。辩证法认为，所有的事物都是一分为二的，文化也是如此，既有精华和神奇之处，也有糟粕与腐朽的地方，对于两者我们应该区别对待。比如，传承数千年的传统文化，无疑是前人留给我们的一笔极为宝贵的文化遗产，但其中也有明显的缺点，张岱年、程宜山就指出，中国传统文化中有两个最大的缺点：一个是缺乏实证科学，一个是缺乏民主传统。① 传统文化也有很多不适应时代发展要求的地方，必须进行创造性的转化和创新性的发展。因此习近平总书记特别指出："要坚持古为今用、以古鉴今，坚持有鉴别的对待、有扬弃的继承，而不能搞厚古薄今、以古非今，努力实现传统文化的创造性转化、创新性发展，使之与现实文化相融相通，共同服务以文化人的时代任务。"②

除了对文化本身进行反省以外，还有必要对我们对待自身文化的态度以及相应的文化政策进行冷静的分析和反思，在这个问题上，一些历史教训也值得汲取。正如恩格斯在《英国工人阶级状况》中所讲的那样："伟大的阶级，正如伟大的民族一样，无论从哪方面学习都不如从自己所犯错误的后果中学习来得快。"历史上我们曾经因为自

① 张岱年、程宜山：《中国文化论争》，中国人民大学出版社，2006，第 230 页。

② 习近平：《在纪念孔子诞辰 2565 周年国际学术研讨会上的讲话》，2014-09-24，http://www.xinhuanet.com/politics/2014-09/24/c_1112612018_2.htm。

我封闭、自我陶醉、自我膨胀的盲目自信和闭关锁国、故步自封的文化政策，陷入文化乃至社会发展上的重重危机，清代“康乾盛世”之后的“盛极而衰”，就是最为惨痛的历史教训。时至今日，我们仍要高度警惕这样的文化心理。同时，我们还要警惕并避免另外一种情况，就是自近代以来对本国固有文化的轻视、否定与破坏。绝不能给传统文化贴上无用、没落、反动的标签，导致传统文化的边缘化以及文化传承的断层。与否定传统相伴的，将是对外来文化的过度推崇，认为凡是外来的就一定是好的、优于我们固有文化的，甚至主动用外来文化的视角和标准来评判、裁量自己的文化，这必然会导致文化心理上的“崇洋媚外”，加深文化自卑感。上述情况，在大学教育的改革发展中曾经表现得十分明显。有鉴于此，习近平总书记在北大师生座谈会上明确指出，必须扎根中国大地，创办世界一流大学。

此外，我们也要清醒地看到，我们的教育、科技、文艺、影视、出版等方面虽然已经取得了举世瞩目的成就，但高水平、高质量、具有广泛影响力的文化产品的数量仍显不足。以笔者从事的出版研究为例，版权贸易情况是衡量一个国家文化软实力的重要指标之一，近二十年来中国的版权贸易整体上呈逐步增长趋势，图书版权逆差逐年缩小，引进/输出比已经从2001年的12.63 : 1下降为2017年的1.61 : 1。版权输出方面，经典版权贸易案例逐年增多，如《狼图腾》等畅销小说，莫言、刘慈欣、曹文轩等著名作家的作品版权输出都取得了非常好的业绩。但从整体来看，中国版权输出的图书种类仍然有局限，目前还以中国传统文化为主，气功、保健、中医、餐饮图书居多。与欧美、日本等出版业比较发达的国家层出不穷的反映新思想、新学说、新发现的优秀出版物相比，我国出版物的世界影响力还有很大的差距。

四、文化创造

文化自信的根本保证和坚强基石是源源不断地推出优秀文化产品

的能力。对中国特色社会主义文化的自信，来自优秀的中国特色社会主义文化产品，如果没有或者缺乏这样的产品，文化自信就只能是一厢情愿、痴人说梦。一言以蔽之，得拿当代中国人创造出来的文化产品来说话。

一方面，我们应该在继承优秀传统文化、革命文化和先进文化的基础上，扎根新时代中国特色社会主义伟大实践，与时俱进、推陈出新，洋为中用、守正出新，在各个领域不断推出更多既能体现中国特色、中国风格、中国气派，又符合时代要求、民众所需、世界潮流的当代文化产品，不断铸就中华文化的新辉煌。需要特别指出的是，我们不能总是拿着老祖宗的东西去谈文化自信，那已经是过往的历史，后代子孙如果有骨气、有能耐，就得做出超过前人的成绩来。

另一方面，按照“文化的最终成果是人格”的观点，除了不断创造物质、精神、制度层面的文化产品以外，还得通过学习践行社会主义核心价值观等途径，努力培育新时代的新国民，让“文明其精神，野蛮其体魄，高尚其道德，美好其形象”成为每一位中华儿女的自觉追求和独特气质，用良好的国民素质和形象赢得世人自发的尊重。

五、文化馈赠

文化馈赠是北京大学中国语言文学系教授袁行霈先生于1998年北京大学举办的汉学研究国际会议上提出的重要概念。袁先生解释说：“文化的馈赠是极富活力和魅力的文明创新活动，各个民族既把自己的好东西馈赠给别人，也乐意接受别人的馈赠。馈赠的态度是彼此尊重，尊重别人的选择，决不强加于人。馈赠和接受的过程是取长补短、融会贯通。馈赠和接受的结果是多种文明互相交融、共同发展，以形成全球多元文明的高度繁荣。”在2004年北京论坛上，袁先生进一步重申这一观点，并提出：“与经济全球化同时到来的，既不是单一的全球文明，也不是文明的冲突，而是文明的自主、馈赠，以及多元文明的繁荣。”[①] 这样的观点在一定程度上能够代表当代中国学者的共同心声。

按照笔者的理解，当我们在“拿来主义”“洋为中用”的前提下接受外来优秀文化的馈赠之同时，我们也得持续主动地“走出去”，以平和、开放、友好、不卑不亢的心态和方式，将自己最优秀的文化成果介绍、推荐、赠送给别人，讲好中国故事，贡献中国智慧，展现中国形象。这不是强制性的文化输出，也不是纯粹功利性的产品贸易，而是一种从“独乐乐”到“与众乐乐”的文化互惠活动，这样的态度和做法，能为构建新时代的人类命运共同体做出更为深远的贡献。当然，做到这一点的前提是我们的文化创造水平大幅度提升，优秀文化产品层出不穷，能为更多的人所喜闻乐见。

在中国文化的发展问题上，笔者特别喜欢和赞同两句话：一句是“周虽旧邦，其命维新”，来自《诗经·大雅·文王》。冯友兰先生将其简称为“旧邦新命”，其意有二：一是周虽然只是一个古老的邦国，但它在得到上天的护佑后就焕发出全新的气象；二是周虽然只是一个古老的邦国，但它的使命却在于革新。中国作为一个古老的国家，经历过多少艰难困苦、民族危机，但其文化从来没有中断过，必然有过人之处。在今天也一样，虽然国际竞争日趋白热化，发展道路上的问题也不少，但只要保持定力、守正出新，就一定能够迎来光明的未来，这个未来现在已经离我们越来越近，我们应该有这个自信。另外一句是费孝通先生提出的十六字箴言：“各美其美，美人之美，美美与共，天下大同”，这是在新时代处理世界上不同文化关系的最好态度和方法。各个国家和民族都自知、自尊、自美自己的文化，同时也以和平开放的态度了解、尊重、欣赏别人的文化，厚此而不薄彼，彼此馈赠，交流融合，就会形成和谐、美满的大同世界，这也是中国古

① 袁行霈：《文化的馈赠》，2008-09-05，http：//www.guoxue.com/?p=2540。

人在《礼记·礼运》中提出的美好愿望。

毛泽东同志曾有词云“萧瑟秋风今又是，换了人间”；“俱往矣，数风流人物，还看今朝”。进入新时代，习近平总书记又高屋建瓴、满怀信心地指出：“站立在960万平方公里的广袤土地上，吸吮着中华民族漫长奋斗积累的文化养分，拥有13亿中国人民聚合的磅礴之力，我们走自己的路，具有无比广阔的舞台，具有无比深厚的历史底蕴，具有无比强大的前进定力。中国人民应该有这个信心，每一个中国人都应该有这个信心。”今天，在以习近平同志为核心的党中央的坚强领导下，拥有了文化自信和文化实力的中国人，必定会通过自己的努力，在天地之间描画出最美好、最壮阔的文化图景。这既是我们美好的梦想，也是我们光荣的使命！

（原文发表于《中国艺术报》2019年4月1日第3版。收入本书时进行了增改）

从“需求”与“供给”的关系看全民阅读的突破点

当前，积极倡导和全面推进全民阅读，建设书香社会，已经成为建设新时代中国特色社会主义文化强国，树立当代中国人“文化自信”的一项重要举措和内容。笔者坚定地认为，在人们期望看到的新时代中国特色社会主义文化强国的文化景观中，至少应该有这样的可喜现象：全社会重视和尊崇阅读，创作者努力创作，出版者认真出版，读者广泛阅读优秀作品，成为一种自觉而普遍的国民行为。可以看出，在这个美好的文化愿景中，创作者和出版者的“供给”以及读者的“需求”间的关系，是一种需要妥善处理的重要关系。

一、大众文化背景下“需求”方的阅读诉求

从“需求”的角度来看，从一切读者都是“经济人”“理性人”的假设出发，读者阅读行为的本质就是以阅读时间作为主要交换成本体验阅读内容的过程。读者作为“需求侧”，势必要寻求利益最大化——通过最便捷的途径阅读那些能带来最佳心理满足感的内容。要深入发展和全面推广全民阅读，从“需求”方来看，至少得解决四个基本问题。一是能够充分认识到阅读的价值所在，也就是说从观念上认可阅读是有益处的。如果人们所持的观点是“读书无用”“读书穷酸”，那么一切的阅读行为都无从谈起。二是能够知道哪些书值得一读，真正做到“开卷有益”。这就有一个面向大众选择、推荐“好书”的问题。三是能够掌握一套科学有效的阅读方法，争取做到事半功倍。近年来业界和学界提出“阅读力”问题，其着眼点正在于解决这一问题。

四是能够便捷地获取、阅读自己需要的读物。在这一方面，除了传统纸质阅读，数字阅读的勃兴和普及也为全民阅读提供了有益的补充。聂震宁先生对大众提出“忙时读屏，闲时读书”的建议[①]，不失为一种中肯而实用的方法。以上问题的解决，要靠舆论引导、制度设计、领导示范、氛围营造、导读书目推荐等多种途径和举措去实现。

全民阅读作为一种大众行为，属于大众文化的范畴，不同于以精英为主体的经典阅读，因此，开展全民阅读要先深入了解作为普通大众的读者的阅读诉求和行为特征；这会影响甚至决定“供给”方的观念和行为。根据王一川的分析，大众文化具有“观赏的日常性”和“效果的愉悦性”两大特征：“观赏的日常性”是指与欣赏高雅文化带有更多的个体精神性不同，公众对于大众文化产品的接受，是在日常生活的世俗环境中进行的；“效果的愉悦性”是指大众文化作品无论其结局是悲或喜，总是追求广义上的愉悦效果，使公众的消费、休闲或娱乐渴望获得轻松的满足。[②]以此认识为基础，笔者认为，大众读者的阅读需求至少有以下四方面的特点：①重视作品的休闲、娱乐功能，淡化教化功能；至少要寓教于乐，轻松有趣，排斥严肃的说教和沉重的思考，不要求它具备社会批判功能。②希望作品的主题世俗化，也就是“冷淡宏大叙事，钟情日常叙事”[③]，对文化精英喜欢的纯文学、纯文艺敬而远之。③希望图书更为实用，阅读的功利性很强，强调图书的认知和服务功能。④希望图书在表达上通俗易懂，亲切有味，具有一定的消遣娱乐性。

在大众文化时代，大众具有很强的自主性和鉴别力，一般情况下，他们不会对一本正经、趾高气扬、艰深晦涩的东西发生浓厚的兴趣。根据传播学的“使用与满足”理论，受众通常根据自己的口味、想法

① 聂震宁：《阅读力》，生活·读书·新知三联书店，2017，第 19 页。
② 王一川：《当代大众文化与中国大众文化学》，《艺术广角》2001 年第 2 期。
③ 陈立生：《我国当代受众接受心理的七大基本特征》，《编辑之友》2005 年第 2 期。

和需求来选择媒体和内容。[①]人们接触和选择媒介的目的都是为了满足自己某方面的需求。技术接受模型理论显示，“感知的有用性”和“感知的易用性”对人们的行为意向有显著的影响。也就是说，当人们意识到某种事物对自己有用时，在接触的过程中会遵循“易用性”的规则，在通常情况下，都会遵循“最小努力原则”：面对容易的“短径—目标”与困难的“长径—目标”时，往往会优先选择前者。[②]大众的阅读行为也遵循这样的规则。

在中国，大部分人不会否认读书的重要性乃至崇高性，问题是如何通过最小的努力，获取具有“易用性”的图书。如果缺乏这样的图书，人们的阅读行为将无法完成。如此看来，很多人常常感慨国民阅读率不高，抱怨中国人不爱读书，其实原因并不全是读者不重视读书，也是由于创作者和出版者没有给他们提供合适的优秀读物，是由于大众无好书可读，或者缺少适合他们去读的书。

二、“供给”方的迎合与引导

从“供给侧”的角度来看，源源不断地向大众提供“喜闻乐见”的精神食粮，是促进全民阅读深入发展的关键因素。要赢得最大数量受众的欣赏，促使他们阅读和购买自己生产的文化产品，作为“供给”方的创作者、出版者就必须融入大众的实际生活，贴近大众的审美趣味、文化水平和日常生活，生产让大众“喜闻乐见”的产品；在产品主题、表达方式、营销方案的选择和确定方面，都必须以大众“接受不接受，高兴不高兴，买账不买账”为衡量依据。其中最为重要的法则就是“内容为王”，其含义有二：一是出版物的主题和内容要符合

① 丹尼斯·麦奎尔、斯文·温德尔：《大众传播模式论》（第2版），祝建华译，上海译文出版社，2008，第116页。

② 鲁耀斌、徐红梅：《技术接受模型及其相关理论的比较研究》，《科技进步与对策》2005年第10期。

社会发展的潮流和大众读者的阅读需求，能够引起社会的广泛认同和读者的深刻共鸣；二是图书内容、篇章结构、叙述技巧和风格要体现出作者高超的文化素养、写作水平和表达技巧，给读者提供高质量并能带来阅读愉悦感的图书产品。

从中外出版史上作者与出版者的关系来看，这样的文化产品一般是由以下三种主要途径产生：①作者主导：作者自主创作作品，出版者对之进行选择、加工、传播，二者的活动紧密相关，但却分开进行；②出版者与作者共同主导：出版者与作者联手，在共同的文化理念或经济利益的感召与驱遣下，共同完成出版活动；③出版者主导：出版者在自身出版理念的指导下，根据社会文化趋势的要求、市场和读者的需求，自行组织完成作品的编写和出版活动。[①]无论是哪种途径，作者的创作是一切出版“供给”行为的基础和前提，也是一切文化事业的根基所在。没有优秀作者源源不断的创作，出版、阅读都将成为无源之水，文化界也将会成为没有生机的戈壁滩。

与此同时，出版者的重要作用也不可忽视。在很多情况下，出版者既要扮演“为他人作嫁衣裳”的辅助角色，还要在作品的发现、策划、创作、编写、提升、传播方面发挥重要作用。尤其是在当代，随着出版产业化的深入发展和大众文化的兴盛，文化创作者源源不断地涌现，在人们“什么样的人都可以写书”的惊叹中，文化产品开始极大丰富甚至大量过剩。为了使推出的产品更加贴近需求方的需求，出版活动选择者、策划者、组织者、传播者的主导功能开始日益凸显。其中最为突出的，就是对出版者选题策划的重视和强调，由此实现了从“编辑—出版本位”向“读者—市场本位”的转变。但这并不是淡化乃至抹杀策划编辑的主观能动性，也不是对读者趣味的一味迎合和迁就。理想的策划应该是出版者在把握读者阅读欣赏心理的基础上，坚持自

① 杨虎：《畅销书产生的基本途径》，《出版广角》2014 年第 14 期。

己的主见和原则，对选题进行一定的提炼和拔高，体现出版物的文化积累和对广大读者的引导功能，否则就会导致出版价值和独立性的丧失。

三、创作者的“供给”理念和实践困境

习近平总书记在全国文艺工作座谈会上指出：我国改革开放以来虽然产生了大量脍炙人口的优秀作品，但还“存在着有数量缺质量、有‘高原’缺‘高峰’的现象，存在着抄袭模仿、千篇一律的问题，存在着机械化生产、快餐式消费的问题”①。从阅读“供给”的源头来看，虽然近年来我国每年出版的图书种数已经高达50余万种，但其中能够适应和满足大众阅读诉求的精品力作还比较匮乏。造成这种现象的原因，一方面是社会的风气和创作者的能力，另一方面则源于创作者的创作态度。

以畅销书的创作为例，优秀的畅销书除了可观的商业价值以外，作为大众文化的一种类型和大众出版业的支柱品种，它在提高国民阅读率，宣传、普及文化方面，也是不可低估的重要力量。和以往相比，我国畅销书的创作群体已经大大拓宽，呈现出多元化的特点，除了作家以外，部分大学教师、专家、企业从业者、媒体从业者和青少年作家都参与了畅销书的创作活动。与先前相比，这应该是一个可喜的变化。但从人们的观念来看，人们对畅销书的认识还存在着一定的误区。尤其是在学界，还常常有法兰克福学派式的精英情结，普遍存在轻视畅销书的倾向，“从来不读畅销书”是很多人“义正词严”的口号。高校、研究机构虽有将思想学术、科学发现推向社会的基本职能，但能够放下身段，以极大的热忱从事畅销书写作的专家学者，毕竟还是少数。就像目前做科研工作的人甚多，做出成就的科学家也不在少数，

① 习近平：《在文艺工作座谈会上的讲话》，载中共中央宣传部《习近平总书记在文艺工作座谈会上的重要讲话学习读本》，学习出版社，2015，第10页。

但是高水平的科普作家却非常稀少。因此，将学术思想大众化，目前只能停留在美好的理念或口号上。从这个角度来讲，近年来，阎崇年、易中天、于丹、王立群、康震、郦波等学者，借助中央电视台“百家讲坛”这个平台推出了影响甚广的超级畅销书，仅就其将学术通俗化、大众化，吸引普通大众拿起书本、接近经典这个角度来看，也是功德无量的。

以阎崇年为例，在其通过畅销书从书斋走向大众，进而成为明星学者的“声名鹊起”过程中，他深感畅销书影响大众和传承历史的能量在不断增大：“历史学者就是传承历史，不是创造历史。1994 年，我出版了一部《袁崇焕研究论集》，只印了 200 本，到 2004 年，10 年的时间还没卖完，到 2014 年也还没卖完。这怎么传承？只能是自我欣赏。而 2004 年之后，随着在大众中知名度的增大，我写的《袁崇焕传》，一开机印数就是 5 万，传承历史的能量自然就随之增大了。”①小众化的学术著作与大众化的优秀畅销书传播效果的巨大差异，由此可见一斑。

但整体来看，当前国内像这样的学者实在太少。而且这样的学者一旦成名，往往会招来很多批评之词，有的评论者甚至认为“经常上电视的都是没学问的人”“畅销书怎么可能有学术价值”。这样的论断，这样的“舆论环境”，势必会让很多学者和文化精英对文化普及望而却步。目前，在国内的大众出版领域，一方面，大多数文化精英不愿意、不屑于（有时也是没有能力）从事与畅销书相关的编著和出版活动，另一方面，普通大众又确实存在这方面的阅读需求，这就造成了国内图书市场巨大的空白。于是一些书商就和网络写手、民间写手、非专业作者联合起来，推出了（很多情况下也是“攒出来”）一批又一批的畅销书。书市上流通的历史类畅销书，很多出自业余历史爱好者之

① 吴娜：《阎崇年：学术研究没有终结》，《光明日报》2014 年 8 月 15 日第 12 版。

手。大量励志类畅销书是在校大学生写手们勤工助学，赶时间“攒”出来的。这样炮制出来的作品固然也有极个别的佳作，但整体质量让人担忧。

四、出版者的“供给”理念和实践困境

大众文化的多元格局和出版的产业化变革潮流，构成了我国现代出版活动最为重要的商业与文化背景，也决定了出版机构“供给”活动的不同特征。以中国大众文化的演进历程和独特格局为背景，可以把近代以来的大众出版活动分为四个阶段：1840—1948年是由出版文化商人主导的“启蒙型”阶段；1949—1978年是由党和政府主导的“教化型”阶段；1979—1989年是知识分子和读者共同主导的“自发型”阶段；1990年以来是出版社和民营书商共同主导的“市场型”阶段。①深入剖析一番便不难看出，无论是秉持“启迪民智，昌明教育”的启蒙理念，还是坚持“为人民服务，为社会主义服务”的出版宗旨；无论是坚持文化本位，还是坚持产业优先，其一以贯之的文化目标并没有发生变化：就是通过优质出版物的“供给”，充分满足人民群众日益增长的文化需求。

在大众文化与产业化的背景下，从出版机构自身来看，在给大众提供有效“供给”方面，还存在着两个突出问题。

一是很多出版机构的精英文化本位观念还非常浓厚，对出版大众化的认识还不到位，进行规范产业化的本领还不够。图书是精神产品和物质产品的统一体，同时具有文化性和商业性两重属性。理想的状态应该是用商业化、产业化、大众化的运作模式，把出版物的精神文化内涵予以最为广泛的传播，这样才能赢得最为广泛的读者群。要提

① 杨虎：《大众文化视野下的畅销书出版历史进程与文化格局》，《出版发行研究》2014年第7期。

高国民的文化素质，提高全民阅读率，不可能奢望或苛求大家都硬着头皮去“啃”高文大典式的传世经典。毕竟在实际生活中，进入经典对于很多大学生来说都不容易，又怎么能要求普通百姓天天捧读原汁原味的经史子集？举例来说，相较于朱熹的《四书章句集注》、杨伯峻的《论语译注》，甚至李零的《丧家狗：我读论语》而言，《于丹〈论语〉心得》无论是从内容上还是形式上，都更适应和符合普通读者的口味。这样的畅销书虽然还有很多不足之处，但却可以激发大家接触、了解经典的热情，好比一个很好的导引和桥梁，带着读者去接近经典。如果没有这样的书，《论语》在读者的心中可能会永远那样高高在上、遥不可及，读者永远不会主动去接近和阅读《论语》。

二是在出版界普遍存在着低水平的过度商品化现象，导致出版行为的商业属性与文化内涵失衡，具体表现为：在观念上对营销的作用极度推崇，认为营销甚至“炒作”是出版的第一要义和核心因素。在实际运作中，主要按照经济法则来操作图书的选题、撰写、编辑和宣传促销活动，销量和利润成为出版机构普遍追求的最大目标。如此一来，原本具有一定文化内涵和精神意蕴的出版业开始染上了“文化工业”的浓厚色彩。这就导致了肆意“炒作”、盲目“跟风”等现象的“风起云涌”。等而下之，还出现了很多违规甚至违法的现象，几乎每隔几年就会有令人瞠目结舌的“非常可怪之现象”扰人视听。其中最典型的就是“伪书”“打榜”等极度缺乏诚信和规范意识的欺诈现象。以前几年出版“伪劣养生书”的“闹剧”为例，在张悟本《把吃出来的病吃回去》的“示范引领”下，一批真假难辨、良莠不齐的“养生专家”纷纷摇笔为文，在出版机构的包装、运作下，其作品纷纷登上各大书店的销售排行榜。原新闻出版总署于2010年10月下发《关于加强养生保健类出版物管理的通知》指出：“这类出版物中，有的编校质量低劣，有的违反科学常识，甚至危害群众健康。”养生保健事关百姓的身心健康和生活质量，很多出版机构却将其视同儿戏，以利为先，以致谬种流传，误导读者，不能不让人感慨，出版社的社会责任和文化坚守都去了哪儿。我们期望国民都热爱阅读、大量消费图书，但前提是这些图书应该是健康、合格的产品，而不是假冒伪劣的文化“垃圾”甚至精神“毒品”。因此，出版方绝不能只为追求商业利润而置其文化产品的文化内涵于不顾，其产品不仅要发挥娱乐功能，同时还应该发挥认知、教育和服务的特殊功能，应该在文化传播、文化传承和文化积累方面做出一定的贡献，这样才能保证全民阅读的文化品位。

五、全民阅读中“供给”方的突破路径

通过以上分析可以看出，“供给”与“需求”的关系会决定全民阅读的实际效果。在出版物品种大幅度增加但缺乏精品力作、读者阅读消费力仍然有待大幅度拉动的情况下，着力推进出版供给侧改革，就成为一种现实的迫切需求。对于创作者和出版者而言，应该在理念和实践中充分肯定、重视大众出版物尤其是畅销书出版在全民阅读中的作用，大力提升创作和出版优质畅销书的“供给”能力，真正把“为人民服务”的创作和出版宗旨落到实处。

中国特色社会主义进入新时代，习近平总书记高屋建瓴地指出：“当高楼大厦在我国大地上遍地林立时，中华民族精神的大厦也应该巍然耸立。”[①]一个国家文化界和出版业推出的精神产品，其格局应该像一座金字塔一样，基座由大量的优秀畅销书组成，中间为“常销书”，塔尖则是永恒的“经典”。如果希望国家社会乃至人类不断进步，那么全体出版人就必须共同努力，用崇高的文化理想和强大的经济实力，建造起一座座美丽的精神大厦和文化宝塔。诚如近现代出版大家陆费逵先生所言：“我们希望国家社会进步，不能不希望教育进步；

① 习近平：《在文艺工作座谈会上的讲话》，载中共中央宣传部《习近平总书记在文艺工作座谈会上的重要讲话学习读本》，学习出版社，201，第7页。

我们希望教育进步，不能不希望书业进步。我们书业虽然是较小的行业，但是与国家社会的关系却比任何行业都大。”[①]从战略意义上来看，就出版业自身而言，要为提高国民阅读率和国民文化素质做出应有贡献，还需主要依靠优质畅销书的生产力和传播力。

从单个出版机构的战略定位来看，以畅销书养学术书、精品书应该成为最为现实的选择。在这一方面，近年来，百年名社中华书局在全社会对传统文化越来越重视的“新常态”下所进行的及时转型可谓明智之举。面对产业化的滚滚浪潮，中华书局以“挺拔主业，维护品牌”的发展思路为基础，提出“季羡林、于丹一个都不能少”的发展思路，一方面夯实古籍整理、学术著作领域，继续积累厚度，巩固深化学术传统与比较优势；另一方面则利用积淀的优势资源进行品牌、资源的产品衍生，大力开拓传统文化大众普及出版领域，通过开发《国史十六讲》《正说清朝十二帝》《万历十五年（增订本）》《于丹〈论语〉心得》等优秀国学普及读物，形成适应市场和现代读者需求的多层次的图书出版格局。2006 年到 2010 年，销售收入增加 2.3 倍，利润增加了 6.2 倍，达 2000 万元。[②]2011 年发货码洋突破 3 亿元，2016 年则高达 6.23 亿元。[③]通过战略调整，中华书局得以做到出版商业性和文化性的完美结合，焕发出勃勃生机。

从创作者与出版者的角度来看，在努力打造精品图书、经典著作的同时，应该不忘出版人和文化人在文化普及与提高方面的职责。要将学术、知识、智慧、科学发现大众化、世俗化，需要大家、名家多撰写、创作让大众喜闻乐见的“小文章”、好作品，也需要出版机构低下身段，走向寻常百姓。在这一方面，少年儿童出版社的做法值得我们深思：20 世纪五六十年代，少年儿童出版社的每个编辑都有两所

① 陆费逵：《书业商会二十周年纪念册·序》，载《青年思想杂谈》，中华书局，1926。
② 赵玥：《重生：追寻新的光荣和梦想》，《出版人》2012 年第 3 期。
③ 徐俊：《中华书局：百年老社守正出新》，《中国新闻出版广电报》2017 年 2 月 6 日第 6、7 版。

“联系”学校，有的还兼任学校的课外辅导员。编辑们每个月都要往学校里跑上几趟，有的还会抽时间给学生们上几节课。他们和孩子们打成一片，为的就是了解孩子们的想法，摸清孩子们的阅读爱好，能出一些孩子们爱看的书。①正是这种集体蹲点考察、深入实际的长期调研方式，为该社经典畅销书《十万个为什么》的顺利编撰出版打下了坚实的基础。从这个角度来讲，毛泽东同志提倡的艺术形式要为人民群众喜闻乐见，胡锦涛同志提出的新闻宣传工作“三贴近”（贴近实际、贴近生活、贴近群众）思想，习近平同志提出的“坚持以人民为中心的创作导向”，对于大力推进当代的大众出版和全民阅读事业，指导意义尤为明显！

（发表于《出版广角》2017 年第 15 期）

① 孙蔷：《十万零一个为什么：〈十万个为什么〉背后的故事》，载郝振省主编《出版六十年：名著的故事》，中国书籍出版社，2009，第 28 页。

“六维”视角下的畅销书概念界定

在出版产业化进程不断加快的今天，虽然畅销书已是文化产业尤其是出版界长期关注和研究的热点话题，但迄今为止，畅销书还没有一个严格的定义。按照通常的说法，“畅销书”（Bestseller）一词起源于19世纪末的美国，是伴随着图书的销售排行榜而产生的，并在第一次世界大战以后在世界范围内被广泛接受和采用。“畅销书”一词虽然产生于西方，但西方学者很少对畅销书这一概念做严格的学术界定。在中国，畅销书这个概念属于典型的“舶来品”；在今日中国学者的论说体系中，畅销书也是一个众说纷纭、并无定论的概念。笔者在梳理已有研究成果的基础上，结合我国畅销书出版的历史和现实，认为可以从以下六个维度出发，对畅销书的概念做出较为科学的界定。

一、畅销书发展的历史性

畅销书是出版业发展和图书产品商品性日益凸显的必然产物，其历史是十分悠久的。图书本身同时具有商品属性和文化属性，通过市场交易实现利润的最大化是所有出版者的共同目标之一。说一本书是畅销书，首先强调的就是其经济效益，即大量销售这一文化产品，可以为写书人和出版商赚取巨额财富。从这个角度来看，畅销书的历史应该与出版商品化进程同步。只要有出版市场和图书交易行为，就有可能产生畅销书。正如出版活动的出现要早于“出版”概念一样，畅销书的出现理应早于“畅销书”的概念。在中国古代典籍中，存在着大量关于畅销书的珍贵史料。这些史料能充分证明，中国古代已有畅销书，如唐代白居易的诗集，宋代苏轼的文集，明代的“三言二拍”，清代的《唐诗三百首》《古文观止》《红楼梦》，无一不是风行海内、影响甚广的畅销书。

畅销书现象由来已久，这一点也得到众多学者的认可。赵航认为，畅销书现象早已有之，它是伴随着人类出版活动自然而然地产生的一种文化—经济现象。[①]郭庆华从“在我国，图书进入商品流通市场的历史最早可以追溯到西汉末年书肆的出现”这一史实出发，推想那时“已出现了销售通畅并引起较大社会反响的书籍”，这些书籍，可称为“萌芽时期的畅销书”[②]。曹之撰写的《中国出版通史·隋唐五代卷》就专列一节“唐代畅销书”，其中包括了儒家经典、《史记》、《汉书》、《老子》、《庄子》、著名诗人的别集等[③]。孙文杰也通过对史料的梳理，指出清代畅销书的品种很多，种类从启蒙读物、科举考试用书、通俗小说和戏曲到革命宣传读物、新式教科书及西学类图书等，不一而足[④]。近现代以来，销量巨大的畅销书更是层出不穷，如《海国图志》、《天演论》、四大谴责小说、鸳鸯蝴蝶派的作品、胡适的《尝试集》、张爱玲的小说等等。进入20世纪90年代以后，随着社会主义市场经济体制的确立和出版业改革的深入推进，具有中国特色的畅销书排行榜开始出现并不断完善，畅销书在出版产业、大众文化方面的重要性日渐凸显，中国出版业开始进入名副其实的“畅销书时代”。但并不能仅仅据此就说，中国的畅销书出现于20世纪90年代，在此之前就没有畅销书。从这个意义上讲，研究畅销书，首先应该有纵深和宽广的历史视野。

二、畅销书产生的自发性

畅销书的编写、策划、出版和销售是在一种开放的、自主的大环境

① 赵航：《选题论》，辽宁教育出版社，1998，第287页。

② 郭庆华：《畅销书起源论》，《江苏图书馆学报》2002年第5期。

③ 曹之：《中国出版通史·隋唐五代卷》，中国书籍出版社，2008，第347页。

④ 孙文杰：《清代畅销书种种》，《编辑之友》2009年第4期。

下完成的市场行为，尤其是要通过出版者的主动运作和读者的自主认同和购买而产生。那些依靠行政命令等非市场因素而取得大销量的图书理应排除在外，如中小学教材，虽然可以发行几十万册、上百万册甚至上亿册，但不能算作真正的畅销书，其原因就在于它不是经过正常的市场流通，被读者自主选择、主动购买的图书，而是读者“被动”地消费的图书。明确了这一点后，还需要避免以下两个认识上的误区。

一是认为只有在市场经济条件下才有畅销书，在中华人民共和国成立以后的计划经济时代没有畅销书。事实是，计划经济时代也有市场，也有商品交易行为。具体到出版业，也存在图书市场，也有读者的自主购买行为。比如，当年中国青年出版社的“三红一创”（《红日》《红旗谱》《红岩》《创业史》）和人民文学出版社的“山青保林”（《山乡巨变》《青春之歌》《保卫延安》《林海雪原》）等原创长篇小说以及《牛虻》《钢铁是怎样炼成的》等译制小说的成功就并非依靠行政手段而取得的。直到今天，这些名著依然拥有大量的读者。

二是认为一些发行或销售量比较大的行政类书籍就一定是由行政手段运作而成，因此不能算作畅销书。实际情况并非如此。无论什么时候，广大读者对此类图书都是有一定需求的，也愿意为读到优秀之作而自愿购买。比如在20世纪50年代，人们阅读、购买毛泽东著作总体上是自愿自发的，进入20世纪60年代，这种自愿自发的成分逐渐减少，以后愈演愈烈，才成为一种硬性的政治任务。20世纪70年代末80年代初，也曾出现过《实践是检验真理的唯一标准》（通俗讲话）、《中国共产党中央委员会关于建国以来党的若干历史问题的决议》、《论共产党员的修养》、《彭德怀自述》等时政类畅销书[①]。再比如，从2003年至今，中共中央宣传部理论局逐年组织编写的《理论热点面对面》，由于能够“紧扣时代脉搏、针对现实问题、贴近群众生活，把

① 易图强：《畅销书与思想解放论稿》，湖南人民出版社，2013，第114-119页。

理论阐释的准确性与析事明理的生动性、思想内容的深刻性与表现形式的通俗性融为一体”，所以每年出版后都会成为受到众多读者欢迎的畅销书，已经成为“推进马克思主义大众化的名牌读物，成为广大群众熟知的‘老朋友’和理论学习的‘好帮手’，堪称通俗理论读物的‘经典之作’”[①]。当前的很多畅销书排行榜中，我们仍能看到诸如《邓小平时代》《朱镕基讲话实录》这类政治色彩比较浓厚的优秀畅销书。

三、销量对于畅销书判定的决定性

作为大众文化的一种类型，畅销书比起其他类型的图书，具有更为突出的商品性，其写作、出版、销售更重视追求经济利润的最大化。销量即是这一特性最直观的体现。所以，把销量作为衡量畅销书的首要衡量指标，已经得到最大范围的共识。在很多人看来，畅销书就是“销售超过一般情况的书”“销售居于头等的书”，甚至是“书中之书”。但现实的情况是，在不同时代和时期、不同国家和地域，对于不同的图书类型，其销量难有统一的数字。

以时代而论，由于政治环境、经济发展、识字人数、出版能力等多种要素的影响，不同时期定义“畅销书”概念时对销售数量的界定并不相同，比如在20世纪80年代，整个中国处于文化、知识和思想的饥渴期，出版市场处于“供不应求”的严重失衡状态。在当时，人们见到什么书都好奇，出版社出什么，读者就看什么。这种情况下，出版社即便不对其所出版的图书进行营销运作，也会取得不错的销量，销量巨大的“超级畅销书”就非常容易出现。而进入20世纪90年代以后，随着出版机构之间竞争的加剧和出版市场的日渐饱和，在“供大于求”的整体格局下，出版物的整体数量和品种日渐增加，而单本图书的销量和影响力却呈下降和递减趋势，随随便便就能产生“超级

① 毕京京：《生动体现群众路线的最新力作》，《人民日报》2013年8月16日第6版。

畅销书”的时代从此一去不返。显然，要衡量一种书是否畅销以及畅销的程度如何，只能把它放在特定的时代甚至特定的年份去判断。[①]

从地域来讲，经济发展和文化消费的不平衡会导致同一本书在不同地区的不同命运。一本在发达地区或城市热销的图书在相对落后的地区或城市很有可能滞销，而一本在二、三线城市受到热捧的图书也很有可能在一线的大城市无人问津。这是由畅销书的“空间维度”所决定的。何明星通过对《于丹〈论语〉心得》的热销区域进行的11个月的跟踪发现，从2006年11月上榜到2007年9月落榜，这本书在全国12个城市的销售数据变化可以显示，在中国文化消费中文化中心区域与边缘区域存在巨大差别，这种差别体现在上榜时间、销售数量等多个方面。中国的图书消费是一种从中心出发辐射到边缘区域的波纹传递结构，北京是毫无争议的文化中心区，其后存在着各种次中心，再往后是边缘区。[②]

基于以上原因，在考评畅销书时，强调销量的同时，又不能单纯以固定的数字论英雄，对销量的衡量标准应该是一个相对数。在美国，精装本销量在10万册以上，才能称为畅销书。中国图书市场非常广大，近十几年来，在出版产业化的大趋势下，在各种销售热潮中走俏的图书，印数普遍在10万册以上。从大众文化的角度来讲，中国人口众多，一本大众类的图书要成为畅销书，其销售量理应在10万册以上。这一点已经得到很多学者的赞同。当然，以10万册为分界线，超过这一标准的，还有超级畅销书、特级畅销书，低于这一标准的，也有一些专业畅销书或小众畅销书。

四、畅销书发布的客观性

在今天的出版市场上，畅销书的销量必须由相对独立的权威机

---

① 易图强：《畅销书内涵与外延新论：兼谈新中国畅销书出版传播的特色》，《山东理工大学学报》（社会科学版）2012年第4期。

② 何明星：《中国图书消费趋势研究：以于丹〈论语〉为例》，载《从文化政治到文化生意一中国出版的“革命”》，广西师范大学出版社，2013，第253-259页。

构来发布，比如权威的畅销书排行榜，或者权威的独立统计机构，而不是由出版者自己公布，或通过其他不适当的方式获取的发行量或销售量来决定。在当前中国出版业内，这一点尤其重要。在图书市场竞争日益白热化的今天，“商业运作的加盟使畅销书的销量有时是‘刻意制造’的结果，有些畅销书的销量和以销售作为标准的上榜名次是被蓄意‘数字操作’或‘数量制造’出来的”①。目前在国内出版界最为突出的违规现象就是一些出版机构通过“打榜”“买榜”等方式，获得图书的高销量数字，从而进入各大书店或报刊的畅销书排行榜。一位出版社资深编辑说过：“一些电商网站上的畅销书排行榜‘买榜率’达 70%，意味着畅销书排行榜上只有不到 1/3 的图书是自然畅销。而读者仍然根据注水的畅销书排行榜选书和买书，无疑会被畅销书排行榜误导，没选择到适合自己的好书，造成了经济损失。”②

通过此方式“买”或“打”出来的在榜畅销书，其实是扰乱市场、误导和欺骗读者的伪劣产品，而这样的畅销书排行榜也毫无信誉和权威可言。这种由出版社、书店和媒体联合起来实施的欺诈行为，反映出中国出版界缺乏诚信和自律的严重问题。早在 1979 年，针对排行榜的“腐败问题”，《泰晤士报》的编辑伊昂·特瑞温就讽刺说：“这样炮制出来的排行榜还不如用来印行它们的纸张值钱。”③把这句话移用于今天的一些畅销书排行榜，依然十分恰切和深刻。

五、畅销书销售的时间性

畅销书的销量应该是在一段不间断的时期内取得的，因此具有很强的连续性时间属性。有学者形象地指出，畅销书现象的突出表征，

① 张文红：《畅销书理论与实践》，中国传媒大学出版社，2011，第 7 页。
② 张立美：《不要盲信畅销书排行榜》，《人民日报》（海外版）2014 年 6 月 20 日第 11 版。
③ 约翰·苏特兰：《畅销书》，何文安编译，上海文化出版社，1988，第 4–5 页。

就是“声名鹊起”：“在大众传媒参与诱导下，某种或某类书籍突然间成为大众竞相购买、阅读和议论的‘热点’。但大部分畅销书热得快，热度消退得也快。对于出版商来说，其主旨也不是要创立一个永恒的文学传统或有价值的精神世界，而是采用‘短、平、快’的商业策略迅速收回成本，并进而牟取厚利。”①

在实际的销售中可以看出，实体书店中一般的畅销书是“各领风骚三五月”且销量逐渐递减，而网上书店一般畅销书的畅销时限可达一两年。一般情况下，我们衡量畅销书的销售时间段是以一年为限。这也是各大机构、媒体按年份评选畅销书的重要原因之一。相较之下，中国传统的四大文学名著、《新华字典》这样的图书就属于常销书，而不是畅销书。

进而言之，与一般图书相比，畅销书作为大众文化的一种类型，不仅销售量高，而且具有很强的流行性，可能会在全社会形成时尚，造成很大的社会影响力。需要注意的是，畅销书作为一种大众文化现象的时尚性与流行性，是与其商业性紧密联系在一起的。从很多畅销的流行小说来看，流行小说是一种蕴含取得巨额利润潜力的商品。流行与商业之间有相辅相成的关系，越流行越赚钱，越赚钱就越有可能利用各种手段去宣传作品，促使其更加流行，赚取更多的钱，最终形成一个流行“体系”。②这一规律和特点也是书市中“跟风”之作层出不穷、扎堆出版现象严重的一大诱因。从读者阅读的角度来看，在奶酪系列、盗墓系列、“那些事儿”系列成风时，不读奶酪、不聊盗墓，不谈点趣味历史，就一定是落伍、跟不上潮流，但时过境迁，当新的畅销书潮流到来时，还在那里研究、讨论奶酪、盗墓、趣味历史等问题，也会是赶不上潮流的“土老帽儿”。

---

① 黄会林主编：《当代中国大众文化研究》，北京师范大学出版社，1998，第330页。

② 陶东风主编：《大众文化教程》（修订版），广西师范大学出版社，2012，第187页。

六、畅销书质量的复杂性

从文化内涵和整体质量的角度来衡量畅销书就会发现，其中既有质量上乘之作，也不乏庸常之作，很难一概而论。由此可见，畅销书在一定程度上表现出“与质量无关”的特性。从实际情况来看，人们对畅销书质量的认识和评价有两种极端：一种是以经济属性取代文化属性，推崇“销售最好的书就是最好的书”“能够上榜的图书就是好书”，很多读者在“从众心理”的影响下，也会认为“大家都在读的书就是好书”，这样一来，畅销书排行榜上的书单就会成为他们购买图书的重要指南。另外一种则认为经济效益和社会效益势同水火，不能共存。既然畅销书主要甚至只以挣钱逐利为目的，那肯定就只是一味迎合读者，无文化品位可言。不少评论者认为畅销书都是质量平平甚至粗制滥造的，认为“畅销书作家没有经典意义上的作品，只有行情和名目全新的标准化产品”。[①]“不读畅销书”甚至成为很多人义正词严的响亮口号。

其实上述两种认识都有偏颇之处。在畅销书历史上，同时存在着“经典也畅销”与“畅销变经典”的实例，比如《围城》，《傅雷家书》，张爱玲、金庸的小说，《狼图腾》，《哈利·波特》，等等。绝大部分畅销书是在畅销期过后归于沉寂，无法跻身经典行列。但也不能就此认为畅销书一无是处，即便无法成为经典，它们也有其可取之处和存在价值，如卡耐基系列著作、心灵鸡汤系列、《细节决定成败》、《水煮三国》、《杜拉拉升职记》这样的畅销书，对于刚走出校门进入职场的人而言，还是非常有阅读价值的，甚至可以弥补学校教育之不足。可以说，畅销书家族是个质量参差不齐的“大杂烩”，不能用“非优即劣”的简单标准来评判。如果非要分出优劣高低的话，就好比一个金字塔形，绝大部分是流行一时的平凡之作或普及之作，一部分是经济效益和社会效益双佳的难得之作，个别的则会成为塔尖上的幸运儿，

① 约翰·苏特兰：《畅销书》，何文安编译，上海文化出版社，1988，第2页。

最终跻身“名著”和“经典”的行列。

畅销书质量的复杂性决定了其社会效益的多样性。利用现代大众传播媒介批量化地制作和传输大量信息并作用于大量受众，是大众文化的一个基本特征。作为畅销书的鲜明特征之一，信息和受众的大量性决定了畅销书会在一定时空范围内产生社会轰动效应、产生一定的社会影响。但这种轰动效应与社会影响作为一种“经济—政治—文化—社会”的综合行为或现象，并不一定会产生良好的社会效益。这种“效益”也是复杂多样的，既有积极的、正向的促进作用，也有消极的、负向的阻碍作用，或者仅仅让读者读完一乐，读完就扔，并不会留下多少印象。对于一本通过市场运作而推出的水平低下、质量欠佳、充斥着色情暴力等“负能量”的畅销书，其引发的巨大社会影响力将意味着较差的社会效益。所以说，畅销书产生的社会效益，是一种在文化发展与思想意识方面具有“较大伸缩性”的效益。因此，在对畅销书进行界定时，不能把“取得了良好的社会效益”作为其属性之一。我们不能奢望所有的畅销书都实现经济效益和社会效益的“双丰收”，甚至可以说，对于一般畅销书而言，文化积累并非其必然的文化使命。

基于以上认识，笔者提出的畅销书概念是：在特定的空间范围内，在一段不间断的时期内，在开放的市场环境下，经过读者自主购买消费，持续销量达到10万册以上，获得良好经济效益并产生较大社会影响的图书，可称为畅销书。

（发表于《编辑之友》2014年第11期）

大众文化视野下的畅销书出版历史进程与文化格局

根据笔者的观察研究，在当前中国的学术界，虽然对于畅销书的研究已成热点，但从大众文化的理论视角进行深入、系统研究的理论成果还比较少见。其实不论是从理论建树上，还是从实践探索上，这样的研究不仅显得必要，而且具有一定新意。长期以来，无论是在大众文化界，还是编辑出版界，普遍把畅销书当作一种大众文化产品看待，大众文化具有的属性和特点，畅销书一般也具备。另外，从中外大众文化和畅销书出版的发展历史来看，不同的大众文化类型会直接决定畅销书出版的形态与特征。大众文化的发展路径和基本格局构成了我国畅销书出版活动最重要的文化背景。从这个视角研讨畅销书出版活动，有助于深入理解我国近代以来畅销书出版发展的历程，并对当代畅销书出版格局的复杂性、多元性有更为全面、深入的理解。

一、我国大众文化的发展路径和基本格局

大众文化自产生之日起，就与商业和政治产生了互相影响的密切关系。很多学者认为，真正的大众文化“只有在工业化和城市化的进程中才能出现”，并“深深根植于资本主义市场经济的土壤中”①。从传媒管理理论来看，只有在自由主义的传媒理论和市场经济的条件下，才能产生真正的大众文化。这种大众文化与精英文化、民间文化

① 约翰·斯道雷：《文化理论与大众文化导论》，常江译，北京大学出版社，2010，第16页。

最大的区别，就在于它鲜明的商业性：一切产品都要遵循资本运作的逻辑，借助批量化的生产方式和商业化的市场营销，实现文化产品经济利润的最大化。这也是今日全球化进程中，各个国家大众文化的主要形态。对此，美国学者弗雷德里克·詹姆逊深刻指出："大众文化产品和消费本身——与全球化和新的信息技术同步——像晚期资本主义的其他生产领域一样具有深刻的经济意义，而且完全与当今普遍的商品体系连成一体。"[①]可以说，商业化生产的文化产品，已经成为我们时代流行意识形态的主要来源与基本构成。

但研究者也发现，在进入工业化社会后，在威权主义的传媒理论和计划经济的条件下，也出现过另外一种类型的大众文化（如我国毛泽东时代以服务工农兵大众为主的文化形式），这类大众文化不以追求经济利润为其主要诉求，而主要作为政治和意识形态的工具，通过教化民众来维持社会秩序和政权稳定。批评者认为这样的文化产品虽然强调大众化，其根本目的却是在用意识形态观念去"化大众"——教育人民使他们在社会中发挥各自的应有作用，从根本上讲是一种"政治型"的大众文化。

显然，在这两种不同的大众文化背景下，出版尤其是大众出版的地位和功能也会形成很大的差异，所形成的畅销书出版机制与其社会功能也有很大的不同。

我国的大众文化是在鸦片战争以后的"西学东渐"潮流中，从传统社会向现代工业社会转变过程的产物。在此之前，虽然一直存在流行于民间市井的通俗文化，但那严格意义上只能称为"前大众文化"。晚清以降，在"欧风美雨"的冲击和影响下，随着工业化、城市化进程的演进和大众传媒事业的兴起，我国的大众文化萌芽于19世纪末20世纪初，曾在民国时期的上海等现代化程度较高的大都市得到迅速发

---

① 弗雷德里克·詹姆逊：《文化转向》，胡亚敏等译，中国社会科学出版社，2000，第140页。

展。当时畅销书、大众报刊、流行音乐、电影和广告等大众文化产品都在市场上广泛流通。以这一时期出现的“鸳鸯蝴蝶派”“黑幕小说”等畅销文学为例，其中虽然“也掺杂不少半封建的因素，但商品化和市场机制却奠定了上海文学的两个基本取向：商业化的利益驱动和世俗化的大众导向”①，充分体现出大众文化的鲜明特点。可以说，近代中国市民通俗文化是中国城市文化过程中一个非常重要的“准大众文化过程”。但是民国时期动荡不安的社会环境，尤其是严酷复杂的阶级斗争和民族斗争形势，加之水平较低的生产力和城市化程度，使得大众文化的发展不可能像西方那样一帆风顺，逐步构建一个成熟的文化产业体系。

1949 年中华人民共和国成立以后，尤其是 1956 年社会主义改造完成后，伴随着计划经济体制的建立，由毛泽东同志提倡并确立的“文艺大众化”理论方针成为全党的官方政策，长期指导着我国的文化发展。这种“服务工农兵大众”的“大众文化”由此成为党和政府推行的主流文化。这种文化模式最突出的特点，“是在全社会范围内依靠计划形式来对文化资源进行配置，文化发展中的基本决策权，都集中在计划者手中，文化发展具有高度集中计划的形式”。②在管理体制上，则“采取完全的行政指令性管理，强调文化的政治目的，将一切文化形式视为宣传教育工具，配合党在各个时期的方针政策”。③在这种大众文化理论的指导下，中国社会形成了一种独特的文化景观，涌现出一大批为人民大众服务的文艺作品和为人民群众所喜爱的“人民艺术家”。作为另一种形态的“大众文化”，这种大众文化以其完全不同于西方大众文化的内容和形式起到过“团结人民、教育人民、打击敌人、消灭敌人”的历史作用，尤其在提高全民文化素质方面起了很

① 吴秀明、陈力君主编：《大众文学与武侠小说》，北京大学出版社，2011，第 4 页。
② 陈立旭：《市场逻辑与文化发展》，浙江大学出版社，1999，第 7 页。
③ 胡惠林、李康化：《文化经济学》，书海出版社、山西人民出版社，2006，第 276 页。

大的作用。以至于到了21世纪，在官方提倡的文化路线和制定的文化战略中，仍然能够看到这一思想的深刻影响。但不容否认的是，这种突出强调政治正确性的文化形态，使得商业性的大众文化得到遏制，甚至在一段时期内销声匿迹。文化的过度政治化、意识形态化，也对大众文化事业自身的发展造成了一定的消极影响。

直到改革开放以后，尤其是在20世纪80年代末90年代初期，在西方大众文化的外来影响下，随着经济体制改革的深入推进、大众媒介的快速发展、城市化进程的加快，商业性的大众文化才重新兴起并快速发展起来。这种局面的出现，既是中国大众文化适应世界发展潮流的必然选择，在一定程度上也是对清末民初以来的本土大众文化的继承与超越，因此中国大众文化就形成了兼具普遍性和独特性的“自家面貌”。

时至今日，大众文化由于具有突出的经济价值，能够创造可观的商业利润，同时在促进当代文化大发展大繁荣，进而提高文化“软实力”方面具有不可忽视的重要作用，因此得到党和政府的高度重视和大力提倡。陆扬指出，大众文化已是“我们今天格外风光的产业，不但带来滚滚商业利润，就是在它的精神内涵方面，也早已挺直了腰杆，不但扬眉吐气敢于向对它压迫已久的高雅文化叫板，而且差不多反客为主，一跃成了背后有政府大力推动的主流文化。这在全球化之风一路劲吹的今天，于中国于西方并没有太大的差别”[①]。但需要注意的是，在商业型的大众文化风起云涌之际，我们不能想当然地认为“市场化已经使得政府在文化活动中完全退出，市场的唯一主体已经是民间的或市场的各种机构，文化市场的自主性已经确立。事实上，文化市场化的真正主体、机构改革与政府职能转换的直接倡导者正是政府本身，而文化界现存的许多问题正是由于政府职能转换的不彻

① 陆扬：《大众文化理论》，复旦大学出版社，2008，第3页。

底性”[①]。也就是说，在当今世界市场和政府的两大因素在今天的大众文化中都发挥着重要的作用，而且在一定程度上，政府是市场化进程的主要推手，其作用在任何时期都极为重要，绝对不能忽视。

整体来看，近代以来中国社会发展变革的复杂性使得大众文化呈现不同的类型和路径，也形成了当代中国独特的文化格局。王一川认为，当前我国的都市文化存在四种并存的文化层面。①主导文化。即以群体整合、秩序安定和伦理和睦等为核心的文化形态，代表政府及各阶层群体的共同利益。②高雅文化。代表占人口少数的知识界的理性沉思、批判和探索旨趣。③大众文化。尤其突出数量众多的普通市民的日常感性愉悦需要。④民间文化。代表更底层的普通民众出于传统的自发（或非制造）的通俗趣味。[②]这里所说的“主导文化”，其实就是毛泽东时代“政治型”大众文化的一种新发展。邹广文也提出，从文化层面来看，当代中国已经进入“文化复调”时代。所谓“文化复调”，即大众文化、精英文化、主导文化和民间文化四种文化类型交相辉映、共存共生的局面。[③]而大众文化在很多情况下，会根据实际需要，将所有类型的文化都作为自己的可开发资源，进而整合到整个文化产业中去。由此，我们可以说，我国今天的大众文化产品中，既有作为政治工具者，也有遵循资本逻辑者，还有信奉“文化本位”者，甚至有时一种产品兼具了三者的功能。在《生死抉择》《建国大业》《建党伟业》《毛泽东》等影视作品以及《苦难辉煌》《亮剑》《解放战争》等畅销书那里，这种状况可以得到充分的印证。

二、我国近代以来的畅销书出版历史路径

我国大众文化的发展路径和基本格局，深刻地影响了畅销书出

① 陶东风:《国家—市场—社会: 中国文化市场化的三方语境》,《文艺研究》1998年第4期。
② 王一川：《当代大众文化与中国大众文化学》，《艺术广角》2001年第2期。
③ 邹广文：《当代中国大众文化及其生成背景》，《清华大学学报》（哲学社会科学版）2001年第2期。

版机制的形成与发展。由此，笔者将我国近代以来的畅销书出版历史划分为以下四个阶段。

（1）1840—1948年，是由出版文化商人主导的“启蒙型”阶段。这一时期是我国出版业从古到今的变革与转型时期。变革和转型的结果，便是中国出版从传统出版业跨入了现代出版业，建立了商业与文化并重的现代化出版业体制与格局。这一时期的出版人群体已经具备了现代化的出版理念，他们既有传统文人士大夫的流风余韵，高扬“启迪民智”的文化大旗，也有现代商人的精明能干，念着“在商言商”的生意经。也就是说，他们能够协调和平衡好出版业文化属性和商业属性之间的关系。这一点，在张元济、陆费逵、王云五、邹韬奋等出版大家身上都得到充分的体现，反映到这一时期的畅销书出版事业上，就是在实现了良好经济效益的同时，还发挥了畅销书昌明文化、启迪民智的“启蒙”功能。将商业与文化结合得如此之好，是这个时代的出版人让后人一直追慕的重要原因之一。

（2）1949—1978年，是由党和政府主导的“教化型”阶段。中华人民共和国成立以后，出版业成为社会主义事业的重要组成部分。这一时期的出版文化是“以计划体制文化模式和绝对的指令性行政管理为内核，出版作为阶级斗争和政治斗争的手段而存在，其话语形态也是高度政治化的”[①]。出版业的指导方针被确定为“为无产阶级政治服务、为工农兵服务、为社会主义建设服务”[②]，出版工作者作为“文化战线上不可缺少的重要部队之一”[③]，“不是普通的出版家，而是革命的出版家。第一是革命家，第二才是出版家”[④]。出

① 肖东发、于文：《百年出版文化与中华书局核心价值观》，载复旦大学历史系、出版博物馆、中华书局、上海辞书出版社编《中华书局与中国近现代文化》，上海人民出版社，2013，第8页。

② 肖东发、方厚枢主编：《中国编辑出版史》（下册），辽海出版社，2004，第74页。

③ 同上，第12页。

④ 同上，第8页。

版业的政治属性得到了空前的重视和凸显。在这种情况下，面向工农兵大众的畅销书（以“三红一创”、“山林青保”、毛泽东著作、各种通俗读物为代表）出版后，虽然仍以商品的形式在市场上流通，但其商品性已经让位于政治性。畅销书首先要保证的是其政治方面的正确性，在客观上成了大众的“通俗政治教科书”，发挥了“教育群众”的重要社会功能。

（3）1979—1989 年，是知识分子和读者共同主导的“自发型”阶段。改革开放初期，出版市场的“书荒”现象与读者强烈的阅读需求形成一对突出的矛盾，由此形成了 20 世纪 80 年代“出版即畅销”的独特现象。当时，在这种略显畸形的“卖方市场”格局下，“在书店里面，只要一有新的古典文学名著、外国文学名著出来，马上就排长队，立刻售罄。这是空白之后的一种爆发。从 20 世纪 70 年代末到 80 年代，整个就是一场可歌可泣的‘阅读狂欢’，大家都处在无比亢奋的对书的迷恋状态中”[①]。董秀玉回忆说：“1978 年到 1987 年这 10 年是一个文化和知识思想的饥渴期，买书排的长队会拐几个弯。我们三联出版了西方学术文库，那么难懂的海德格尔的《存在与时间》居然发了 7 万本，萨特的《存在与虚无》10 万册。还有《情爱论》，100 多万册，都卖疯掉了。”[②]这一时期畅销书的出版，是由知识分子（包括作者和出版人）的自觉编著、出版和广大读者主动的阅读诉求共同推动的。

（4）1990 年以来，是出版社和民营书商共同主导的“市场型”阶段。伴随着“商业型”大众文化的勃兴和出版业“买方市场”的形成，我国出版业的产业化属性也开始被重新认识。尤其是 1993 年中央明确提出建设社会主义市场经济体制的改革目标后，中国出版业也

① 周百义、芦珊珊：《畅销书出版三十年》，《出版科学》2008 年第 6 期。

② 曹焱：《〈情爱论〉：冲破读书的禁区》，载郝振省主编《出版六十年：名著的故事》，中国书籍出版社，2009，第 202 页。

开始了市场化之路。图书生产越来越遵循市场的要求，出版社面对经济社会文化的变革，也在不断改革自身的发展思路和出版机制，通过多种方式寻找市场经济条件下的生存和发展之道，开始按照“事业单位，企业管理”的模式运行。这一时期，随着政策的开放，民营出版业开始兴起，成为出版业发展重要的创意和内容来源之一，为中国出版业注入很大的能量。21世纪以来，为了适应时代发展的要求，在党和政府的积极推动下，“转企改制”成为新闻出版业的主题之一。截至2010年年底，除先期已经完成“转企”的出版社和保留事业性质的公益性出版社外，全国所有经营性出版社已全部完成转企，成为市场主体。2011年，国务院颁布修改后的《出版管理规定》，以法令形式将原来的“出版事业”修改为“出版产业和出版事业”。这标志着我国出版业已经在大踏步地向产业化的方向发展，这也与商业型大众文化的繁荣发展基本同步，中国的出版业从此进入一个崭新的时代。在多种力量的共同推动下，大众出版业也随着商业型大众文化的兴起而逐步壮大，尤其以畅销书的出版最具代表性。这个时代的畅销书开始淡化政治功能，强调经济特征，这是一种典型的“市场型”畅销书。伴随着出版产业化进程的加快，这种发展势头更为猛烈，以至于人们说，中国已经进入“畅销书时代”。这一时期的畅销书，主要是由出版社和民营书商面向市场和读者主动策划出击而形成的。

三、我国当代畅销书出版的文化形态与基本格局

概括来说，启蒙型和自发型阶段、教化型阶段、市场型阶段产生的畅销书分别以文化型、政治型和商业型为主。应该说，“商业型”的畅销书出版模式是当今发达国家出版业的主要发展潮流，我国的畅销书出版业现在也在逐渐向这一主流靠拢，但是由于在媒介理论和出版体制方面，我国的文化政策没有发生根本性的变化，所以直到今天，在我国的出版市场上，“政治型”的畅销书作为一种“主导”文化形

态还长期并大量存在，只不过在呈现方式上变得更加大众化、通俗化甚至娱乐化。比如同为红色经典，金一南的《苦难辉煌》、都梁的《亮剑》等新型畅销书，都已经呈现出与“三红一创”这些老牌畅销书截然不同的风格。在出版模式上，前者的市场化运作特色也更为明显。另外，我国出版业向来强调“为人民服务、为社会主义服务”的社会效益和文化功能，出版人也素有启迪民智、扶助教育、昌明文化的使命感，所以由出版人和学者专家联手共同打造的“文化型”畅销书也会在今天的书业中占据一席之地，比如作为老牌学术出版重镇的三联书店，近年来就接连推出了《目送》《我们仨》《野火集》《沉思录》《老子十八讲》《邓小平时代》等优秀畅销书。用三联人自己的话说，就是：“我们总得有几条鱼浮在水面上，能被大家看见。”①

这种商业型为主、政治型和文化型为辅的畅销书出版格局形成了我国当代畅销书出版活动的鲜明特色，这既是我国经济社会和大众文化发展变革的必然产物，在一定程度上也是我国经济社会转型、发展复杂性的直观反映，并构成了我国畅销书出版活动最重要、最富有特色的文化背景，也在一定程度上印证了陶东风的这一论断：“市场化最典型也最严重的大众文化领域，我们看到的情形也远远不是唯市场之命是从，而是在官方、大众以及市场的三方（俗称‘三老’，即老干部、老百姓、老板）力量的‘格式塔’中周旋生存。这是中国的大众文化与西方国家（尤其是美国）的大众文化的重要区别。”②这种相对复杂的文化格局正是决定我国畅销书出版格局的核心文化要素。在大众文化日益繁荣和出版产业化的滚滚潮流中，我们必须充分认识这一出版格局的复杂性与多元性，这样才有助于我们全面理解并深刻把握畅销书出版发展的历史规律和文化形态。

（发表于《出版发行研究》2014 年第 7 期）

---

① 孙国庆：《编辑的文化理想和市场能力》，《出版人》2014 年第 2 期。

② 陶东风：《国家—市场—社会：中国文化市场化的三方语境》，《文艺研究》1998 年第 4 期。

畅销书营销的特殊性及其要求

经过多年的发展，我国的出版营销在理论研究和实践操作层面都得到很大的发展。随着出版业面临的挑战的日益严峻和竞争的加剧，营销在书业中的地位和作用日益凸显出来。在整个出版营销活动中，畅销书的营销活动最为引人注目。从我国畅销书出版活动的发展历程中可以看出，我国当代畅销书的出版营销活动经历了一个从无到有、从暗到明、从分散到渐成体系、从无足轻重到极为重要、从不规范到逐步成熟的演进过程。可以说，20 世纪 90 年代以来畅销书营销活动的兴起是中国出版业内最富活力和生机的重要现象，它在一定程度上可以反映出整个中国出版业近年来的发展特征及规律，也见证着当代中国社会思潮和大众文化的发展与演变，其重要性和独特性是其他出版现象或活动所无法比拟的。

畅销书营销是指出版机构在特定的图书市场环境中，在一定时期内针对畅销书这一特定商品，以实现畅销书经济利润最大化为主要目的而进行的一系列商务运作活动。这些活动贯穿于畅销书出版活动的整个过程中。畅销书自身的特殊性决定了畅销书营销与一般图书的营销相比，既有相似、相通之处，又有明显的特殊之处。畅销书营销的特殊性也对从业人员提出了更高的要求。分析和认识畅销书营销的特殊性及其要求，有助于我们树立正确的畅销书营销观念，掌握畅销书营销的基本原则，提高营销的整体运作水平。

一、畅销书营销的特殊性

畅销书营销的特殊性主要表现在以下六个方面。

（一） 营销的必需性

在开放的市场环境下，一本图书要成为畅销书，至少应具备四个基本要素：①拥有具备畅销潜质的内容；②具备适合大众口味的装帧形式；③选择恰到好处的出版时机；④进行有的放矢的营销运作。这四个要素相辅而成、缺一不可。尤其是在出版市场由“供小于需”的卖方市场转变为“供大于需”的买方市场后，营销的要素显得异常关键。酒即便再香，也已经不能待在深巷子中了，要主动走出深巷子，大声吆喝才行。在这种市场格局下，营销就成为畅销书实现价值的必经途径。如果说对一般图书的营销是必要的话，那么对畅销书的营销就是必需的了。时至今日，若缺少了营销，具有畅销潜质的图书也极有可能胎死腹中，淹没于茫茫书海而永无出头之日。相反，如果营销到位的话，一本质量平平的图书也有可能跻身畅销书的行列。

（二） 更具系统性

图书营销学在理论层面上强调，图书的营销活动应该是一个完整的系统工程，它应该贯穿图书出版销售的整个流程。应该说，以上是一种非常理想的状态。在实践层面，普通图书的营销活动往往是零星分散的，很难成体系。畅销书的营销则不同，在运作过程中特别强调营销的整体性和系统性。正如业界人士所公认的，一本潜在畅销书的营销过程仿佛是由一个个加分或减分的环节构成的，从选题、编辑、装帧，到宣传、推广，倘若每一步都操作得当，图书便可能得百分，甚至获得进入超级畅销行列的可能。相反，如果任何一个环节出现失误，都可能影响销售的整体效果，有时甚至可能陷入“一着不慎，满盘皆输”的败局。正是基于这样的考虑，目前国内一些有经验的出版社在运作畅销书时，会把畅销书的营销作为一个系统的项目来抓。就实际情况来看，畅销书的营销活动一般而言最接近于图书营销学的系统性要求。

（三） 策略的多样性

整合营销传播理论强调对多种营销传播手段进行整合运用，以达到营销传播效果的最大化。与一般图书的营销策略相比，畅销书的营销策略更为多样，且营销手段能够根据时势的变化而花样翻新、层出不穷。比如，在网络、手机等新媒体兴起之后，搜索引擎营销、手机营销、博客营销、微信营销、电子书营销、IP 营销、网络社群营销等全新的营销手段都被出版机构应用于畅销书的营销活动中。这种综合各类新旧手段的营销机制能够充分发挥整合营销的优势。成功的畅销书营销活动往往是综合运用多种营销策略的结果。而在普通图书的营销活动中，由于预期利润的限制，是不可能进行如此大规模的运作的。即便是采用相同的营销策略，畅销书在具体营销中也与其他图书有很大的区别。

（四）更强的时效性

现代营销学的观点认为，产品投入市场后是有一定的生命周期的。畅销书作为大众文化产品中的时尚读物，具有很强的时效性，因此，大部分畅销书的生命周期比其他图书要短很多。一本畅销书，“要么大家都读，要么大家都不读”。大部分畅销书会在风靡一时以后归于沉寂，只有极少数的经典畅销书才会转变为常销书。这就决定了对畅销书的营销也必须强调时效性。畅销书的营销目的就是要在特定的时间段内通过各种营销手段使畅销书的销量达到最大化。这就要求出版者必须审时度势，掌握好营销的时机和进度，对畅销书进行适时而恰当的营销运作。一是从整体上抓畅销书的营销时机借势出版，正所谓机不可失，时不再来。比如 2008 年奥运会召开前后，曾涌现了一大批以奥运为主题的书籍。2011 年，美国苹果公司联合创办人史蒂夫·乔布斯去世后，与其相关的很多图书迅速流行起来。时过境迁，如果现在再提出奥运类、乔布斯类图书的选题，并在营销上大做文章的话，肯定不似当年那样风光，甚至会得不偿失。二是在畅销书的生命周期内，发挥营销活动的最大功能，充分发挥畅销书的畅销潜力。比如《哈佛女孩刘亦婷》一书出版后，出版社和书店请作者刘亦婷举行了一系列巡回演讲和签名售书活动，不仅直接带动了图书的热销，更引起人们对书中某一问题的持续关注，从而间接地促使人们去购买、阅读相关的图书，进而延长图书的畅销期。因此，畅销书营销的时效性是一般图书营销所无法相比的。

（五）收益的最大化

畅销书的英文名“Bestseller”告诉我们，畅销书不是别的东西，而是所有图书种类中卖得最好的图书。巨大的销量保证了畅销书可观的经济利润。畅销书的种类和收益之间的关系基本符合管理学范畴中的帕雷托规则（Pareto's Law），即“二八定律”。不仅如此，畅销书还可以迅速提升出版机构的知名度，并在出版市场上建立富有影响力的品牌。如在1996年之前，山东画报出版社还是一个名不见经传的出版社，但在当年推出畅销书《老照片》后，迅速在国内出版界和读者中声名鹊起，也使山东画报出版社的品牌形象得以确立，被媒体和业界誉为开创了中国的“读图时代”的出版社。如今人们一提到《老照片》，首先就会想到山东画报出版社。所以，一本畅销书的成功，将意味着出版机构的名利双收，即经济利润和社会影响实现最大化和广泛化。在今天的中国出版界，已经出现“几本畅销书撑起一个出版社”的现象。正因如此，打造畅销书成为众多出版人的不懈追求。在对畅销书进行营销的过程中，出版机构的目的是非常明确的，那就是追求营销收益的最大化：一方面，出版者会使用各种手段来提升畅销书的销量、扩大畅销书的影响；另一方面，出版者还有可能通过品牌延伸在畅销书的延伸产品中获取利润。而这些都是普通图书营销中所缺少的。当然，任何时候高收益都意味着高风险，对于没有经验的出版机构来说，这一点也要慎重考虑。

（六）问题的突出性

营销活动本身是一把双刃剑，在实际的操作中往往会利弊相生。图书的营销活动也不例外。畅销书的营销活动虽然可以给出版机构带来巨大的收益，但若操作不慎，也会产生很多不容忽视的问题，而且这些问题往往会更为突出和尖锐。比起其他图书，畅销书似乎更容易招来指责和诟病。除了自身内容的原因以外，名不副实的营销也是一些畅销书招致非议的一个重要原因。从整体上看，比起欧美国家和日本等出版业发达国家，当前我国出版业的市场化程度还不够，畅销书出版尚处于从无序向有序转变的阶段，基本上还没有成形的营销运作机制和模式，缺乏成熟的畅销书出版机制。在具体操作过程中，则还存在着很多令人担忧的误区，比如将营销等同于毫无节制的“炒作”，将拙劣的“跟风”手段等同于品牌延伸，营销过度导致图书文化内涵缺失，甚至还有“伪书”“打榜”等缺乏诚信和规则意识的欺诈行为，等等。这些问题在一定程度上制约着畅销书营销运作的实际效果，进而影响着整个图书市场的发展与繁荣。这些问题的解决，有待于整个图书市场的逐渐规范和出版行业营销水平的不断提高。

二、畅销书营销的特殊性对从业人员提出的要求

畅销书营销的特殊性对从业者提出了特殊的要求。从宏观上看，在当下和未来的畅销书营销实践中，从业者应该从以下六个方面加以努力。

（一）正确认识营销在畅销书出版中的作用

一方面，应该充分认识到营销在畅销书出版过程中的重要性，它是促成畅销书实现其经济、文化价值的关键因素之一。一定意义上，传播的有效性是保障出版文化性和公益性的主要条件，“思想文化价值突出的出版物，只有通过积极的市场营销活动，才能产生良好的传播效果”[①]。在出版业竞争异常激烈的今天，出版机构要将一本图书打造成畅销书，就必须对其进行有的放矢的营销运作，这就是笔者在前文所谈到的畅销书营销的必要性问题。因此，在畅销书的出版过程中，出版机构就必须摒弃“酒香不怕巷子深”的陈旧观念，除了要重

① 聂震宁：《我们的出版文化观：聂震宁演讲访谈录》，中国书籍出版社，2008，第54-55页。

视图书质量，还应该适时恰当地对其进行营销运作。这一点基本上已在畅销书界成为共识。但另一方面，出版机构又不能过度推崇营销在畅销书出版中的作用，不能误认为营销是打造畅销书的第一要义和决定因素，因此轻视畅销书自身的质量。营销是打造畅销书的必需因素，但不是核心因素，更不是决定因素。畅销的决定因素是畅销书自身的质量（要有优秀的品质和丰富的内涵），这是出版机构开展营销工作的前提和基础，离开了这一前提和基础，一切营销手段都是无本之木、无源之水。在畅销书的营销活动中，应该坚持的是“内容为王”的原则，而绝非“营销为王”。如果颠倒了这一关系，就必然会给畅销书的营销工作带来很多问题。这一点，在当前和未来的畅销书营销工作中，都显得极为重要。

（二）正确处理畅销书营销的商业属性与畅销书文化内涵之间的关系

畅销书是一种特殊的文化产品，兼具商业属性和文化属性。从业者在开展畅销书的营销活动时，一方面要通过实施各种营销策略，实现畅销书经济利润的最大化，另一方面又要在畅销书中注入一定的人文内涵，力争达到畅销书社会效益的最大化，绝不能只为追求商业利润而置畅销书文化内涵于不顾。出版界应该推出更多具有文化内涵的优质畅销书，这些畅销书不仅要发挥其娱乐功能，同时还应该发挥其认知、教育和服务的特殊功能，应该在文化传播、文化传承、文化积累方面做出一定的贡献，从而改变目前畅销书普遍“短、薄、轻、浅”的现状。

要平衡和协调二者之间的关系，出版者就应该特别注意以下两点。①认识到原创是出版事业发展的根基所在，要善于发掘有潜力的优秀作者和作品，承担起培养优秀畅销书作家的职责。在创作中，要充分尊重作者的自主性，不能过多地介入畅销书的创作环节，更不能过度开发畅销书作家的潜能。由于过度开发，很多畅销书作家呈现出“江郎才尽”“一部不如一部”，甚至“其兴也勃焉，其亡也忽焉”的发展态势。

②应从读者的需求出发开展畅销书营销活动，但不能一味地迎合读者的各种阅读需求，走媚俗化、庸俗化的路线。用整合营销传播理论来分析，从读者需求出发开展畅销书营销活动，是指以读者需求为核心开展市场调研，策划具有特色的选题；以读者的购买力为基准，结合多方面因素，确定图书定价；努力为读者创造便利，保证销售渠道的畅通；致力于与读者有效沟通。[①]显然，这与一味地迎合读者的需求有一定的区别。在畅销书的营销中，出版者既要充分考虑对读者需要和欲望的满足，同时也不能忽略对读者需要和欲望的主动引导、创造和激发。一言以蔽之，不能把读者想象得太庸俗、品位太低，读者也有“向雅”的诉求。那些内容与形式完美统一的畅销书才是图书市场上的常青树。

（三）不能将畅销书营销简单等同于宣传与促销

现实中，有很多从业者认为畅销书的营销其实就等同于宣传和促销，其实这是对畅销书出版营销的一种误解，是把这个概念“窄化”了。李鲆指出：

> 在大多数出版社、民营公司内部，往往会有这样的情形：编辑和营销、发行是脱节的。整个出版流程好比一条流水线作业，大家只是做好自己负责的这一块工作就算完事。营销并不参与图书前期制作，而编辑在制作图书时，也很少考虑销售的需要。编辑把书制作出来了，再交给营销去推广。……你已经把一堆黏土烧成了粗陶碗，再能干的营销也不能帮你忽悠出青花瓷的价钱啊！强调一句：书印出来以后再考虑营销，已经太晚了！[②]

① 胡磊、吴楣：《整合营销在出版业中的运用》，《出版科学》2005 年第 2 期。
② 李鲆：《畅销书浅规则（升级版）：成就畅销书的133个细节》，金城出版社，2017，第21–22页。

畅销书营销是一项系统性很强的运营活动，它贯穿于畅销书的选题策划、稿件选择、市场调研、图书制作、媒体宣传、公关传播、品牌延伸、国际化运作等各个环节。由此可见，宣传与促销仅仅是畅销书营销的一个重要环节，而非全部内容。宣传与促销固然在畅销书营销中起着很重要的作用，但其他环节也不能轻视，否则就可能“一着不慎，全盘皆输”。这就要求出版者在畅销书营销中通盘考虑，整体运作。

（四）不能将畅销书营销简单等同于大肆“炒作”

在畅销书出版营销实践中，很多出版者奉行的是“炒作至上”的理念，认为所谓的营销就等于“炒作”，畅销书不论内容如何，只要一“炒”就灵。其实这是一种认识上的误区。首先，“炒作”不同于正常的宣传促销，宣传促销是利用媒体或其他途经将畅销书的各种信息实事求是地传递给读者，借以激发读者的购阅需求，这样做既是对读者负责，也是对出版者自身负责。而“炒作”则有无中生有、夸大其词、蒙蔽读者之嫌。其次，即便“炒作”具有一定的合理性，也应该是建立在畅销书本身质量高的基础之上，而不是建立在肆意吹捧的基础上。一本书能被炒作起来，也是因为它有值得炒作的价值。如果不考虑畅销书自身的质量和价值，一味肆意“炒作”，那便是舍本逐末、得不偿失的做法。

（五）根据实际情况综合利用各种营销手段，努力形成健全的营销机制和持久的出版理念

畅销书营销的系统性和营销策略的多样性要求不同的出版机构在实践中根据自身的实力和市场的客观形势规划自己的营销方案，综合运用各种合适的营销手段进行运作，做系统化、立体化的运营。这样才能取得最大的收益。在取得成功后，出版机构应该有意识地总结经验，不断提高营销水平，以期在众多成功案例的基础上建立起一整套健全而完善的营销机制。同时，在出版营销中还应该提出

和坚持一以贯之的出版营销理念，从而形成一定的品牌效应。只有将高远的营销理念与成功的营销实践完美结合起来，才能在激烈的竞争中永远立于不败之地。

（六）在重视营销实践的同时，加强畅销书营销理论研究

从对畅销书营销特殊性的分析中可以看出，现存的图书营销学与畅销书营销的实践要求之间已经产生了一定的距离。随着我国畅销书产业的不断发展和壮大，必然要求出现新的理论来指导日新月异的实践活动，加强畅销书营销理论研究可谓势在必行。一方面，理论从实践中来，应该在众多的实践活动中不断探寻市场运作的基本规律，将感性的经验提升为可以指导实践的理论，力争形成畅销书出版营销自身的理论体系；另一方面，应当运用经济学、传播学、社会学和编辑出版学等学科中已经比较成熟的理论来研究国内畅销书出版营销的实践活动，这样不仅可以提供多维度的研究视角，拓宽从业者的视野，更为重要的是能提高研究的理论水准，从而使理论可以对实践活动进行高屋建瓴式的指导。

总之，畅销书营销的特殊性告诉我们，只有树立正确的畅销书营销观念、重视营销实践、加强理论研究，才能不断提高畅销书营销的整体水平，进而开创我国畅销书营销的新局面。

（发表于《出版经济》2005 年第 2 期，收入本书时进行了增改）

畅销书运作中的品牌延伸策略

图书作为一种特殊的商品，不论作者和出版商是有意还是无意，在经济方面都有追逐利润最大化的目标，在文化方面则有追求社会影响力或社会效益最大化的诉求。在单本书实现这种目标后，作者、出版商或其他领域的文化商人很有可能继续以此书为基础，继续开发系列衍生品。在中国古代，当一些经典图书在畅行于世后，往往会有不少续作、改编和衍生之作问世，其中不仅包括图书，还包括戏曲、评书、快板、相声等多种形式。比如中国的“四大古典文学名著”自问世之后，除了有众多的续作和改编之作外，还成为各个剧种和曲艺的名家取之不尽、用之不竭的改编“母本”。直至今日，它们仍能作为基础或话题，衍生出不少畅销书或者影视作品。以畅销书为例，就有《水煮三国》《孙悟空是个好员工》《品读水浒传》《刘心武揭秘〈红楼梦〉》等。如果说古代图书延伸的系统性、商业性还不够突出的话，那么现代出版业兴起以后，以品牌图书为基础，主动进行系统的、深层的、多维度的品牌延伸，充分挖掘和释放畅销书的潜质，以期最大限度地获取利润，就成为畅销书整体产品制作的一条重要策略。从大众文化角度来看，这种“大众文化的病毒性繁殖”已经成为当代发达商业社会的一条定律。

苏特兰指出，20 世纪 70 年代以来，美国的出版业及相关产业大多相互联合，组成新的“多业”集团公司。出版界的巨子往往是从事多种行业经营的企业家，他们同时掌握着出版社、音像、电视、电影公司。这就为“垂直的”或者说“协同的”行动创造了条件。①上述行动，

① 约翰·苏特兰：《畅销书》，何文安编译，上海文化出版社，1988，第 13 页。

就是一种主动、系统的品牌延伸活动。20世纪福克斯电影公司和美国广播唱片公司（RCA）对《星球大战》的运作，便是这种行动的最佳体现：

著名电影导演乔治·卢卡斯在1975年拍成《星球大战》这部科幻影片后，从大规模全线出击的战略方针考虑，影片没有立即公映。直到1976年卢卡斯内容相同的小说“写”好后，电影才于6个月后在各地上演。在“电影院门前排队买票的人多得令人不敢相信”的同时，小说连续占据畅销书排行榜榜首，在3个月内销售了350万册。《星球大战》诞生后，与其相关的各种产品就被源源不断地设计出来并送到市场上去。这些产品，消费者可以看、读、听，可以喝，可以玩。RCA下属的出版部推出了全套版本的小说、连环画和其他印刷品。与《星球大战》有关的密纹唱片、招贴画、漫画、饮料、玩具激光枪、模型、棋类游戏等，只要是消费者想得到的，都能买到。这一切创造的收入无法计算。两年后的1979年，“《星球大战》热”在英美两国再度兴起，在电影热映的同时，出版社再次倾巢而动，以种类齐全的《星球大战》系列对读者实施新一轮的饱和轰炸。此后，《星球大战》的各种续篇接连上市。

苏特兰评价说：“蜚声全球的《星球大战》就和汉堡包一样，受到男女老少的青睐。与其说是一部小说，毋宁说它是一种旨在尽可能多捞钞票的市场战略。”①

今天，我们仍能从西方出版机构和传媒集团对《指环王》《哈利·波特》的成功运营中，看出它们对《星球大战》运营模式的继承与再创造。据统计，与《哈利·波特》相关的产品就有200多种，涉及多个方面，这些都给产品的制作和开发者带来巨额的经济利润。赵强指出：“‘哈里（利）·波特’作为一个关键词，点击率超过

① 约翰·苏特兰：《畅销书》，何文安编译，上海文化出版社，1988，第39-40页。

全球人口的数倍，在他身上流淌过的金钱数额直逼比尔·盖茨的财产总量。让我们闭上眼睛来幻想一下这样一个流程：一个人物→一段故事→一个文字虚拟出来的空间→作者、出版商、书店、各种版本（盗版、模仿秀、故纸堆中推陈出新的相关故事）和各种文字的图书→一大群读者→游戏、电影、魔法学校、游乐城、玩具、宠物、书评、新闻、广告、网络→《哈里（利）·波特》文化产业的生产者和消费者→一个梦想的实现和幻灭。”[①]这真是一个以追求经济利润最大化为主要目标的综合性、立体性的现代商业运作过程。这种对品牌的多维度延伸和深度开发模式，特别值得今天的中国文化界、出版界认真学习与借鉴。

当前，随着我国出版集团化和产业化的体制改革的初步完成，出版机构的整体实力、经营范围都得到很大的提升和拓展，这就为我国实践立体开发、多途径延伸的畅销书品牌战略打下了一定的基础，很多出版机构也在这一方面进行了有益的探索与实践。一些出版机构已经跳出“就书论书”的传统观念和模式，形成了新的商业模式：以传统纸质图书为基础，以版权内容为核心，通过内容产业的经营，打造相关的电影、电视节目，通过电子图书的形式进行网络下载甚至手机阅读，同时开发相关玩具产品、纪念品等文化产品，建立跨越多种媒体的文化产业链，从而使出版模式走入新的商业领域。[②]

在国内书业竞争日渐白热化的今天，品牌作为出版业重要的无形资产，开始成为核心竞争力。在一定意义上，我国的出版业已由产品竞争、资本竞争阶段上升到品牌竞争的高级阶段，品牌日益成为市场决胜的关键。品牌营销作为一种全新的营销手段也开始为人们所看重，逐渐成为出版社获取两个效益双丰收的“不二法门”。在畅销书的营

---

① 赵强：《问题转换机》，新星出版社，2013，第41页。

② 梁春芳、高虹：《图书选题策划案例教程》，上海交通大学出版社，2014，第68–69页。

销过程中，品牌策略是重要的营销策略之一。一般认为，畅销书品牌营销策略的实施应包含三个要素，即品牌定位、品牌开发和品牌的管理与延伸。而中外的出版实践都已证明，使用品牌延伸策略是畅销书品牌形成以后获取利润和效益最大化、最优化的必由之路，因而这种策略常为出版者采用。

一、畅销书品牌延伸的概念和功效

从经济学的角度来看，品牌延伸策略，亦称品牌扩展策略，一般是指将某一著名品牌或某一具有市场影响力的成功品牌使用到与成名产品或原产品完全不同的产品上，以凭借现有成功品牌推出新产品的过程。[①]品牌延伸策略是众多企业尤其是大型企业开拓市场、寻求发展的重要手段。如果品牌延伸获得成功，则可以带来实质性的附加价值，即所谓的“品牌伞”效应。采用品牌延伸策略，充分发挥“品牌伞”效应，可以使企业不必从头开始建立知名度，减少消费者对新产品的漠视感，又可降低企业促销成本，并大大提高新产品进入市场的成功率，最终达到全面占有预期市场，获取最大化的利润和效益的目的。在成熟的市场经济条件下，品牌延伸策略对于各行各业都是适用的。

由此我们可以界定出版品牌的品牌延伸策略：充分利用已经形成的出版品牌优势（包括作者品牌、书刊品牌、编辑品牌和出版社品牌等），开发相近或相关的系列出版产品，形成品牌家族群体，以期充分挖掘和利用现有出版品牌的潜在价值，实现新的利润增长点，从而达到出版效益和利润的最大化与最佳化。从市场营销的角度分析，出版品牌延伸策略的功效主要表现在三个方面：①可以取得家族品牌伞效应，形成比较成体系的出版品牌群；②可以取得品牌活力创新效应，

① 胡宇辰：《走出品牌延伸的误区》，《经济论坛》2002年第15期。

增强出版企业的创新意识和能力；③可以取得品牌投资集约效应，便于集中资源，加强核心品牌的主导地位，提高品牌家族的投资效益。①

在出版品牌中，图书品牌是基础和核心。图书品牌一般应该具备以下因素：冠以专有名称和标识；具有较好的质量和一定的品位与特性；在市场上具有一定的信誉度，在社会上具有一定的知名度；能够给出版社带来效益。一般来说，品牌包括品牌知名度、品牌联想度、品牌美誉度、品牌忠诚度等。优秀的畅销书一般具有以下特征：①具有内容与形式双佳的品质；②符合最广泛的大众读者的阅读需求；③在一定时间段里发行数量巨大；④在社会上引起比较广泛而持久的关注；⑤能给出版社带来良好的社会效益和丰厚的经济利润。如《星球大战》《围城》《平凡的世界》《白鹿原》《哈利·波特》《狼图腾》等，均可视为优秀畅销书。两相对照，我们可以发现，优秀的畅销书已经具备图书品牌的基本要素，因此完全可以对其实施品牌延伸策略。结合上述出版品牌延伸的概念，笔者将畅销书的品牌延伸策略定义为：出版机构充分利用已经形成的畅销书品牌优势，开发相近或相关的系列出版产品或其他文化产品，以期充分挖掘和利用现有畅销书品牌的潜在价值，在延长畅销书生命周期的同时，找到新的利润增长点，从而达到畅销书利润和效益的最大化与最佳化。

当前，国内一些畅销书的策划者都曾有意识或无意识地将品牌延伸策略运用到畅销书的营销运作中，一般情况下能取得很好的效益。因此，品牌延伸战略也就成为当前国内畅销书营销运作过程中常用的营销策略之一。由于畅销书是众多出版物中比较特殊的一种，畅销书的预期读者对象和经济效益使得其在形式和内容上都有特殊

① 范军：《浅论书刊的品牌延伸》，《大学出版》2003 年第 1 期。

性，因此，在对畅销书实施品牌延伸策略时，既有普遍性，又有一定的特殊性。

二、畅销书品牌延伸的基本模式

如果畅销书在市场上大受欢迎，形成购买热潮，说明在畅销期内畅销书的品牌已经基本形成，这时就要相机而动，利用已有的品牌优势，推出与之相关的图书或其他产品，使这些衍生品也能乘着原书的畅销之风而行销市场。反过来，衍生的图书或者产品也会使得原书更为走俏，从而延长畅销书的生命周期。从实际的运作情况来看，当前国内畅销书运作中的品牌延伸策略可分为以下四种模式。

（一）借势跟进，开发与主打图书主题相近或相关的图书，形成一个完整的畅销书体系

这种模式又分两种情况。一种是出版社在酝酿“母品牌”畅销书时，就设计“品牌伞”的宏观而全面的战略规划，在“母品牌”畅销书热销书市时，乘机推出一系列与之相关的图书，既节约了宣传促销的成本，又可以全面占有市场，在某个畅销书专题下形成“垄断”局面。如上海人民出版社在2001年推出青春卡通畅销书《我为歌狂》，在14个月内取得了70万册的良好销售业绩。之后，上海人民出版社又乘着该书的畅销之风，不失时机地推出了与该书紧密相关的《永远的OPEN》和《爱上爱情》，截至2002年10月，前者销售量为18万册，后者的销售量则达到38万册。[①]再如中华书局针对影视界、图书界“戏说”泛滥的文化现象，借助中央电视台“百家讲坛”的热播效应，于2004年9月适时推出阎崇年撰写的《正说清朝十二帝》，广受读者欢迎。中华书局由此发现“正说”这一概念深受读者喜爱和关注，决定整体开发“正说”系列图书。随后

① 邵敏：《从〈我为歌狂〉谈图书营销策划》，《编辑学刊》2002年第2期。

以“解密历史真相，走出‘戏说’误区”为宣传口号，推出《正说汉朝二十四帝》《正说唐朝二十一帝》《正说宋朝十八帝》《正说明朝十六帝》《正说清朝十二后妃》《正说清朝十二臣》等“正说”系列，也深受市场好评，取得了很好的经济利润和社会效益。又如国内知名品牌“布老虎”，原本专攻长篇爱情小说出版，后来也延伸到散文、随笔和中篇小说等领域，照样取得了很好的效益。再如《哈利·波特》丛书的连续出版，其实也属于这种情况。

另外一种情况是指根据其他出版社或图书市场上某种畅销书的销售情况，紧随其后，抢占市场空白点，在相同的主题下开发新的选题，利用前者的品牌效应，开发连带的畅销书。这其实是一种比较高妙的“跟风”术。当前书业内，因为“跟风”得当而打造出系列畅销书的案例也不胜枚举。如上文所提到的《哈佛女孩刘亦婷》在一定意义上就属于这类情况。实践证明，围绕主打畅销书形成一个畅销书系列的做法是最节约成本也最容易见效的营销策略之一。

（二）利用强势畅销书品牌，开发连锁的多元文化产品

这是由图书产品延伸到非图书产品领域的一种做法。如人民文学出版社在精心运作《哈利·波特》丛书的同时，开发出了关于这套畅销书的明信片、画报、立体画册、填色书等文化产品，获得了良好的市场效果。北京世界图书出版公司在运作“富爸爸”丛书时，也以“富爸爸”品牌为核心，除了推出《富爸爸：投资指南》《富爸爸：富孩子、聪明孩子》《轻轻松松变富婆》以及《向上吧！少年：富爸爸写给青年人的十个忠告》等系列品牌延伸图书外，还开发出与之相关的系列文化产品（包括“财商”培训、“财商”话剧、玩具等系列产品），在充分延伸原有品牌的同时取得了利润和效益的最大化。实践证明，连锁的文化产品既与主打的品牌产品具有良好的互动关系，能够形成品牌的规模效应，同时又可形成对主打品牌产品“烘云托月”的宣传态势，产生更大面积的影响和更高的效

益。采用这种模式甚至并不局限于向文化产品延伸，还可以大胆地向其他产品延伸。据笔者了解，《菊花香》一书的策划编辑就曾有过利用“菊花香”的品牌来开发新饮料的设想。应该说，这种延伸从书名、内涵到情调来说都比较合适，是具有一定的可行性的。在采用这种模式时，应该分析主打品牌畅销书的销售情况和社会效应。一般情况下，强势品牌的畅销书更适宜于衍生新的文化产品。

（三）由书到刊，创办与畅销书主题相关的刊物

相较其他种类的图书而言，畅销书的时效性很强，品牌周期也比较短暂。要想长期发挥品牌效应，将品牌价值加以巩固和拓展，一条很重要的途径就是创办同名刊物。在这一方面，有两个案例很能说明问题。①广西教育出版社自1997年推出“同龄鸟”丛书，包括中国“台湾校园青春书屋”、“世界中学生喜爱的书·美国部分”以及“当代都市少年心态小说”等系列图书，很受全国中学生的欢迎，成为畅销书中的常销书，“同龄鸟”也逐步发展为青少年心目中的知名品牌，成为该社的标志性读物。在“同龄鸟”基本具备了品牌的基础之后，2000年，该社在此基础上创办了《同龄鸟》杂志。杂志第一期印刷的2万本供不应求，最后加印至4万本，此后的销售业绩一直不俗。② 1996年，海天出版社推出的《花季·雨季》成为当时中学生中流传最广的一本书，并获国家图书奖提名。此后，由该图书改编成的同名电影、电视剧也分别获“五个一工程”奖和金鸡奖，产生了很大影响。为此，深圳市政府和该社把“花季·雨季”作为一个战略性品牌加以保护和培养，在1999年创办了《花季·雨季》杂志，前两期发行量都超过5万份，收到了很好的社会效益和经济效益。以上两个案例充分说明，通过创办同名刊物，既可延伸畅销书的价值链，又可以通过书刊互补的形式走上滚动式发展之路，从而取得长期的良好收益。但是由于受到我国办刊体制和政策的限

制，也由于畅销书自身的特征，并非所有的畅销书都适合这种模式，因此在实践操作中并不具备普遍性。

（四）影视互动或艺术改编，在“带电作业”和“艺术再创作”中梅开二度

所谓影视互动模式，就是将品牌畅销书改编成具有较高收视率的电视连续剧或电影，在促进影视业大发展的同时，又反过来促进了畅销书在市场上的继续走俏。当然，这里所指的畅销书主要是针对小说类畅销书而言的。在我国，早期能够反映这一现象的经典案例是钱钟书先生的《围城》。时至今日，众多的事例证明这一策略仍然是行之有效的。如2003年，人民邮电出版社出版了52集大型动画系列丛书《哪吒传奇》，在图书出版后，除了采用其他营销手段宣传促销以外，采取的一个很重要的策略就是将之改编制作成同名动画片在中央电视台播出，以媒体推介和播出电视节目的方式形成强有力的宣传攻势，等到2003年年底，这套图书已经销出25万套，成了2003年最畅销的少儿类畅销书。纵观这几年的影视剧和畅销书，如《玉观音》、《中国制造》、《大雪无痕》、《亮剑》、《后宫甄嬛传》、《平凡的世界》、金庸的武侠系列、琼瑶的言情系列等，都曾通过“带电作业”达到品牌延伸策略的预期目的，足见这种模式是具有一定普遍性的。而且，通过这样的品牌延伸，也成就了不少出版社和畅销书作家。除了与影视联姻外，还可以通过改编，将知名畅销书“再创作”为车载听书DVD、话剧、音乐剧、戏曲、在线游戏等不同类型的作品，这样的品牌延伸同样可以挖掘、发挥畅销书的文化内涵与品牌效应。如《白鹿原》在1992年出版以来，除了被改编为电影与电视剧以外，还被改编为秦腔、歌剧、话剧、雕塑等多种艺术形式，几乎成为当代改编的艺术形式最多的一部小说。而每次改编都对《白鹿原》的销售起了极大的推动作用。

三、畅销书品牌延伸过程中应该注意的问题

从以上分析中可以看出，恰当地实施品牌延伸策略可以使出版社在短期内取得社会效益和经济效益双丰收的良好效果。但正如诸多经济学家指出的那样，品牌延伸策略也是一把“双刃剑”，它既能创造双赢，也可能带来俱损的厄运。品牌延伸一旦走入误区，就会给企业带来一定的负面影响，甚至危及企业的生存与发展。在畅销书的运作中，这样的隐患也是存在的。是成功还是失败，全在于操作恰当与否。我们可以发现，在实际的操作中，“延伸不足”与“延伸过滥”的极端情况并存于中国书业。所以在实施品牌延伸策略时，一定要掌握好“度”，要避免走入误区。为此，有必要注意以下四方面的问题。

（一）应该自觉树立主动进行品牌延伸的意识，适时、多维度地运用品牌延伸策略

古人讲，“凡事预则立，不预则废”，只有先存乎一心之妙，才能在实践中有所作为。具体实施中，应该提前对畅销书的品牌优势进行研究判断，对具有延伸可行性的产品做好规划，将品牌延伸工作设计成一个有条不紊、多层次、多方面的系统工程。在畅销书形成品牌优势后，要及时运用品牌延伸策略将自己的市场做足，力争在一定时期内开发出以主打畅销书为主、延伸畅销书为辅的畅销书群体和相关的文化产品，以获得最大化的利润和效益；否则就会给众多的跟风者留下很大的利润空间。与其让他人站在自己品牌的基础上开拓新产品，顺手牵羊地赚取利润，还不如自己趁早实施品牌延伸策略，形成垄断地位，从而使这一部分的利润全部为自己所有。目前在畅销书的运作中，“跟风”现象此起彼伏，跟风者往往不是品牌畅销书的策划运作者。虽说这样做弊端不少，但不可否认的是，如果跟风得当，也能获得比较可观的利润，这其实亦可看作一种巧妙的品牌延伸手段。跟风现象

的产生，既说明品牌延伸策略是一种比较有效的运作手段，同时也说明目前我国很多出版机构的品牌延伸意识还比较淡薄。

在这里需要特别提一提的是，随着我国出版管理体制改革的深入开展和出版机构经济实力的提升，对优势畅销书开展系统而有规模的品牌延伸工作，已经具备了一定的条件。出版机构在这一方面理应有更大的作为，也打造出《星球大战》《哈利·波特》这样多维度品牌延伸的经典案例。李鲆提出要将出版放在整个产业链条上思考，穷尽其各种可能性，这其实就是一种多维度品牌延伸的理念和策略：

> 如果我们只把出版定义为出书卖书，这个蛋糕是很小的，再努力提升销量，市场也有限。但如果你用商业逻辑来考量出版，放大格局，把出版放在整个社会环境中，放在整个产业链条上思考，穷尽它的各种可能性，你就会发现，出版其实是一个有无限潜力可以挖掘的行业。比如一本书可以卖不同的版权，音乐、影视、动漫、电影、游戏；可以开发周边产品，比如手办、玩具公仔、文具、形象代言；你可以把出版当成服务业，为其他行业、作者提供增值服务，从中分得一块蛋糕；也可以把出版当成一个内容版权的收集行为，你出书是为了版权储备，有了版权，你可以去做许多事。你完全可以由出版切入其它领域，有更大的发展空间。①

（二）应该客观评估畅销书品牌实力，区分出强势品牌和弱势品牌，以决定是否实施品牌延伸策略

因为品牌延伸是借助已有品牌（母品牌）的声誉及市场影响推出

① 李鲆：《畅销书浅规则（升级版）：成就畅销书的133个细节》，金城出版社，2017，第8–9页。

新产品，那么，母品牌必须具有很高的品牌认知度和品牌美誉度，属于在消费者心目中有很高地位的品牌。如果母品牌尚无品牌优势，而强行将其延伸，结果可想而知。所以正确评估现有品牌实力，是进行品牌延伸的先决条件。从这个意义上讲，像《哈利·波特》《富爸爸穷爸爸》《谁动了我的奶酪？》《白鹿原》《狼图腾》这样的超级畅销书在其生命周期内更适宜于实施品牌延伸策略。而一般的畅销书，多属“各领风骚三五月”，本身尚未形成强势品牌，就不可能奢谈品牌的延伸。

（三）不能将高档优质产品的品牌扩展到低档产品上，导致自毁长城

将高档产品延伸至低档产品上，不仅难以收到预期的效果，而且会损害原品牌的品质形象。在畅销书的运作中更应该注意这一点。在开发连带产品时一定要让质量有所保证，内容与原产品相连相关、风格一致，而不能粗制滥造，对读者不负责。当前的图书市场上，那些盲目跟风之作之所以“随风潜入店，本本细无声”，不被读者欢迎，原因就在于盲目跟风行为表面看来是对畅销书进行品牌延伸，实际上则仅仅是为了时效性而进行的粗制滥造，走入将高档优质产品的品牌延伸到低档产品的误区。理论的阐释和实践的教训能够促使我们去反思，从而不至于在操作中陷入这样的误区。

（四）不能无限度延伸，品牌延伸的宽度应有一定的限制

在品牌延伸中必须重视“度”的把握，找到准确的定位，“切记不要把品牌当作一个筐，什么东西都往里放”[①]。畅销书的时效性决定了其品牌不可能无限地延伸下去。一般来说，本文所分析的畅销书品牌延伸的四种模式中第一和第四种模式，即开发相关图书和与影视互动最有可能获得最大利润、取得预期目的。而第二种模式，即开发

① 韩忠良：《打造中国文学图书第一品牌：对“布老虎”丛书品牌运作的几点认识》，《出版发行研究》2002 年第 10 期。

连锁的多元文化产品的做法更适合超级畅销书的运作，而且更多是起到烘云托月、促销主打畅销书的作用。至于第三种模式，即创办期刊以延伸畅销书的价值链，由于政策的限制和畅销书自身因素的限制，可操作性不强。另外，品牌的延伸还要讲究相关性，就像洗涤用品不能延伸到饮料产品上一样，畅销书也并非可以天马行空地随便延伸，之所以如此，就是因为品牌延伸的宽度有一定的极限。所以在对畅销书进行品牌延伸时，应根据实际情况的不同，掌握好延伸的宽度和极限，选择最恰当的模式进行延伸。

（发表于《编辑学刊》2004 年第 3 期，收入本书时进行了增改）

从舆论领袖理论看名家荐书畅销引导作用

“舆论领袖”（或称“意见领袖”）是传播学中的一个重要概念。传播学四大奠基人之一保罗·拉扎斯菲尔德经过研究，认为在大众传播中存在“两级传播”的情况：概念或观点“往往先从无线电广播和报刊流向舆论界的领导人，然后再从这些人流向人口中不那么活跃的部分”①。这里所说的“舆论界的领导人”即“舆论领袖”，他们在社会各行各业广泛存在，是一些能够非正式地影响别人的态度或者一定程度上改变别人行为的个人。在大众媒介时代和消费社会中，他们具有以下几个特征：①在他居于领袖地位的领域中被公认为见多识广，具有一定的能力，因此往往是各个领域的领袖精英、专家学者或社会公众人物，在全社会具有一定的影响力和号召力；②比一般受众更多接触各种信息来源，更多接触其所处群体之外的社会环境中的有关部分；③在某一领域内，扮演着群体其他成员的信息来源和领导者的角色；④能够拥有更多第一手资料，给了解信息之人增加现场感；⑤可以在大众中产生一定的名人效应、粉丝效应。在具体的购买消费行为中，“舆论领袖”可以发挥告知者、说服者和证实者的作用：告知他人（追随者）有关新产品的信息；提供建议以减少别人的购买风险；向购买者提供积极的反馈或证实其决策。

在信息泛滥、图书品种大量增加的大背景下，读者购买图书都趋于进行理性的思考和选择。由于舆论领袖具有以上特点和功能，其观点和评论就在很大程度上可以促使读者把阅读期望向购买行为转化，

---

① 威尔伯·施拉姆、威廉·波特：《传播学概论》，陈亮、周立方、李启译，新华出版社，1984，第 130 页。

这也是读者敬重名人、遵从舆论领袖做决策的心理作用导致的结果。杜浩说："通过阅读的方式接受名人的精神和思想的影响，或者仅仅从单纯的阅读意义上说，神交于名人的读书趣味，这种阅读引领，在过去和现在一直都是存在的。"[①]有鉴于此，出版机构在对畅销书进行营销时，经常会通过多种途径发挥"舆论领袖"告知、引导、说服读者的重要作用。除了聘请专家学者撰写书评、召开座谈会研讨等方式，名家荐书亦成为推动图书畅销的重要方式。

从推荐者的身份来看，广义的名家荐书包括专家学者和文化教育机构荐书、党政领导荐书、文化明星与社会名流荐书三种情况。前二者更多是舆论领袖对畅销书出版营销的客观影响，最后一种则是书商和出版社主动借用舆论领袖力量的营销行为。

一、专家学者、文化教育机构荐书

这种方式主要是通过写书评、开列推荐书目的方式向读者推荐好书，这里主要讲推荐书目。专家学者荐书为个人行为，而文化教育机构荐书一般是由多个专家学者共同推荐，可以视为专家学者的集体行为。在我国，专家学者荐书的历史由来已久。早在唐代，推荐书目就很受青年士子们的欢迎。现在我们见到的最早的推荐书目被后人称为"唐末士子读书目"。元初学者程端礼把朱熹以来学者在书院、私塾教育中所创造的经验加以总结和发展，写成《程氏家塾读书分年日程》三卷。元朝国子监曾将该书目颁布郡县官学，作为学子读书的准绳，至明清，该书目对书院及读书人仍有一定的影响。[②]清末张之洞在同治十三年（1874）任四川学政时，为指引学生读书门径而编撰《书目答问》，以解决诸生"应读何书，书以何本为善"的问题，对后世影

① 杜浩：《私人书单　引领阅读》，《经济日报》2015 年 5 月 17 日第 5 版。

② 王余光等：《中国阅读文化史论》，北京图书馆出版社，2007，第 231-237 页。

响甚大，长期被学士、书生视为买书读书之最佳指导。20世纪以来，梁启超、章太炎、胡适、鲁迅、钱穆、汪辟疆、张舜徽、蔡尚思等文化学术界的大家都曾根据时代的变迁和读者的需求，开列一系列推荐书目，在文化界影响甚大。中华人民共和国成立以来，北京大学、清华大学、武汉大学、复旦大学等著名大学都曾集各校著名学者之力，为青年学子开列必读书目和选读书目。很多文化机构还多次组织专家学者评选并推出“影响书目”（如《影响中国历史进程的100本书》、《影响一代人成长的文学名著》、《30年中国最具影响力的300本书》、改革开放30年30本书）。这些书目虽以指导阅读、评估社会影响为主，但在客观上也成为读者购书的重要指南，能够对入选图书的畅销起重要的推动作用。而且，其中也确实不乏一些经济效益和社会效益并重的优秀畅销书。

近年来，在日渐繁多的畅销书榜之外，《新京报》、《光明日报》、凤凰网、新浪网等媒体、网站开始设立“好书榜”，邀请业内外的专家学者、资深出版人、知名书评人等参与评审。在评出结果后，还要对获得“好书”称号的作品进行点评和深入解读，并请作者就该书所属行业及其对社会的影响等相关内容进行说明。从这几年的评选情况来看，“好书榜”与“畅销书榜”之间存在一定的交集。比如2014年4月至5月，北京大学图书馆在举办主题为“书读花间人博雅”的阅读节时，其中一项重要内容就是向全校师生推荐2013年好书榜精选书目，该书目是由中国图书馆学会阅读推广委员会统计而成的，汇集了各大媒体2013年度好书榜中入选次数最多的30本书，其中不乏诸如《看见》《邓小平时代》《大数据时代》这样的优秀畅销书。与畅销书榜“唯销量论英雄”的做法不同，好书榜评出之书，更多考虑“书”自身的因素，如写作质量、文本意义、选题价值、社会影响等等，更像是书市中社会效益与经济效益并重的“常销书”。当一本书入选好书榜之后，销量也会随之增长，说明好书榜对图书销量的拉动作用不可低估，因此好书榜也就成为书商和出版社共同关注的对象。正如业内人士所言："关注好书榜，一是看自家出版的图书是否上榜，上榜后最实际的是带动图书销售；二是从榜单可以看到媒体的风向，了解读者、业内的趣味，类似市场调查的参考数据。"①

除了发布好书榜外，一些文化机构还组织专家学者评选各种图书奖，评奖活动和结果也会影响图书的销售情况。比如于2004年设立的"文津图书奖"，就是由国家图书馆发起、全国图书馆界共同参与的公益性图书评奖活动。该活动每年评选一次，每次通过社会投票与专家评审相结合的方式评出获奖图书10种（可空缺），并向社会大众发布推荐书单。评奖对象为前一年度公开出版、发行的汉文图书。评选范围包括哲学社会科学和自然科学类的大众读物，侧重于能够传播知识、陶冶情操，提高公众人文素养和科学素养的普及类图书。获奖图书通过社会投票与专家评审相结合的方式产生，至今已举办了八届，在全国有广泛的影响力。从评选结果来看，获奖图书和推荐书单中多数为常销书，部分为畅销书，体现了该奖项兼顾精英与大众的包容性。

正因为好书榜和获奖图书能够帮助出版社提升品牌效果、拉动销量，很多书商和出版社都将其作为重要的"攻关"和"公关"对象，有的甚至采用"打榜"的方式带动舆论，以期赢得社会的普遍关注。但从先后次序来讲，应该是出版社打造优质图书在先，入榜或者获奖在后，最终的客观效果则应当是在拉动图书销量的同时扩大社会影响力，从而成就一本优秀的畅销书。

二、党政领导荐书

孔子云："君子之德风，小人之德草。草上之风，必偃。"②这形象地说明了自古以来为政者与老百姓之间存在的"上行下效"关系。

① 李颖：《登上"好书榜"就是好书吗》，《中国文化报》2013年1月22日第1版。

② 杨伯峻：《论语译注》，中华书局，1980，第129页。

当代，党政领导尤其是高层领导在中国社会中的影响举足轻重，在广大群众中具有很高的政治权威性，他们的一言一行借助大众传媒的传播，往往会在全社会迅速产生巨大的示范引领效果。同样一句话，出自党政领导之口，和出自普通百姓之口，宣传效果大不相同。反映在现实中的图书业界，我们经常会看到这样的情况：一本图书由于党政领导的赞赏和推荐，其命运在一夜之间发生翻天覆地的变化。有时，重要领导人的一句话就可能催生一部畅销书。

开国领袖毛泽东同志生前喜欢读书、提倡读书，多次向党政干部推荐图书，奠定了中国共产党的一个优良传统，就是把读书学习当作思想理论建设、增强工作本领的必需途径，进而在全党形成重视读书和学习、善于读书和学习的良好风气和传统。[①]这对培养党内浓厚的读书风气、促进优秀图书畅销有极其重要的引导作用。这一传统也为历代领导人继承和发扬光大。比如 2013 年 11 月 26 日，习近平总书记在曲阜参观孔子研究院时，看到院长杨朝明等人主编的《孔子家语通解》《论语诠解》两本书时，拿起来翻阅说：“这两本书我要仔细看看。”并指出，中华民族有着源远流长的传统文化，也一定能创造新的辉煌。[②]新闻播出习总书记的这一席话后，这两部原本属于小众读物的学术著作在一夜之间变成了“大众畅销书”，书市反应强烈，出版社迅速再版加印，并为新版书加印了“总书记说：‘这两本书我要仔细看看’——新华网”的宣介语。截至 2014 年 1 月，山东友谊出版社已经加印了 6 次《论语诠解》。在此之前，温家宝、李克强、王岐山、汪洋等党和国家领导人在不同场合推荐的《沉思录》《道德情操论》《第三次工业革命》《旧制度与大革命》《大清相国》《世界是平的》等多本图书，也大致有类似的经历。以温家宝同志为例，

---

① 陈晋：《毛泽东阅读史》，生活 · 读书 · 新知三联书店，2014，第 22 页。

② 许民彤、小章：《总书记要“仔细看”的儒学书籍》，《人民日报》（海外版）2013 年 12 月 20 日第 11 版。

在担任国务院总理时，他多次向人提及罗马帝国马可·奥勒留所著《沉思录》，“这本书天天放在我的床头，我可能读了有100遍。天天都在读”。此后，他还多次在公开场合推荐亚当·斯密的《道德情操论》，并多次引用其中的名言。这种荐书形式，让《沉思录》《道德情操论》广为人知，迅速畅销。很快，书市上就涌现了一大批不同版本的同名书。据笔者在当当网上检索，截至2014年3月底，有将近30家出版社推出本社版的《沉思录》。而《道德情操论》的检索结果则有51本，其中中央编译出版社出版的《道德情操论》的腰封上，印刷着醒目的黑体字：“温家宝总理五次推荐的大师巨著。”

除了党和国家领导人以外，很多省部级官员的荐书之举也会在特定的时空范围内引发某本书的畅销。山西人民出版社2010年出版的《中国高层领导荐书集萃》（刘传旺、巨宪华主编）收入著作32部，书中介绍的每一本书的标题下，都有国家级和省部级领导推荐的字样。党和国家领导人以及其他高级领导干部所荐之书，一般都与现实的经济社会、政治文化现象紧密相关，而且多为学术性、理论性、文化性、现实性较强的经典图书。这种政治色彩非常强的推荐方式，让一些传统意义上的小众出版物一夜之间变成大众争相阅读的大众畅销书，这也是一种“经典变畅销书”的可喜现象。对于出版社来讲，可以借此良机，顺势做好相应的编辑策划与出版营销活动，以实现经济效益和社会效益的“双赢”。对于全社会来讲，党和国家领导人带头读书、荐书，发挥了很好的示范作用，在很大程度上带动了大众阅读（尤其是阅读经典）的良好风气。

对于出版机构来讲，在出版营销过程中，既要有很强的政治敏锐性，善于利用高层领导荐书的好势头，或以新的宣传促销方式推销旧版图书，借势让高层领导为本社图书做免费的广告宣传，或以新的视角和形式策划出版新版图书甚至连带产品；同时又要特别注意，不能仅仅依靠“党和国家领导人荐书”的招牌大做文章，却忽视了图书的内在质量，随随便便就出版。越是在这种情况下，就越是要特别坚持内容为王与编校出新的出版思路，以质量作为保障。其中很多西方经典和传统典籍的翻译尤其需要严选译者，把好翻译关、注释关，做到基本的信、达、雅。当同一种书的多种版本纷纷涌现时，读者在选择时，最看重的还是图书的内在质量，在这个过程中，出版社的品牌效应会发挥重要的作用。

三、文化明星、社会名流推荐

这是畅销书宣传的一种常见做法，即利用名人的威信和读者遵从“舆论领袖”意见的从众心理，由具有一定知名度的社会名人向公众推荐某书，以促成读者的购买行为。一般应会以醒目的文字将推荐人的姓名和推荐语印在图书的封面、封底、腰封或扉页上，经常以“力荐”“极力推荐”“联袂推荐”的方式出现。推荐人少则一二人，多则十余甚至数十人；既有中国名人，也有国外名人，更有中外名人联袂推荐的。除了简单罗列名家姓名的推荐方式外，有的畅销书还在封面、封底、腰封甚至扉页上列出了许多宣传意味浓厚的名家评语。如《高效能人士的七个习惯》（20周年纪念版）（史蒂芬·柯维著，高新勇、王亦兵、葛雪蕾译，中国青年出版社，2010），除了在封底折页上注明“奥巴马、克林顿、普京、李开复、汤姆·彼得斯、肯·布兰佳、世界领导力大师沃伦·本尼斯、世界潜能大师博恩·崔西、世界第一潜能专家安东尼·罗宾、华人成功学权威陈安之、《纽约时报》、《福布斯》、《财富》、《商业周刊》、《经济学人》、《哈佛商业评论》鼎力推荐阅读”，还在封底上列出了普京、李开复、汤姆·彼得斯等8人很有“诱惑力”的推荐语，其中，普京的推荐语为：“俄罗斯应该出现史蒂芬·柯维这样伟大的思想家，建议每一位俄罗斯公民都应该阅读《高效能人士的七个习惯》。”此外，在该书的版权页之后、目录页之前，还插入了长达5页的共计26则各行各业名人的“赞誉之辞”，真是将“名人推荐”的营销手法用到了极致！

众多畅销书营销的实践也证明，在图书产品异常丰富甚至相对过剩、读者购书行为的随意性和短暂性特征日渐明显的市场态势下，有无名人推荐是决定读者购书行为的重要因素之一，所以越来越多的出版机构愿意采取此种方式。如果书商、出版人诚恳邀请名人推荐，推荐人又真正读过此书并真心实意地向公众推荐，的确是一种很好的宣传推销手段，这对于引导读者择书、买书、读书都有很大的助益。但凡事都要把握好“火候”，否则会过犹不及，产生适得其反的效果。不容忽视的是，现在国内畅销书出版市场上，凡图书皆有名家推荐，这几乎成为一个普遍现象，大有既“泛”且“滥”、又“乱”又“假”之势。业内人士估计，现在民营书商出版的图书，基本100%会套腰封，而腰封之上，除了众多名家的大名以外，还会列上夸张的推荐语，真真假假，虚虚实实，真是让读者难以辨别。如“30位国内顶级经济学家联袂推荐”以及类似的广告词在畅销书的腰封或封面上屡见不鲜，不由得让人怀疑其真实性。

更为严重的是，现在一些出版机构为了炒作，经常会堂而皇之伪造名人的推荐名单和推荐语，余秋雨、梁文道等曾无数次在不知情的情况下“被推荐”过，以至于被人们戏谑地称为“腰封小王子”。余秋雨的秘书金克林就表示，网上流传的一份“余秋雨教授倾情推荐”书单并未得到余秋雨本人的授权。《李开复寄语大学生：大学必读的十本书》公开后，李开复随即就辟谣：“十本有两本肤浅、一本过时、三本电影改编，两本没读过、两本没听过，没有一本是我认可的。”针对这样的乱象，有研究者形象地指出，现在很多畅销书的名人推荐，就是“一堆名人说一堆莫名其妙的话”，而那些罗列众多名人“高姓大名”的“腰封”简直就是“妖封”，用“五花八门、五颜六色、胡说八道”来形容一点都不为过。这种虚假宣传，既是对名人的欺骗，也是对读者的愚弄，根本就不算正规的营销手段，出版界和读者应该群起而讨之。

还有一种情况，虽然“名人推荐”是实，但也有可能是出版商或出版社花钱买来的宣传招牌，名人是否真正认真读过此书，是否真正负责地向读者说了真心话，有些煽动性和诱惑性特别明显的推荐语是否真正出自名人之口，也要存疑。如果答案为“否”的话，这其实也是对读者的一种欺骗。这种不负责任的“忽悠术”，常会让冲着名人推荐的名头去购买、阅读畅销书的读者大呼上当；从长期来看，损害的其实还是出版社、名人的品牌、形象和威信。一言以蔽之，名人推荐是一个很好的营销手段，但书商和出版社需要实事求是地操作，且图书是需要名人真正读过并真心推荐的，而不仅仅是以名号与虚言示人。

（发表于《中国出版》2015 年第 4 期）

从大众文化的视角
看畅销书出版活动中的创新与跟风

长期以来，在畅销书出版活动中，尤其是在选题开发方面，人们一直在关注、探讨两个重要问题：创新与跟风。一般情况下，大多数人都会积极呼吁、大力表彰具有原创性的选题和图书产品，而对步成功之作后尘的模仿、跟风之作则多持批评、否定态度。其实，无论是从大众文化与编辑出版学理论的角度去解析，还是据畅销书出版实践的案例来总结，我们都会发现，在畅销书出版活动中，既需要有大量原创性的好选题，也需要有善于“守正出新”的跟风之作，在大众文化、现代媒体、出版产业繁荣发展的新时代，更需要努力推出“大手笔”式的系列跟风产品。我们主要批评乃至反对的，应该是那种“东施效颦”式的拙劣跟风现象。

一、从大众文化的特征看畅销书选题的创新与跟风

大众文化是工业文明以来出现的与高雅文化、民间文化不同的文化类型，在大众社会中扮演着极为重要的角色。这是一种以大众传播媒介为手段、按商品市场规律去运作的，旨在使普通大众获得感性愉悦的融入生活方式之中的日常文化形态。[①]畅销书则是大众文化的重要表征和产品类型之一。整体来看，大众文化以下三方面的基本特征也在畅销书身上得到了淋漓尽致的体现。

① 扈海鹏：《解读大众文化：在社会学的视野中》，上海人民出版社，2003，第 44 页。

（一）商业性

进入现代社会后，大众文化已经成为庞大的经济产业，它的生产和消费服从市场机制和价值规律，被纳入市场交换的轨道。一切大众文化形式，都具有很强的逐利性，这是大众文化与高雅文化、民间文化最大的不同之处。我国很长一段时间里推行的文化产业市场开放、地方盛行的“文化搭台，经济唱戏”的做法，显然都是大众文化商业特征的具体体现。为了尽最大可能追求经济利润，大众文化产品必须面对最广大的受众，按照“大量生产、大量消费”的工业模式进行生产与包装，这就决定了其受众的庞大性与广泛性。作为大众文化的一种类型，畅销书比起其他类型的图书，具有更突出的商品性和逐利性，更加追求经济利润的最大化。销量即是这一特性最直观的体现。所以，在业界和学界，把销量作为衡量畅销书的首要指标已经成为最大范围的共识。在很多人看来，畅销书就是“销售超过一般情况的书”“销售居于头等的书”，甚至是“书中之书”。为了实现这一目标，通过日常性和模式化的表述，进行商业化的运作，大量生产、大量消费，成为畅销书出版活动中最常见也最有效的操作手段和实现路径。

（二）模式化

大众文化产品趋于一律化、类型化，形成了相对固定的模式，易于复制而无深度。比如影视作品都是按照大致固定的种类或类属模型打造的，因而有武打、言情、警匪、伦理、体育等众多类型。不同类型文化产品的内在结构基本遵循固定的模式。这与高雅文化注重“典型”或“个性”是不同的。畅销书在一定程度上也体现了这种主题集中、故事类型化、叙述模式化的鲜明特征。通过对国内众多畅销书排行榜进行分析可以发现，励志成功、情感休闲、生活健康、娱乐消费、职场技能等主题是畅销书永恒的卖点。在具体的叙述模式上，艾柯通过对伊恩·弗莱明的邦德系列畅销小说进行结构主义分析后发现，该系列小说在结构上是同一类型，具有一套非常固定的语法结构，像“叙事机器”一样再三重复英雄战胜敌人的模式。[①]在中国的新派武侠小说中，主人公的成长也基本遵循固定的模式结构，主人公成长中的几个核心场景（连起来便是情节）一般包括：①仇杀；②流亡；③拜师；④练武；⑤复出；⑥艳遇；⑦遇挫；⑧再次拜师；⑨情变；⑩受伤；⑪疗伤；⑫得宝；⑬扫清帮凶；⑭大功告成；⑮归隐。[②]

（三）日常性

由于要赢得最大数量受众的欣赏、阅读和购买，大众文化产品必须融入大众的实际生活中，贴近大众的审美趣味、文化水平和日常生活，在产品主题、表达方式、营销方案的选择和确定方面，都必须以大众“接受不接受，高兴不高兴，买账不买账”为衡量依据。在这种情况下，大众产品的主题必须世俗化，表达方式必须通俗化，推销宣传必须体贴化，目标设定必须娱乐化，一言以蔽之，要让大众“喜闻乐见”。就畅销书而言，任何一部成功之作，不论其主题是严肃还是通俗，几乎都是创作者通过作品反映了人类某种集体潜意识，从而得到社会普遍认同、共鸣的结果。在具体表述上，在大众文化熏染下的广大读者的阅读需求特点决定了畅销书的表达不可能精深严肃、以烦琐的逻辑论证见长。其表述方式一般都通俗易懂、生动有趣，尤其需要编著者善于讲故事，通过故事阐述哲理，通过“小故事”反映“大道理”，这样才容易被读者接受。

从大众文化的演变历程来看，为了赢得最广大民众的青睐，大众文化产品总是需要在迎合大众日常性需求的基础上，有些变化、新意

---

① Umberto Eco, *The Role of the Reader: Explorations in the Semiotics of Tests*, Bloomington: Indiana University Press, 1979, p.156.

② 丁永强：《新派武侠小说的叙事模式》，《艺术广角》1989年第6期。

乃至刺激，做到让人眼前一亮，这就产生了对创新的持续需求。创新型的产品总是综合吸收高雅文化、民间文化、域外文化的某些优点，创出原创性新模式，随即迅速地通过批量化生产而流行，进而引领时代风潮、形成流行时尚。流行往往意味着大量消费活动的发生，能带来可观的商业价值。因此，流行产品容易引来众多模仿之作，使这一类产品走向模式化。这种模式化，包括主题、结构、风格、包装以及营销方式等多方面的模仿甚至雷同。由于这种模式化的跟风满足了大众在一个特定时间段内的消费心理，所以仍能吸引一定的大众，但群起而效之的时尚行为，经过一段时间后往往容易令大众厌倦，在旧的流行“偃旗息鼓”后，大众市场上又会对新一轮的创新产生强烈的渴求。例如，中华书局在成功开发《正说清朝十二帝》《正说明朝十六帝》等7本“正说”系列产品后，带动了整个市场上“正说”“细说”等系列图书的“火爆”流行。2005年，在推出4本新“正说”图书后，鉴于“正说”话题已在书市上泛滥，作为始创者，中华书局决定暂时中止“正说”系列图书的开发，开始集中精力转向其他产品的开发。

可见，由创新到模仿，由模仿到时尚，由对时尚的追捧到厌倦，再由厌倦产生新的创新诉求，进而进入下一轮的循环，这种大众文化的发展模式，导致了创新与跟风成为畅销书出版中最常见的两个既有区别又密切相关的现象。成功的创新带动大量的跟风，大量的跟风又导致对进一步创新的强烈需求，进而催生新的畅销书选题，这几乎就是畅销书出版过程中的基本规律。从这个意义上讲，创新与跟风是畅销书出版活动中永恒的孪生兄弟。

二、成功的创新型畅销书出版活动必然催生跟风现象

美国学者里斯和特劳特说：“历史表明，第一个进入人们头脑的品牌所占据的长期市场份额通常是第二个品牌的两倍、第三个品

牌的三倍。而且，这个比例不会轻易改变。”[①]这一论述应用在大众文化产品尤其是畅销书的生产活动中也非常恰切。成功的范例在前，且已造成很好的市场态势和读者的阅读预期，作者、书商和出版社趁着这个时机依样画葫芦地模仿一番，就可以在相关的竞争领域中分得一杯利润之羹，这样既可以减少内容开发的成本，又可以降低试水市场的风险，这就是经济学上所说的“搭便车”现象。匈牙利学者阿诺德·豪泽尔指出，通俗文艺“总是机械地套用某些创作规则，即坚持那些畅销书、红极一时的东西的标准。某种手段一旦获得成功，就百用不厌，不管是否已经用滥了”[②]。其实自古以来，这种现象就已普遍存在于文坛和出版界。在创作方面，如汉代枚乘曾撰《七发》，奠定了汉代大赋的基础，又是赋史上“七体”的首开之作，受到人们的推崇，后世文人多有刻意模仿之作。据清代学者平步青在《霞外攟屑》中统计，自枚乘以后到唐代为止，七体赋有目可查者就有四十家，唐以后各朝作家亦时有模仿。但从整体质量来看，没有一家的水平可以与《七发》相提并论。在选题策划方面，古代的跟风情况也不少见，最常见的就是为一本广受读者欢迎的图书出续作，对其故事情节的前因后果做进一步的演绎。像《三国演义》《水浒传》《西游记》《金瓶梅》《红楼梦》这些名著行销于世后，都有不少紧随其后的续书出现。

今天，随着出版业竞争的不断加剧，此类情况可谓愈演愈烈。当一本畅销书在图书市场上掀起畅销热潮时，图书市场上总会在很短时间内涌现大量话题、书名、封面、内容文字甚至营销模式都十分相似的跟风之作，这已经是一个十分普遍的现象，如“奶酪”系列、“老照片”

① 艾·里斯、杰克·特劳特：《定位：有史以来对美国营销影响最大的观念》，王恩冕等译，中国财政经济出版社，2002，第87页。

② 阿诺德·豪泽尔：《艺术社会学》，居延安译编，学林出版社，1987，第234页。

系列、“哈佛女孩男孩”系列、“水煮”系列、“麻辣”系列、“正说”系列、“动物图腾”系列、“盗墓”系列、“历朝历代那些事儿”系列等等。只要能轻松地获利，图书的质量是“狗尾续貂”还是“后来居上”，都不在考虑之列。但是跟风如果跟得太紧、太多、太没有水平，就会使一种主题和模式“滥大街”，最终跟到无人爱读、血本无归。正如苏特兰所言：“与‘纯文学’小说相比，畅销书最引人注目的特点之一是它的孤注一掷的本质，要么人人都读，要么没有一个人读。一旦某一种畅销书或者是这种书的模式出现疲软的现象，就会连一点残渣也不留下。”[①]这也是跟风现象一直遭受人们非议和指责的根本原因。

三、在畅销书出版中应该肯定和提倡创造性的跟风

既然跟风现象属于畅销书出版中的普遍现象，基于“存在即合理”的基本判断，我们就应该对这一现象进行辩证的分析。在笔者看来，不同的“跟风”策略很可能导致不同的结果，不能一概而论。比如同样是模仿《七发》，在众多“规仿太切，了无新意”的庸常之作中，唐代大文豪柳宗元的《晋问》虽然亦用其体，但由于善于在模仿的基础上进行创新，遂能“超然别立新机杼，激越清壮，汉、晋诸文士之弊，于是一洗矣”[②]。再如《红楼梦》虽脱胎于《金瓶梅》，但艺术水准和整体质量明显“青出于蓝”。所以关键不在于是否模仿，而在于是否能够创造性地模仿。根据现实中的案例，笔者将畅销书的跟风现象分为两种情形。

（一）“东施效颦”式的拙劣跟风

即在成功的畅销书后面亦步亦趋，从内容、封面创意、版式设计

① 约翰·苏特兰：《畅销书》，何文安编译，上海文化出版社，1988，第2页。

② 洪迈：《容斋随笔》，孔凡礼点校，中华书局，2009，第90页。

到图书名称甚至作者名字全盘模仿，有时甚至为了模仿而不惜粗制滥造。早在清代，学者刘廷玑就在《在园杂志卷三·续书》中对这种“狗尾续貂”“东施效颦”式的跟风现象有所讥讽：“作书命意，创始者倍极精神，后此纵佳，自有崖岸，不独不能加于其上，即求媲美并观，亦不可得；何况续以狗尾，自出下下耶？”在今天的畅销书市场上，此类跟风现象主要有以下三种情况：一是版本跟风。如《旧制度与大革命》、《百年孤独》、《道德情操论》、“卡耐基系列”这样的图书，一旦畅销，就会出现多个出版社出版多个版本的情况，让读者不知如何选择。二是类别、选题跟风。如“网恋”“图腾”“养生”“盗墓”“育儿”“宫斗”等流行风潮之下，都有各种各样的图书一拥而上。三是书名、外观跟风。有了《看上去很美》，便有《看上去很丑》；有了《第一次的亲密接触》，便有“第N次的亲密接触”；有了《狼图腾》，书市上便有一片“犬吠狼嚎”之作；等等。这种情况，只能导致图书产品同质化现象更为严重、图书质量普遍下降、图书盈利空间越来越窄，进而导致出版界创新力不足，阻碍畅销书出版业的健康发展。

（二）“由书到书”的创意跟风

出版者在一本畅销书成功之后，巧借东风，因人成事，仔细分析由成功畅销书所造成的市场态势和读者的阅读需求，然后巧妙借鉴成功畅销书的主题、内涵、思路、特色和形式，最终提出既有模仿因素又有创新特色的新选题来，在这种情况下推出的图书往往也能跻身畅销书行列。东施效颦式的跟风自然为人们所不齿，而上述这种情况则值得肯定和提倡，因为畅销书市场的竞争是多向量的，一本成功的畅销书不可能占尽市场的机遇、满足所有读者的需求，必然会留下一定的市场空间由后来者去占领。在具体的选题策划中，有创新，必然就会有跟进；有仿照，有改进，就会有超越。从畅销书选题运作实践中来看，富有创意的跟进，往往能拓展原先的选题策划思路，做大同类畅销书主题的市场蛋糕，开拓新的市场发展前景。以上这种跟风又可以分成两种情况：

一是“自我跟风”，即出版者通过对本社已有创新型选题的跟进，形成一个畅销书集群，在某个领域内形成一枝独秀甚至一方独大的格局。上海人民出版社在《我为歌狂》获得成功后，相继推出了《我为画狂》《我为球狂》《永远的 OPEN》《爱上爱情》《爱情合影》等后继畅销书，抢占了青春读物市场的半壁江山。再如商务印书馆于 20 世纪 50 年代出版了新中国第一部规范性的汉语辞书——《新华字典》。由于其权威性，该字典已成为中国人乃至全球许多国家和地区汉语学习者的必备工具书和“语言圣典”，并于 2016 年 4 月 12 日获得“最受欢迎的字典”和“最畅销的书（定期修订）”两项吉尼斯世界纪录。多年来，商务印书馆利用《新华字典》这一强势畅销品牌，开发出版了《新华成语词典》《新华正音词典》《新华拼写词典》《新华写字字典》等系列辞书。这种对辞书原有的品牌产品精心维护、保养，并不断推出修订本、派生品的做法，本身就是对品牌资源的深度开发，同时也是出版社增强可持续发展能力的重要手段。

二是“追强者之风”，即以成功的“他者”为范本，通过有创意的跟风，最终形成自己的风格和品牌。在这一方面，民国时期中华书局跟风商务印书馆出版既有模仿又有创造性的图书报刊，为我们树立了很好的典范。中华书局自诞生之日起，就与商务印书馆形成竞争之势，各省凡商务有分馆的，中华也必有分局。凡是商务印书馆有一种杂志，中华书局就跟着办一个相应刊物，在教科书、辞书和古籍丛书出版方面的竞争也十分明显、激烈，体现出强劲的“跟风”态势。本师肖东发先生曾根据郑逸梅先生《书报话旧》中的资料，将原创与跟风之作分门别类列表展示，让读者一目了然，进而指出：“中华书局绝非单纯模仿商务印书馆，而是尽量避免重复雷同，努力做到别具匠心，开创新意，所以同是一类辞书、丛书也是两家各有特色。所以从整体上看，中华与商务这一时期的激烈竞争，对编辑出版工作的发展还是有促进作用。”[①]兹将此表抄录如下：

民国时期商务印书馆与中华书局重点书刊出版比较一览表

类别	商务印书馆	中华书局
教科书	《最新教科书》	《中华教科书》
	《共和国 教科书》	《新制教科书》
	《实用教科书》	《新式教科书》
杂志	《东方杂志》	《大中华》
	《小说月报》	《中华小说界》
	《教育杂志》	《中华教育界》
	《少年杂志》	《中华童子界》
	《学生杂志》	《中华学生界》
	《妇女杂志》	《中华妇女界》
	《儿童世界》	《小朋友》
	《儿童画报》	《中华儿童画报》
	《英文杂志》	《中华英文周报》
辞书	《新字典》	《中华大字典》
	《学生字典》	《新式学生字典》
	《国音字典》	《标准国音字典》
	《中国古今地名大字典》	《中外地名辞典》
	《辞源》	《辞海》
古籍丛书	《四部丛刊》	《四部备要》
	《百衲本二十四史》	《聚珍仿宋版二十四史》
	《万有文库》	《中华百科丛书》
	《丛书集成》	《古今图书集成》

在今天的畅销书市场上，也不乏一些成功的跟风之作。比如1996

① 肖东发：《中国编辑出版史》，辽海出版社，2005，第457-458页。

年山东画报出版社出版的《老照片》成为广受欢迎的畅销书后，百花文艺出版社出版的《知青老照片》，江苏美术出版社出版的“老房子”系列、“老古董”系列、“老城市”系列与“老百姓”系列等“老字号”系列书，也取得了很好的效益。再如作家出版社2000年出版的《哈佛女孩刘亦婷》在一定意义上也是创造性“跟风”的产物。该书策划人、责任编辑杨葵坦言是从《素质教育在美国：留美博士眼里的中美教育》（广东教育出版社，1999）一书的持续畅销中得到启发，预感到素质教育类图书还有着巨大的市场潜力和创新点。同时他又深入分析了《素质教育在美国》一书的优缺点，在此基础上萌发出策划出版一个中国人自己的素质教育个案的设想，从中演绎出《哈佛女孩刘亦婷》的选题思路。这本书虽然是“跟风”的产物，但到2006年11月就已经印刷了72次，销售了200万册，由此而促成了经久不息的素质教育个案类图书的热销。

四、对传统的超越：“跨界运营”的融合跟风

如果说上述有创意的跟风，还仅仅局限于“由书到书”的传统模式，其系统性、商业性还不够突出的话，那么在大众文化和现代媒体充分发达的今天，以优秀品牌畅销书为基础，主动进行多维度的融合跟风，充分挖掘和释放畅销书的潜质，以期最大限度地获取利润，就成为畅销书整体产品制作的一条重要策略，这其实也是一种图书的品牌延伸策略。从畅销书的跟风现象来看，能引起跟风潮的一般是具有品牌价值的优秀畅销书，如《星球大战》《哈利·波特》《围城》《平凡的世界》《白鹿原》《狼图腾》《杜拉拉升职记》等。这些畅销书一般具有以下特征：①具有内容与形式双佳的品质；②符合最广泛的大众读者的阅读需求；③在一定时间段里发行数量巨大；④在社会上引起比较广泛而持久的关注；⑤能给出版社带来良好的社会效益和丰厚的经济利润。由这些书的特点出发，我们完全可以认为，优秀的畅销书已经具备图书品牌的基本

要素，完全可以对其实施品牌延伸、融合跟风、多维度开发。从大众文化角度来看，这种“大众文化的病毒性繁殖”也是当代发达的商业社会中文化产品生产运营的一条定律。

在这一方面，西方发达国家已经有了很好的先例。比如，出版机构和传媒集团，以及相关文化机构联合运营的《星球大战》《哈利·波特》等超级畅销书就是可圈可点的经典案例。据统计，与《哈利·波特》相关的产品有 200 多个，涉及多个方面，这些都给产品的制作和开发者带来了巨额的经济利润。这就是一个以追求经济利润最大化为主要目标的综合性、立体性的现代商业运作过程。这种对优秀畅销书的多维度延伸和深度开发模式，是一种全方位的融合跟风，特别值得今天的中国文化界、出版界认真学习与借鉴。

当前，随着我国出版集团化和产业化的体制改革的初步完成，出版机构的整体实力、经营范围都得到很大的提升和拓展，这就为我国实现立体开发、多途径挖掘的畅销书商业文化价值打下了一定的基础。在实践中，一些出版机构也已跳出“就书论书”的传统观念和模式，形成了新的商业模式：以传统纸质图书为基础，以版权内容为核心，通过内容产业的经营，打造相关的电影、电视节目，通过电子图书形式实现网络甚至手机阅读，同时开发相关玩具产品、纪念品、网络游戏等文化产品，建立跨越多种媒体的文化产业链，乃至走向国际市场，从而走入新的商业领域。这种“融合跟风”式的全方位开发，既能赢得最大化的经济利益，又能深入地挖掘、利用畅销书的文化内涵与品牌效应。笔者多么希望，随着我国出版管理体制改革的深入和出版机构经济实力的提升，我国出版机构在这一方面也能不断推出令人赞叹不已的大手笔，打造出中国版的《星球大战》《哈利·波特》等多维度品牌延伸、融合跟风的经典案例。

（发表于《出版广角》2018 年第 2 期，收入本书时进行了修改）

畅销书过度商业化的文化批判

图书作为一种特殊的商品，具有商品属性和文化属性的双重性质。J. P. 德索尔说：

> 图书出版既是一项文化活动，又是一种经济活动。书籍是思想的载体、教育的工具、文学的容器。但是，书籍的生产和销售又是一种需要投入各种物资、需要富有经验的管理者及企业家参与的经济工作。因此，把图书出版说成是一种文化工业是恰当的。……要繁荣我们的事业，必须考虑到文化，又考虑到经济的要求。①

图书性质的这一基本定位决定了在当代社会中，畅销书的营销既要遵循市场和资本运作的法则，追求利润的最大化，又要坚持考虑其作为图书的文化精神属性。最理想的畅销书营销机制应该不断追求商品属性与文化属性的平衡与和谐，当然，这种平衡与和谐在大多数情况下可以偏重于畅销书的商品属性，这是由出版业的属性和畅销书自身的特质所决定的。如果掌握了这种和谐与平衡，就能给出版产业带来繁荣的景象。但是，如果一味地走"文化工业"的道路，将畅销书的出版极度商品化、工业化、媚俗化、标准化而不顾及其文化属性，结果必然是弊大于利。一定意义上，造成当代日本出版业"大崩溃"的重要原因之一就在于出版业整体上的极度商品化和产业化。在日本，

① J. P. 德索尔：《出版学概说》，姜乐英、杨杰译，中国书籍出版社，1988，第13页。

出版商长期以来普遍看重的是图书的销量和利润，而对图书的知识普及和教育功能不甚重视。日本学者小宫山量平总结说，在市场的激烈竞争中，日本出版市场形成了三大“铁则”：一是不可冒险，必须重视市场的调研和分析；二是必须做的不是“好的”，而是“有市场”的；三是必须“专业化”，知道图书的读者对象是谁。这些“铁则”在现在的出版企业内部已经得到全面的贯彻。[①]“对于出版商来说，其主旨也不是要创立一个永恒的文学传统或有价值的精神世界，而是采用‘短、平、快’的商业策略迅速收回成本，并进而谋取厚利。”[②]日本出版家井狩春男也认为：“书的‘好坏’，是由拿钱出来把书一本本从书店买走的读者决定的。购书者的总人数就是那本书的评价。”[③]强调图书的商品性固然没错，但如果因为一味迎合读者和市场而忽视图书的精神属性和文化内涵，就必然导致图书内容的庸俗甚至低俗化和功能的娱乐化，以致“娱乐至死”。

从整体上看，国内大多数出版机构在畅销书的营销过程中都能注意平衡和协调畅销书商业属性和文化属性之间的关系，在我国的图书市场上也的确涌现了一批经济效益和社会效益都很好的畅销书。但是，现实中仍然存在将畅销书过度商品化，轻视畅销书文化属性的问题，也就是畅销书营销中商业属性与文化内涵失衡的问题。具体表现为：在观念上对营销的作用极度推崇，认为营销是畅销书的第一要义和核心因素，而不是将营销建立在畅销书的优秀品质和丰富内涵的基础之上；在实际运作中，主要按照市场的经济法则来操作畅销书的选题、撰写、编辑和宣传促销活动。销量和利润成为出版

① 诸葛蔚东：《媒介与社会变迁：战后日本出版物中变化着的价值观念》，北京大学出版社，2006，第156页。

② 黄会林：《当代中国大众文化研究》，北京师范大学出版社，1998，第330页。

③ 井狩春男：《这书要卖100万：畅销书经验法则100招》，邱振瑞译，广西师范大学出版社，2005，第7页。

社普遍追求的最大目标。原本具有一定文化内涵和精神意蕴的畅销书出版业开始带上“文化工业”的浓厚色彩。正因如此，才会出现太多的盲目“跟风”现象和过度“炒作”问题。在一定意义上，国内畅销书评价体系中存在的问题也大多源于对畅销书商品性的过度推崇。这也是畅销书一直受各方面指责和诟病的重要原因之一。总而言之，现在最突出的问题有两方面：一方面是畅销书出版营销的产业化程度还不够，另一方面是在具体操作中采用低水平甚至“失范”的商业化运作模式。

法兰克福学派的霍克海默和阿多诺对现代艺术的商品化提出过相当严厉的批评，他们说：“由于出现了大量的廉价产品，再加上普遍地进行欺诈，所以艺术本身就更加具有商品的性质，艺术今天明确地承认自己完全具有商品的性质，这并不是什么新奇的事。但是，艺术发誓否认自己的独立性，反以自己变为消费品而自豪，这却是令人惊奇的现象。”[①]在一定程度上，这样的批评同样适用于近年来国内畅销书的出版营销情况。畅销书营销的过度商品化必然导致经济规律、市场规则对审美规律和文化品位的替代和戕害。大众文化与商品经济融为一体，文化产品与物质产品一样，从生产到接受都纳入商品生产的轨道，从而以商品的属性替代了文化的、美学的和批判的属性，所以，哈贝马斯指出，这是一种“艺术的蜕化”[②]。阿多诺也认为，商业化使得艺术成为受市场和消费者引导的文化，创作者首先关心的是上座率、经济效益而不是艺术性和审美价值；文化产品的价值也依赖于它的交换价值而不是它的审美价值。畅销书如果极度商品化与产业化，便会陷入这样的困境之中。王一方在分析国内畅销书出版发展历程的基础上，得出这样的结论：

---

① 霍克海默、阿多诺：《启蒙辩证法（哲学片断）》，洪佩郁、蔺月峰译，重庆出版社，1990，第148页。

② 黄会林：《当代中国大众文化研究》，北京师范大学出版社，1998，第13页。

> 过去我们说一本书很有影响力，那是一种自然运作、自然传播的结果，而畅销书则是反自然传播的一种现象，是通过人工操纵的，通过畅销书机制和畅销书机器实现的一种市场最大化行为。从这方面看，现在文化人写书叫“做书”、书商拿书叫“拿货”。“做”和“货”的概念说明畅销书很大程度上已经被作为一种商品来看待，从而，畅销书的文化属性受到了挑战。[①]

畅销书的媚俗化是和商业化紧密联系在一起的。为了追求利润的最大化，出版者在畅销书出版营销中，必然要迎合读者的阅读口味和审美需求。从迎合大众的角度出发开展营销工作，能够很好地把握读者阅读欣赏的心理，更好地为读者群体服务，满足他们的需要，因此，走通俗化的道路无可厚非。比如，有人认为现代生活压力巨大，理应期待通过读书来放松、解压甚至娱乐。但物极必反，一味地迎合，就必然走上庸俗化、媚俗化的道路，最终的结局便是生产一大批“读了就扔”的“速朽”畅销书，甚至出现低俗化的倾向。日本管理学家大前研一指出，眼下日本的很多图书是在迎合日本社会的“低 IQ 化”。他分析说，随着信息化社会的发展，人们对于手机和网络的依存度越来越高，而思考能力与沟通能力则日渐低下，年轻人更是“只关心自己身边半径 3 米以内的事情”，由此造成的智力衰退已使日本进入“低 IQ 社会”。长此以往，日本人将陷入停止思考与智力大幅衰退的境地。[②]这是出版业迎合和取悦读者的必然结果。在国内出版市场上，畅销书书名的情色化、内容的庸俗化、装帧的轻薄化、营销的炒作化就是畅销书走向媚俗化的显著标志。这使得畅销书的文化内涵逐渐降低、消失，而出版

① 王一方：《畅销书的市场理论和实务》，《编辑之友》2003 年第 5 期。

② 戴铮：《大前研一：畅销书迎合日本“低 IQ 化”》，《广州日报》2009 年 5 月 22 日第 B6 版。

的原创价值越来越少，最终，“贴近时代，变成为时代所牵引”“出版在文化教育上的追求，变成时潮的追逐；读者阅读口味和视野的引导变成迁就。读者口味愈低下，出版者愈往下迁就，一日复一日，一年复一年，读者出版者齐齐下堕”[①]。这样的发展趋势令人担忧。

对商业属性的极度推崇还导致了畅销书出版模式的“工业化”。长期以来，写作是非常个性化且富有独创性的精神文化活动，能够充分体现作者本身的独创性，因此能够形成百花齐放、个性各异的文化景象。但步入畅销书时代以后，出版者从追逐利润最大化的目的出发，按照一定的规范和要求，开始深度介入畅销书的创作之中。不少畅销书往往还在“构思”阶段就已经成为众矢之的，大有可能受到商业上的干预，不像真正的文学作品那样富有“独创性”。“由于印数巨万，投资惊人，为了让作品迎合时下的趣味，文学代理人和编辑在现代畅销书机制中起着重要的作用。畅销书为寻求最大销量，比以往任何时候都更依赖这种多极联系。”[②]

近年来国内畅销书出版营销中的一个突出特征就是畅销书的撰写已不再是作者个人的事情，为了迎合市场和读者，畅销书的营销者已经开始大规模、大幅度地介入图书内容的创作环节。“畅销书常常是经过经济与社会效益双重权衡（往往倾斜于经济效益）后，慎而又慎地产生选题，以一种浓厚的功利主义色彩主题先行的方式，先定出调子和框架，然后才付之于畅销书整个操作过程的实施。其主题的选择、行文的方式、语言的表述、悟性的引发等等，都要以大众的欣赏品位作为‘度量衡’。”[③]这是畅销书走向商业化和媚俗化的必然选择。在商业利润的驱动下，出版单位往往会投入大量的人力、物力和财力去“做”畅销书，并以适应市场和读者的需求为理由，对图书的题材、

① 陈万雄：《对日本当前出版的一些观察》，《出版发行研究》1999年第10期。

② 约翰·苏特兰：《畅销书》，何文安编译，上海文化出版社，1988，第13页。

③ 黄会林：《当代中国大众文化研究》，北京师范大学出版社，1998，第333页。

内容、风格进行干预。写作已经不再是一种相对独立的创作，而成为一种具有浓厚商业味道的“产品运作”行为。华艺出版社的“金黎组合”以善于出版名人畅销书而见称于出版界，领头人金丽红在总结经验时，特别指出出版者介入创作的必要性，在这一点上与日本出版界推崇的“创作出版论”颇相契合。然而，一味地迎合读者，必然使作者失去创作的独立性。在出版者和作者共同谋划下“做”成的图书，虽然迎合了大众的口味，但却对图书自身造成了一定的伤害。通过这样的运作模式生产出来的图书更像一种“工业产品”，其文化内涵已经在前期的运作过程中变得越来越淡薄。而畅销书的营销活动因此自然呈现出工业化的特征，创作者也已经蜕化为一个个生产流水线上的工人，只是生产程序，而不是艺术与文化的创造者，当然也不可能是审美理想的表达者。从出版的发展历程来看，对于出版活动自身来说，最为宝贵的发展动力就是作者的原创力。如果缺乏具有原创性的图书作品，那么畅销书出版产业将会成为无源之水、无本之木，面临优质资源枯竭的困境。

畅销书营销的商业化、媚俗化、工业化使得畅销书具有了标准化、程式化、同质化、批量化的特征。畅销书作家“推出了一部又一部小说，他们在公众心目中的地位比通俗小说好不了多少。畅销书作家没有经典意义上的作品，只有行情和名目全新的标准化产品”[①]。国内出版界扎堆出版的“跟风”现象就能说明这一问题的突出性。出版者按照通行的程序、标准，大规模批量生产各类畅销书的复制品，通过包装和模仿某种成功的标本，推销大量的复制品，从而剥夺了艺术的创造性和个性，使个性化的努力最终被模仿的努力所取代。这就很容易使畅销书千篇一律、失去个性，很难转化为影响深远的常销书和经典著作，造成了畅销书的普遍庸俗化乃至粗鄙化。

纵观近年来国内畅销书出版的发展历程不难发现，虽然出版界每

---

① 约翰·苏特兰：《畅销书》，何文安编译，上海文化出版社，1988，第2页。

年都能推出一大批畅销一时的图书，但最后真正能够成为常销书的却寥寥无几，更多的属于“各领风骚三五月”，之后就销声匿迹的快餐式图书。“一旦某一种畅销书或者是这种书的模式出现疲软的现象，就会连一点残渣也留不下”[①]，名人畅销书更是如此。当然，时效性强是畅销书的一大特征，我们对此无可厚非。但是，畅销书营销运作的最高境界是在畅销一时后能“青春常驻”，成为在读者中具有一定号召力的常销书。事实上，这样的图书也是存在的，比如商务印书馆的品牌工具书系列、钱钟书的《围城》、陈忠实的《白鹿原》、姜戎的《狼图腾》、霍金的《时间简史》、卡耐基的《人性的弱点全集》、法布尔的《昆虫记》等。其实，书籍的“畅销”和“常销”之间并不存在矛盾，关键是如何把二者结合起来。一味地单纯制造让读者“看过就扔”的快餐式畅销书，是不负责任且短视的行为。真正的优质畅销书应该是既畅销，又能常销的。正如岳峰所言：

> 畅销书最大的特点是能使读者从书中看到人们未知而又急于想知道的引人入胜的新奇世界，使读者品之如春天的蜂蜜、夏日的冷饮、秋天的甘露、冬夜的酒浆。因此，真正的畅销书不应该只有一年半载的风光，而是能领风骚几十年甚至上百年。真正的畅销书应该具有永久的价值和意义。[②]

可惜的是，近年来国内出现的畅销书中，真正能够达到这种境界的实在太少。内容的平庸和文化内涵的肤浅使得畅销书难以拥有持久的吸引力，甚至还有一些畅销书在畅销期过后成为无人问津的“文化

① 约翰·苏特兰：《畅销书》，何文安编译，上海文化出版社，1988，第2页。

② 岳峰：《闲话畅销书》，2001-09-25，www.china.com.cn/chinese/RS/61388.htm。

垃圾”，最终出现安东尼·伯吉斯所描述的现象：“最好的书和畅销书两厢巧合的事是极少见的。一般说来，最赚钱的书都是那些既无风格又很粗糙、平庸而又过分简单化地描写现实生活的书。”[①]我们固然不能要求国内所有的畅销书在占尽风光之后仍然能够青春常驻，也不能苛求畅销书在文化积累和文化传承方面做出多么重大的贡献，但我们同样不希望众多的畅销书成为“文化垃圾”的代名词。造成这一现象的根源就在于很多出版者将畅销书完全商品化，轻视畅销书的文化属性，导致畅销书商品属性和文化属性的失衡。长此以往，畅销书出版业将会走上畸形发展的不归路。

从更深的层面来看，畅销书出版的过度商业化还很有可能导致经济规律对审美规律和文化品位的替代及践踏，从而让人们只关注那些畅销书，而“轻视”甚至“不看”那些印数虽少但有文化价值的作品。安德烈·希夫林就对这种出版界奉行的“市场审查制度”进行过深刻的批评：“无论是新观念还是新作家，都需要时间才能被人们接受。有时候可能要过上几年才会出现相当规模的读者群，这时候前期的付出才算得到了回报。我们有成百上千，甚至成千上万的伟大作品都落得个亏损的下场，这至少说明，市场无法对观念的价值做出合适的判断。因而现在这种新做法——根据图书是否能马上赚钱来决定是否将它出版——会让众多的重要作品再也无法得见天日。”[②]那些为数不多的重要作品可能会深刻影响到人类文化与文明的发展走向。如果一个国家的市场上长久充斥的都是“轻、薄、短、小”的畅销书，那么其文化的丰富性和深刻性就无从谈起，其发展前景自然也令人担忧。

日本出版家清水英夫曾充满忧虑地指出：“出版业的现代化也并

---

① 约翰·苏特兰：《畅销书》，何文安编译，上海文化出版社，1988，原著序言。
② 安德烈·希夫林：《出版业》，白希峰译，机械工业出版社，2005，第 90 页。

不就是大规模生产加上大规模销售。单纯贯彻资本的法则，将导致出版业距离真正意义上的出版越来越远。这就是出版业的特性。”[①]无论畅销书具有怎样的特殊性，无论营销在畅销书出版活动中具有怎样的重要性，出版者都应该坚持在突出经济效益的同时不忘社会效益，在追求商业利润最大化的同时，不能忽视对畅销书文化品位的提升。这既是出版业自身特殊性的基本要求，也是每一位出版人的文化职责所系，正如J.P.德索尔所言，每一位出版者都应该有文化责任感，“要在这个沉醉于平庸的世界上坚持图书的质量和标准，着眼于文化发展的未来，为使出版业进步成为文化知识进步的重要途径而勇于创新”[②]。

（发表于《出版广角》2007年第6期）

① 清水英夫：《现代出版学》，沈洵澧、乐惟清译，中国书籍出版社，1991，第142页。

② J. P. 德索尔：《出版学概说》，姜乐英、杨杰译，中国书籍出版社，1988，第22页。

产业化转型下的日本畅销书出版业发展历程及其启示

从中外出版史的发展来看，从“观念至上”的传统出版业转向“市场至上”的现代出版业，是现代社会形成以来许多国家出版业发展变革的共同路径和重要特征之一。传统的出版业特别强调出版业文化属性和商业属性的平衡，把出版业作为一种特殊的文化职业来经营，而现代出版业则突出强调出版业的产业属性，首先遵循市场经济的运行规则。在这种情况下，人们“相信市场的力量，相信它能统治一切，相信它能让世上所有的价值观为之臣服，我们还把它看作消费民主的一种体现。所有这一切都深深地影响了出版业”[①]。与这一变革和转型紧密相关并最能反映出版产业化进程和特征的出版活动，无疑是畅销书的出版。而近代以来日本出版业的产业化变革和畅销书出版历程为我们分析这一转型提供了很好的范例。

一、日本现代出版业的开启及畅销书出版的起步

1868年成立的明治政府以“脱亚入欧，富国强兵”为主旨，以主动变革的姿态开启了日本的现代化进程。作为“启迪民智，昌明国运”重要工具的出版业也随之拉开了现代化转型的序幕。其转型之开端始于1887年大桥佐平创立博文馆。19世纪70年代，日本每年出版新书的品种即已达到5000种，进入“出版的起飞期”。20世纪初期，随着讲谈社、岩波书店、主妇之友社、小学馆等具有现代化形态的著名

① 安德烈·希夫林：《出版业》，白希峰译，机械工业出版社，2005，引言第6-7页。

出版社的成立，日本出版业的现代化进程不断加快。1927 年，由 1 册 1 日元销售热潮和岩波文库所象征的大量销售时代的开始，在日本出版史上是区分“近代”和“现代”的重要时期。[①]其出版文化的最大特点是面向社会大众的出版与面向知识分子的出版之间的界线十分分明。面向知识分子的出版普遍重视的是知识分子和文化经营阶层的文化品位，侧重于出版的精英化与学术化。这一派被称为“学院派”，其代表为岩波书店。而面向大众的出版则以新闻学派为主，这一派以《中央公论》《改造》等几份综合杂志为代表，它特别符合一般成人大学或普通大专院校知识分子的需求。

无论是新闻学派还是“学院派”，其经营的出版业已经与传统的出版业有了很大的区别。这一时期，出版业的产业化属性已初露端倪，只不过没有走向极端，在强调产业属性时，并未忽视出版业的基本社会功能，即通过现代化的出版业塑造现代化的公民，进而推动现代化的文明社会的形成。类似的发展历程在 19 世纪末 20 世纪初的中国也出现过。在这种情况下，日本的畅销书中属于“纯文学”一类的小说以及具有学术水平的历史书的销量都十分可观，有的竟可达数十万册，而且出现过范围波及国内外的“百科词典热”。这一时期的畅销书内容大多切合当时的社会思潮和一般大众的阅读需求，畅销书的形成多以内容取胜，市场运作的影响力尚未凸显出来。

遗憾的是，随着军国主义的发展，日本的现代出版业开始走向畸形发展的道路，其原本的出版产业化进程被打断。如 19 世纪 20 年代的“一元本”“文库热潮”推进了印刷、造纸和出版业规模的扩大，后来的战时政策却为其发展画上了句号。尤其是从 1931 年到 1945 年，在日本发动对华侵略战争以后，为了加强对情报信息的管制，几乎所有的媒体都被整合为国家机器的一个组成部分，一切妨碍战争的思想

① 佐藤卓己：《现代传媒史》，诸葛蔚东译，北京大学出版社，2004，第 57-58 页。

活动均遭禁止，出版业自然不能例外。在这种情况下，出版业的核心价值就是为统治和战争服务，出版物主要凸显的是其政治方面的意识形态属性和社会控制功能，其作为商品的属性则无法得到体现。当时虽然有些图书发行量极大，仅从数量上看似乎可以达到畅销书的标准，但因为这样的“畅销书”是通过政治强力而非市场运营促成的，所以很难称得上是真正意义上的畅销书。

二、战后日本出版的产业化变革及畅销书出版机制的建立

“二战”结束后，美国占领当局对日本进行了民主化和市场化改革，日本的社会形态和经济文化体制因此发生深刻的变化，从此进入大变革和大发展时期。作为自由经济市场的一个环节，出版业在强大外力的作用下，经过战后初期的无序和探索，到1954年就已超越“战前水平”而进入新的阶段，其产业化进程得以继续进行。20世纪60年代，日本出版业迎来了繁荣发展期，成为世界公认的出版强国。

与战前相比，战后日本出版业最显著的变化是实现了产业化革命，出版由小范围传播变成了大范围传播，发生了由质到量的转变，也可以说是由精英文化变成了大众文化。“在战前被划定为属于知识界阶层的许多读物，战后通过分解与融合，也实现了一般化，并且被推入了畅销书的范围。”[①]出版界也主动把出版作为一种大众传媒来运营。在这样的出版环境和文化氛围中，大众出版的产业化特征被空前重视并日益凸显出来。大众出版物尤其是畅销书的运作开始完全按照市场的运营法则进行。畅销书逐渐成了出版社追求高额利润的重要“工业产品”之一，出版业已经逐渐成为一种典型的“文化工业”。

出版繁荣局面和出版产业化转型的出现，首先要归功于日本宏观

① 清水英夫：《现代出版学》，沈洵澧、乐惟清译，中国书籍出版社，1991，第172页。

的政策体制、经济社会、教育科技的发展。以经济发展为例，“二战”以后，日本的经济创造了让世界瞩目的奇迹，在经济起飞和大发展的过程中，“大量生产、大量宣传、大量销售、大量消费”的生产消费理念与模式在日本实业界开始形成并发挥作用。在这个过程中，“四大”策略也开始为众多出版人所信奉和实施。这种生产消费理念和模式引入出版界后，在很大程度上促进了出版产业化的进程和畅销书出版的繁荣。

另外，美国出版业的经营理念和运作模式为日本出版业的转型和畅销书出版的繁荣提供了现成的范例。“日本和美国的出版界尽管在历史和结构上都各异，但日本在战后始终在忠实地追随美国。这也可以认为是‘什么都是美国式’的‘出版’版本，至少就把出版作为一种大众传媒来运营而言，一个公认的事实是，美国提供了一个标准的模式。”[①]众多日本出版人就是在这种背景下，结合本国实际，进行了深入的探索和实践。其中，神吉晴夫的“创作出版论”与角川春树的“角川商法”提供了两种最典型的理论与模式。

（1）神吉晴夫与“创作出版论”。在日本出版产业化的转型中，1945 年 11 月成立的出版社——光文社的曾任社长神吉晴夫发挥了重要的作用，他通过畅销书把出版业整合到大众传媒之中，而且首创了“创作出版论”的理念并付诸实践。该理念否定了以往以作者为中心的权威主义，将读者的“欲望”作为出版活动的“原点”，主张在挖掘读者的阅读心理方面下功夫，不再把书籍视为神圣的对象，书籍只是一种商品。在这种理念的指导下，“编辑者必须立足于自己是制造者，编辑者策划选题，然后寻找适当的作者，并与作者一块辛苦劳作，完成原创稿件。这样做了，既可以做出言简意赅、读者喜欢的图书，又可以通过宣传挖掘出潜在的读书人口，并逐渐

① 清水英夫、小林一博：《出版业界》，日本教育社，1982，第 181 页。

扩大开去。”[①]其理论核心就是根据市场与读者的需求，由编辑与作者一起，“创作”出为市场认可和读者欢迎的图书。这种出版宗旨的确立是战后日本出版文化成为消费文化的重要标志之一，也昭示着日本出版产业化机制的初步形成和畅销书出版模式的成熟。凭借其独特的出版理念和编辑方针，光文社相继策划出版了波多野勤子的《少年期》、安本末子的《奈林先生》、壶井荣的《二十四只眼睛》等畅销书。1954年发行的“河童丛书”则进一步体现出畅销书的实用主义倾向来。而“在20世纪50年代后期引发推理小说热的‘河童小说系列’和成为商务实用书籍原型的‘河童商务丛书’，使美国式运作畅销书的模式在日本固定了下来。读书的目的不再是为了思考和修养，而是为了消遣与获求信息。”[②]

（2）角川春树与“角川商法”。20世纪70年代，在以电视为代表的新媒体不断出现以后，作为传统媒体的图书面临着失去原有读者的风险。面对这一情况，日本出版商开始寻求新的出路，典型的做法就是将图书出版变成一种与视觉和听觉融为一体的新型大众媒体。其中角川书店最具代表性。1945年，角川源义创立角川书店，其理想是将角川书店发展成为与岩波书店并肩而立的学术型出版社。但20世纪70年代，角川源义之子角川春树执掌角川书店之后，开始脱离一贯的出版宗旨与模式，实施更加市场化的大众出版战略，使得角川书店的年平均增长率达到30%。角川起飞的原动力就是新式文库本，在角川春树看来，文库本不过是商品，应当像卖化妆品一样操作。严选名著的“岩波文库”模式，是出版社出什么读者读什么，必须打破这种好为人师的传统，因应读者需求，进而创造新的需求。要大量推销，必须先变革读者的读书方式、藏书心态，把

---

① 小林一博：《出版大崩溃》，甄西译，上海三联书店，2004，第114页。

② 佐藤卓己：《现代传媒史》，诸葛蔚东译，北京大学出版社，2004，第62页。

文库版图书当作消费品。为此他把广告做上电视，给文库造“读了就扔”的形象。[①]

在出版新型文库本的过程中，角川春树形成了一套被称为“角川商法”的出版模式，其具体做法是：让书与电影、电视、广播等媒体结合起来，使得“字、音、像”三位一体，再进行地毯式的宣传，通过这种大规模的集中宣传，新型的“角川文库”得到成功的促销，畅销书因此而生。在实施“角川商法”时，角川春树也开始涉足电影事业。他摄制60余部电影，全都是据角川书店的出版物改编，每当电影上映，原作也随之畅销。

三、“出版大崩溃”与畅销书出版的“一枝独秀”

战后日本经济的“奇迹”以及出版业的产业化转型，带动了日本出版业的长期高速发展，而畅销书的出版机制也在这一过程中得到不断发展和完善。在“利润至上”的市场逻辑和“以读者为原点”的出版理念的推动下，日本打造了一批享誉国内外的畅销书和畅销书作家，为整个出版产业赢得了巨大的利润，形成了鲜明的特征。但是，随着国内经济发展的衰退和新媒体技术的冲击，日本出版业在20世纪末期呈现出“盛极而衰”的发展颓势。自1997年以来，日本出版业一直处于大滑坡的严重危机之中。图书和杂志的销量逐年下降，出版、发行和销售行业陷入恶性循环之中。在2009年，出版业几乎跌破2万亿日元大关，在“下滑不见底、前行不见路”的困境中越陷越深。这一现象让人们开始反思日本出版产业化的利弊。

与出版产业整体低迷形成鲜明对比的是，日本的畅销书出版却能独领风骚、长盛不衰，以巨大的销量和高额的利润维系日本出版业的一线命脉，在扭转整个出版产业的发展颓势中起了不可低估的作用。

---

① 李长声：《角川其人及其商法》，《读书》1994年第3期。

根据日本出版科学研究所的统计，日本战后60年间出版的畅销书中发行量最大的10本畅销书里，出版于20世纪40年代和70年代的各有一本，80年代的有2本，90年代的有3本，21世纪出版的有3本。10本畅销书中，发行量最大的是579万部，最小的是308万部，数量十分可观。各书发行量情况可见下表。

日本战后60年间畅销书排行榜（1946年—2006年8月）

顺序	书名	出版社名	累计发行部数	初版年度
1	《窗边的小豆豆》	讲谈社	579万部	1981年
2	《哈利·波特与魔法石》	静山社	506万部	1999年
3	《五体不满足》	讲谈社	477万部	1998年
4	《愚蠢的墙壁》	新潮社	419万部	2003年
5	《脑内革命》	桑马克出版社	410万部	1995年
6	《日英会话手册》	城文堂新光社	360万部	1945年
7	《谁动了我的奶酪？》	扶桑社	350万部	2000年
8	《关于体谅的建议》	讲谈社	332万部	1982年
9	《在世界的中心喊出“爱”》	小学馆	321万部	2004年
10	《庆吊仪式入门》	光文社	308万部	1970年

表格资料来源：日本出版科学研究所

上表在一定程度上可以反映，20世纪80年代以来是日本畅销书出版繁荣发展的时期。2000年以来，日本东贩公司每年推出的年度十大畅销书排行榜中，上榜图书的销量几乎都在百万册以上。造成这种现象的原因是多方面的，但主要的原因有两个：一是经过多年的探索和实践，在整个出版产业中，畅销书的出版机制最为成熟；二是作为大众出版的主要力量之一，相比其他出版类型，畅销书自身与文化市场、读者需求、新媒体发展密切相关并能“与时俱进”的适应能力更为突出。

四、产业化背景下的日本畅销书出版特质分析

“二战”结束以来，围绕着出版产业化这条发展主线，日本畅销书出版业形成了以下五方面的鲜明特质。

一是过度商品化。上文提到的“四大策略”“创作出版论”“角川商法”就是极端重视图书商品性的典型代表。出版商普遍看重的是畅销书的销量和利润，而对图书的知识普及和教育功能不甚重视。由此形成了日本出版市场三大“铁则”之一：“必须做的不是‘好的’，而是‘有市场’的。”①“对于出版商来说，其主旨也不是要创立一个永恒的文学传统或有价值的精神世界，而是采用‘短、平、快’的商业策略迅速收回成本，并进而谋取厚利。”②在日本出版界，具有普遍性的观点是：“凡畅销书没有一本是坏书，不管该书的内容是否精彩，卖出去的书都是好书！”日本著名出版家井狩春男就认为：“书的‘好坏’，是由拿钱出来把书一本本从书店买走的读者决定的。购书者的总人数就是那本书的评价。”③

二是内容通俗化。畅销书一味迎合市场的风向和读者的趣味，走“浅阅读”“快餐阅读”的路子，思想内容和表达方式都趋于通俗、世俗乃至庸俗。畅销书的文化内涵开始缺失，出版界普遍推崇“轻、薄、短、小”的原则。正如井狩春男所强调的，畅销书应该“能够立即阅读，能够迅速理解，每个段落能够简短到从哪里读起皆可，书要轻薄得可以迅速读完，字数不多，搭配各种照片、插图

---

① 诸葛蔚东：《媒介与社会变迁：战后日本出版物中变化着的价值观念》，北京大学出版社，2006，第156页。

② 黄会林：《当代中国大众文化研究》，北京师范大学出版社，1998，第330页。

③ 井狩春男：《这书要卖100万：畅销书经验法则100招》，邱振瑞译，广西师范大学出版社，2005，第7页。

或漫画”。[1]在这种情况下，畅销书的内容越来越肤浅，形式越来越简单，也越来越轻松活泼。如日本2008年的十大畅销书中，以血型分析为主题的图书就占了4本。这4本专门针对各种血型撰写的性格分析手册，合计销量超过500万册，令整个日本社会处于“血型着迷”的状态。[2]

三是题材多元化。日本的畅销书题材相当广泛，分别满足不同年龄段、具有不同经历和不同需求的读者的需要，体现出畅销书迎合时代需求的功利性和实用性。因此，在日本，真正成为畅销书的图书种类遍及各个领域。从诸葛蔚东会集而成的《战后日本的畅销书目录（1945—1995年）》中，我们可以看出：在日本畅销书出版历史上，既有《日英会话手册》《日本国宪法》这样的实用性图书，也有《算命占星学入门》《算命法曼陀罗》之类的算命类读物；既有《罪与罚》《约翰·克利斯朵夫》这样的世界文学名著，也有《日本沉没》《人性的证明》这样的大众小说；既有《菊与刀》《三木清哲学笔记》这样的学术著作，也有《悠闲爱情法》（1973）、《减肥健康食物》这样的通俗读物，其主题和内容可谓丰富多彩。[3]

四是功能娱乐化。安德烈·希夫林指出，出版产业化之后，“在引进娱乐业的那套做法后，出版业很可能变成第二个娱乐业。看看那些畅销书，除了享受生活，就是名人逸事，以前的知识性和艺术性几乎荡然无存，这体现的完全就是娱乐业的标准。”[4]这一分析同样适用于当代日本的出版现状，在畅销书出版领域甚至有过之而无不及。

---

① 井狩春男：《这书要卖100万：畅销书经验法则100招》，邱振瑞译，广西师范大学出版社，2005，第89页。

② 唐贾军编译：《日本2008年度十大畅销书揭晓》，2008-12-23，http：//www.cbbr.com.cn/info_20443.htm。

③ 诸葛蔚东：《媒介与社会变迁：战后日本出版物中变化着的价值观念》，北京大学出版社，2006，第230-247页。

④ 安德烈·希夫林：《出版业》，白希峰译，机械工业出版社，2005，引言第5-6页。

由于现代社会节奏的加快，人们普遍有放松心情和消遣娱乐的需求。日本畅销书便应这一时代需求，普遍走消遣娱乐化的路子。如上文提到的日本2008年的血型分析类畅销书，在营销过程中就特别强调其娱乐性和趣味性。如日本亚马逊网站上的广告语是："好有趣。一个人在哈哈大笑……偶然映入眼帘的插图也更能让人发笑。"日本KIZASI ジャーナル（杂志）网站上的读者留言则是："因为我家先生是AB型，所以就买了一本。今天收到后就立刻开封了！结果独自一个人在屋里爆笑。"

五是影响国际化。日本很多出版社在畅销书的运作中颇具国际化的视野与策略。一方面，国际性的超级畅销书在日本都能掀起畅销的浪潮，这类图书的畅销基本上与国际同步，"哈利·波特系列"、《谁动了我的奶酪？》、《富爸爸穷爸爸》、《达·芬奇密码》、《乔布斯传》等超级畅销书在日本的迅速走红就是明证。另一方面，日本拥有很多享誉世界的畅销书作家，川端康成、渡边淳一、村上春树、黑柳彻子等人就是其中的佼佼者。因此，日本国内经常会推出一批国际性的超级畅销书。仅以中国为例，在中国每年的畅销书排行榜中，日本畅销书总会占据相当大的比例。在孙月沐等人统计的中国大陆1999—2005年文学类畅销书排名中，村上春树的《挪威的森林》以265分的高分名列第二。[①]21世纪以来，日本把"文化立国"，即大力发展和输出文化产业、内容产业作为一项国策，制定了一系列扶持、发展文化产业的政策。随着全球化浪潮的不断扩展，日本畅销书出版的国际化道路会越走越远，其影响力也会越来越大。这一点，对于正在积极实施"走出去"战略的中国出版业来说，尤其具有启示意义。

---

① 伍旭升、孙月沐：《30年中国畅销书史》，中国对外翻译出版公司、江西教育出版社，2009，第187页。

五、结论与启示

综上所述，经济、社会、文化的发展变革决定着出版业发展的基本路径和整体特征。“二战”结束以后，经过美国式的民主化、市场化改革，日本明治维新以来所形成的出版产业化趋势得以接续并顺利发展完成，由此创造了日本出版业半个多世纪的辉煌景象。在产业化转型的过程中，畅销书的出版机制也得以形成和完善。日本畅销书的出版运作完全遵循市场化的法则，其生产流程类似于工业产品，成为典型的“文化工业”，这是日本畅销书出版业的根本特征，也是日本出版产业高度发达的重要标志之一。从积极方面来看，它是日本出版业长期发展变革的经验总结，指导和维系着整个畅销书乃至整个出版业的运营，这种机制能够给整个出版业不断注入活力。正是这种特有的机制促成了日本出版业一度的高度繁荣。而且日本的文化也通过以“动漫书”为代表的畅销书在全球广为传播，畅销书出版产业已经成为当代日本文化“软实力”的重要标志之一。但从消极的方面来看，这种畅销书出版理念和机制的广泛应用，对整个出版业也造成了一定的伤害，这也是“出版大崩溃”现象出现的重要诱因之一。

首先，畅销书出版中过度商品化的出版理念，使得出版业的文化属性逐渐淡化，出版业渐失独立性，从而造成了出版品位和读者品位的双双下降。在失去了文化属性的出版业优势消失殆尽的情况下，随着网络、手机等新媒体的迅速发展，一贯标榜通俗化、时尚化、娱乐化的畅销书的很多功能开始面临被替代的风险。

其次，对“四大”策略的坚信，在一定程度上是对出版原点的背离——出版原本拥有的在文化教育上的追求，变成了对市场和潮流的讨好与乞求；出版对阅读口味和视野的引导，变成对读者喜好的迁就和附和。读者口味愈下降，出版愈迁就，长此以往，读者、出版者素质双双下滑。日本著名管理学家大前研一在《如何摆脱“智力衰退”？》中就曾指出眼下日本的很多畅销书是在迎合日本社会的“低IQ化”。[①]

再次，由于对“创作出版论”的推崇，出版者已经深刻地介入作品的创作中，创作者也已经蜕化为一个生产流水线上的工人，只生产程序，而不是艺术与文化的创造者，当然也不可能是“审美理想”的表达者。而对于出版活动来说，最为宝贵的发展动力就是作者的原创力。如果缺乏具有原创性的图书作品，那么畅销书出版产业就会成为无源之水和无本之木。

最后，从更深的层面来看，畅销书出版的商业化还很有可能导致经济规律对审美规律和文化品位的替代及践踏。安德烈·希夫林就对这种出版界奉行的“市场审查制度”进行过深刻的批评：“无论是新观念还是新作家，都需要时间才能被人们接受……因而现在这种新做法——根据图书是否能马上赚钱来决定是否将它出版——会让众多的重要作品再也无法得见天日。”[②]如果一个国家的市场上长久充斥的都是“轻、薄、短、小”的畅销书，那么其文化的丰富性和深刻性就无从谈起，其发展前景自然也令人担忧。

中国当代出版业正处于产业化转型的关键阶段，畅销书出版业的发展将对整个出版业产生深刻的影响。日本畅销书出版机制的利弊可以为中国提供一定的借鉴。考虑到国内一贯强调出版业的意识形态和思想文化属性，出版界有责任推出更多具有文化内涵的优质畅销书，畅销书不仅要发挥其娱乐和商业功能，同时还应该发挥其促进认知、教育和服务的特殊功能，应该在文化积累和文化传承方面做出一定的贡献。这既是出版业自身特殊性的基本要求，同时也是每一位出版人的文化职责所系，正如德索尔所言，每一位出版者都应该有文化责任

---

① 戴铮：《大前研一：畅销书迎合日本“低IQ化”》，《广州日报》2009年5月22日第B6版。

② 安德烈·希夫林：《出版业》，白希峰译，机械工业出版社，2005，第90页。

感，“要在这个沉醉于平庸的世界上坚持图书的质量和标准，着眼于文化发展的未来，为使出版业进步成为文化知识进步的重要途径而勇于创新。”[①]

[发表于《北京联合大学学报》（人文社会科学版）2013年第11卷第3期]

① J. P. 德索尔：《出版学概说》，姜乐英、杨杰译，中国书籍出版社，1988，第22页。

第三辑：典藏与出版史论

本师肖东发先生认为，对于从事社会科学的研究者来说，在研究中必须有“经世济民”的强烈愿望和人文关怀，撰写文章应该以解决问题为主要目的。这个问题，或是理论方面，或是实际方面，都需要有突出的研究价值。即便是研究历史，也要起到总结规律、以史为鉴、古为今用的作用。他在《出版与社会：出版史研究的基本问题》一文中提出：“出版是社会大系统中的一个小系统，不能离开具体的社会环境独立发展，可以说一部出版史也就是一部出版与社会的关系史，两者是互动的关系。只有突出对这一问题的研究，才能对出版史有更深层次的认识，对具体的社会现实提供借鉴。”他还特别说道：“学术研究最终要走向社会才能够体现出自身的价值，出版研究也要最终回归到指导出版实践的层面上来。要善于在纷繁复杂的历史中，寻找各种事件的相互联系，并最终对现实提供借鉴。”所以，他平日最推崇蔡元培、张元济两位先生“教育救国”“出版救国”的理念和实践，要求我们一定要密切关注现实和理论中的重大课题，落笔为文时从问题入手，深入分析，而不要从概念入手，泛泛而论。

中国古代私家藏书活动的文化特质

在中国古代藏书史上，私家藏书活动有着丰富的文化内涵。随着历史的发展，私家藏书逐步形成了一个独特的藏书系统，与公家藏书系统（包括皇家、官府、寺院和书院藏书）并行不悖，互为补益，绵延数千年，到清末出现了近代意义上的图书馆。在传承发展中，私家藏书活动在保存文化典籍、促进学术研究、形成一代学风等方面做出了重要贡献，形成了古代文化史上引人注目的私家藏书文化。

一、中国古代独特的文化景观

在封建时代，私家藏书活动是一种独特的文化现象，它受到同期社会经济、政治、学术文化及科学技术发展状况的影响和制约。

从经济基础来看，古代私家藏书活动是以我国封建社会农业经济模式和结构为形成和发展基础的。封建社会生产力水平相对较低，经济基础呈现不稳定的状态，由此人们产生了自给自足的心态。经济基础的薄弱必然会制约私家藏书活动的藏书规模和藏书流通情况；中国封闭式的小农经济之下的自足心态必然孕育出“藏”字当头的私家藏书现象。另一方面，经济发展状况对图书的生产与收藏往往起着决定性的作用。历史上中国经济重心的转移呈现出从北到南、从西到东的总趋势，这一趋势的转折点在两宋时期。南宋以后，东南的江浙一带成为全国的经济重心，手工业和商业繁荣，市民经济也逐渐发展和兴盛起来。经济的繁荣带来了当地学术文化的发达和图书生产事业的兴盛，市民经济的兴盛使得私家藏书活动的行为主体逐渐扩散至士大夫以外的阶层，从而积极推动了私家藏书活动的发展。在吴晗先生所著的《江浙藏书家史略》一书中，收录两浙藏书家 399 人、江苏藏书家 490 人[1]，大部分为两宋以后之人，数量相当可观。另据统计，古代中国的著名藏书家有 4715 家，浙江和江苏两省就分别占去了 1062 家和 967 家，数量居各地之首，远远高出排名第三的山东（485 家）[2]。中国古代私家藏书地域性的特征比较明显，这一特点突出地体现于江浙一带的藏书活动上。历来研究古代私家藏书的，论时代，以两宋以后为主；论地域，则以江浙一带为重。这一现象充分说明了私家藏书在很大程度上受制于经济和学术文化的发展状况。

从政治影响的因素来看，中央集权制的“大一统”封建国家必然实行文化上的专制政策。同其他社会活动相似，私家藏书活动也被置于封建国家的控制和干预之下，藏书的内容和范围必须符合封建统治的需要。对私家藏书，国家可以任意处置（包括禁毁和征调），在一定意义上，私家藏书活动的生存权完全掌握在国家手中。仅以禁毁为例，最有代表性的便是秦始皇的焚书之举，此后形式不同但本质无异的“禁书”活动一直未曾间断。即使是在文化政策比较开明的宋代，也不能例外；清代更是大兴文字狱、开展大规模的禁书活动。乾隆时期编修《四库全书》的行为，其本质是“寓禁于征”的文化专制活动。在所征集的图书中，私家藏书占了相当大的份额。而编纂过程中，对不利于清朝统治的书籍或全毁，或抽毁，或窜改，这使得许多珍贵的著作失去了本来面目或绝迹于人间，也在一时之间使私家藏书遭到不同程度的破坏。

同样地，私家藏书活动和科学技术，尤其是与出版业有关的技术发展有着密切的关系。造纸术和印刷术的发明对古代私家藏书活动的影响更是非同凡响。在东汉蔡伦改进造纸术以前，我国图书典籍的载

① 吴晗：《江浙藏书家史略·出版说明》，中华书局，1981。

② 范凤书：《中国私家藏书概述》，载虞浩旭主编《天一阁论丛》，宁波出版社，1996。

体以竹木简牍和帛书为主。由于竹木简牍比较笨重，书写、携带和保存收藏都很不易，帛书又造价昂贵，因此在很大程度上限制了这一时期私家藏书活动的发展速度。自从蔡伦改进造纸术以后，以竹木简牍为主的流通载体逐渐淡出，图书开始逐步进入纸张写本时代。六朝时期纸的运用已相当普遍。图书载体的革命使图书流通量大为增加，激发了藏书家们收藏的积极性。这一时期，私人藏书家的数量开始大幅度增加，私家藏书在士大夫中开始成为一种普遍的文化现象。宋代由于雕版印刷术的普及和活字印刷术的应用，印写本取代手抄本，书籍复制量大为增加，成本大为下降，图书的流通范围相应扩大。至此，大量生产和复制图书的技术条件已经完全具备，从而为私家藏书活动提供了极为重要的先决条件。私家藏书活动进入繁荣兴盛期。正是两大发明的出现和广泛应用，才使得古代私人藏书活动的规模和水平出现了转折性的变化，并在以后的发展中不断地更上一层楼。因而，可以把两大发明的出现看成古代藏书史上两大具有里程碑意义的转折点。甚至可以说，与西方相比，中国古代私家藏书活动之所以显得分外引人注目，不能不归功于得天独厚的技术条件。

由此可见，古代私家藏书活动正是在古代中国特定的经济、政治、学术文化和技术条件的制约和影响下产生、发展、壮大起来的。因而我们说，它是中国封建社会孕育的一道独特的文化景观。

二、藏书阶层性导致的文化高品位

从整体上看，私家藏书活动主要是文人士大夫阶层的文化现象，其文化阶层性分外明显，这主要体现在私家藏书活动与治书之学的紧密结合上，也体现于私家藏书学的产生和发展上，这使得中国古代私家藏书活动拥有极高的文化品位。

大致考察古代一些著名藏书家的生平，可以发现私家藏书活动的行为主体主要集中于文人士大夫阶层。中国历史上私人藏书家总数不下万人，而十之八九为读书人，又多半是博学多识的学者或政治家。虽然明代以后，私家藏书活动冲出士大夫阶层，涉及乡绅、豪门、商贾、武人，甚至出现了为一般学者所轻视的“掠贩家”，但从整体上看，私家藏书主体仍集中于文人士大夫阶层。以清代为例，清初著名藏书家如黄宗羲、钱谦益、黄虞稷、徐乾学、朱彝尊、王世禛等人，无一不是名重一时的大学者或文坛宗师；清代中期的卢文弨、鲍廷博、黄丕烈，都堪称乾嘉学界一时名流；清末的郁松年、丁日昌、杨绍和等，亦是集藏书家与学者于一身。造成这一现象的原因是多方面的，但最主要的有两点：一是文人士大夫们社会经济条件比较优越，二是文人士大夫阶层教育程度和文化品位较高。

如上文所述，阶层性特征最突出的表现是私家藏书活动与治书之学的紧密结合。由于历代辗转传抄或刊刻失误，古书鲜有不出错讹者。对此，绝大多数有能力的藏书家在收藏图书的同时，还会进行与之相关的购置、鉴别、校勘、抄补、用印、保护等一系列活动，这些与校勘学、目录学、辨伪学等传统学术直接相关。一般认为，自汉代刘向、刘歆父子编《别录》和《七略》起，我国就开始创立校勘学、目录学、辨伪学等“治书之学”。宋代以前，图书校勘整理多由官府集中组织。宋代以后，随着私家藏书活动的日渐繁荣，私人藏书家和刻书家分散开展的民间图书整理事业日趋发达，个体化、专门化的图书校勘整理活动逐渐增多。这样一来，宋代以后的藏书家群体中便涌现了一大批学术水平极高的校勘学家、版本学家、辑佚学家、考据学家和目录学家。他们以自家藏书为研究对象，集平生之力校勘、整理图书，对中国古代治书之学做出了重要的贡献，其中尤以私人编纂的藏书目录最有代表性，下面略加说明。

我国现存最早的私人目录是南北朝王俭的《七志》和阮孝绪的《七录》。隋代有许善心《七林》。宋代出现了三部著名的私人藏书目录，即晁公武《郡斋读书志》、陈振孙《直斋书录解题》和尤袤《遂初堂书目》。

《郡斋读书志》不仅是我国最早的私家提要目录，也是现存最早的书名、类序和提要俱全的目录。《直斋书录解题》除著录书名、卷帙外，还对撰著者的官职名氏、学术渊源及版本情况等多有简要说明，直接开启了以“解题”为书名的先河。《遂初堂书目》对图书各种版本记载尤详，为我国第一部版本目录。明清时期紧承宋元藏书的流风余韵，私人藏书目录得到更大发展。有明一代，在著名的私人藏书目录中，较有成就者就有黄虞稷《千顷堂书目》、范钦《四明范氏书目》、高儒《百川书志》、陈第《世善堂藏书目录》等。清代治书之学更为发达，私人藏书家的成就不可忽视，据统计，著名私家藏书目录有160种之多，以孙星衍《孙氏祠堂书目》、黄丕烈《百宋一廛书录》、钱谦益《绛云楼书目》等最为学者所重。这些目录不仅反映了私家藏书的藏书规模和特色，让后人得以了解藏书家得书之不易和治学之勤奋，而且可补官修目录之不足，让后人较全面地了解一个时期的藏书概貌。更为重要的是，传统的目录学往往和其他治书之学结合在一起，为后人读书治学提供有益的指导，起到指点门径的参考作用。

此外，历代藏书家还在藏书实践的基础上，写下不少关于藏书的论著。这些论著以藏书活动为研究对象，总结历代藏书家收藏、整理图书的丰富经验，反映了中国藏书的源流和历代图书的命运，形成了与私家藏书活动紧密相关的专门的藏书学。古代藏书学自正式形成于宋代以后，有关藏书学的专著就日渐增多，研究范围不断扩大，与私家藏书的实践相得益彰，进一步提高了私家藏书活动的文化品位。

三、多样性背后的“仁人爱物”精神

中国古代藏书家类型多种多样，可分为封闭式和开放式两类，二者分别体现了藏书家的“爱物”与“仁人”精神。

自胡应麟《少室山房笔丛》把藏书家分为好事家与赏鉴家两类，凡研究私家藏书活动，几乎都会对藏书家分门别类、划分等级。然而，

由于着眼点和所持标准不同，很难出现令学界普遍认同的分类法。清代洪亮吉将当时藏书家分为考订家、校雠家、收藏家、赏鉴家和掠贩家五类，但从实用角度看，并无将考订与校雠区分开来的必要。清末叶德辉所著《书林清话》，针对洪氏五分法提出了不同看法，“考订、校雠，是一是二，而可统名之著述家”。同时，叶德辉也对藏书家们进行了分类：著述家以外，还有专以刻书为事的“校勘家”、以收藏为主的“收藏家”，且有集考订、校雠、收藏、赏鉴为一体的藏书家。[①]这种分法，更多的是对客观实际的反映，要说分类，则显得不够科学。在前人论述的基础上，今人谢灼华从私家藏书的目的和利用的角度，将清代藏书家区分为三类：为著述而藏书、读书的著述家，为搜集、收藏典籍而藏书的收藏家，为校勘、整理图书进行出版活动的出版家。[②]这种分法比上述几种科学一些，但仍然很难将有些藏书家具体地归入这三类中的任何一类，毕竟有些藏书家是一身而兼数家的。

上述几种分法，都是从藏书家的藏书心态和目的这一角度来对藏书家进行分类的。由于藏书家们的藏书心态形形色色甚至彼此相去甚远，难免在划分时出现缺漏或重复。如果与现代图书馆的功能加以对照，从为人还是为己的角度来划分，则可以将历代藏书家简单地划分为如下两类：①“秘不示人”，只为一己一家而藏的藏书家，其藏书活动多体现为一种封闭状态，蕴含着藏书家个人的“爱物”情怀；②藏书的同时不忘育人，慷慨外借、泽及士林的藏书家，其藏书活动呈开放式状态，体现着藏书家的“仁人”精神，这类藏书家的藏书楼功能类似于图书馆。中国私人藏书史上，第一类藏书家在藏书家群体中占主导地位。

历来藏书家都渴望自己的藏书能够“子子孙孙，世代永保”，因而许多藏书家留下了告诫子孙继承先志、保存藏书的家训或族训。而大

① 叶德辉：《书林清话》，紫石点校，北京燕山出版社，1999，第244–245页。

② 谢灼华：《清代私家藏书的种类》，载黄建国、高跃进主编《中国古代藏书楼研究》，中华书局，1999，第36页。

部分藏书家的训诫不外乎两方面：一是禁止将图书售换财物，二是禁止将图书外借于人。唐代藏书家杜暹藏书万卷，每部书都题有“清俸买来手自校，子孙读之知圣道，鬻及借人皆不孝”，最能说明这种心态。清代钱谦益更是“好自矜啬，傲他氏以所不及，片楮不肯借出，尽有单行之本，烬后不复见于人间”。吴兴唐尧臣藏书印则曰“借书不孝”。以上都是这种藏书心态典型的代表。管理和封闭最为严格的还属明代范氏的天一阁。天一阁在范钦生前就定下了“代不分书，书不出阁”的族训，而且规定后人若有“擅将书借出者，罚不与祭三年”，其藏书楼封扃之严可以想见。以上数例，可见封闭式藏书楼管理藏书方式之一斑。封闭式管理图书的办法，虽然在一定程度上保护了古书，使其不致流散，但往往也禁锢了一些稀传孤本古籍，甚至使一些古书随着藏书楼的湮灭而失传。清代钱谦益的绛云楼就是一例。对此，近代学者陈登原先生有过极为沉痛的评价：“尝谓保存古籍，端赖藏家，然摧残古籍，藏家亦有罪焉。”[①]

与“秘不示人”的藏书家不同，在私家藏书史上不乏好施善与之人。晋代范蔚藏书7000余卷，“远近来读者恒有百余人，蔚为办衣食”。南齐崔慰祖为求借者提供图书，为读者“亲自取与，未尝为辞”。这类例子到清代更为突出。即使是天一阁这样的封闭式藏书楼也并非完全只藏不用，只不过标准较高，对一些有声望的学者还是有选择地开放，清代获准登楼的大学者就有十余位。清中叶余姚五桂楼藏书主人黄澄量，对“愿窥秘册者”“听偕登焉”。乾隆年间袁枚把藏书公之于众，后向清廷进献图书数百种，其余图书则“或假宾朋，散去十之六七”。藏书不仅供自己研究学问之用，而且还用于奖掖后进，这种精神实在可嘉。其余还有像清代的曹溶、周永年、徐树兰等藏书家，更是从理论和实践两方面身体力行，把私家藏书公之于世，以一己之藏书滋养了一时一地的学人。清末民初张謇的《古越藏书楼记》称赞

① 陈登原等：《古今典籍聚散考》，上海书店出版社，1983，第377页。

徐树兰的义举“捐世舍故，不以所藏私子孙而推惠于乡人”，可以看作对这类藏书家极好的评语。来新夏把藏书家的这种精神归结为可贵的“仁人”的人文主义精神[①]。这一精神为近现代众多藏书家所继承，他们纷纷将藏书捐奉国有，私家藏书遂以百川归海之势汇集到各地公共图书馆、学校图书馆等国有收藏机构。这些藏书家以自己慷慨无私的壮举，为中国古代私家藏书活动的历史画上了圆满的句号。

把两类藏书家放在具体历史情境中分析和评价时，笔者以为，后者的“仁人”精神固然可嘉，但对前者的“爱物”情怀也不宜过于苛责。毕竟古代藏书家的藏书行为受到当时生产方式和价值观念的制约，要让所有的藏书家把费尽平生气力得来的藏书公之于世，显然是不现实的。无论如何，两类藏书家并存的现象作为一种客观事实，的确是值得研究的。

四、藏书家的“藏书精神”

与公家藏书相比，私家藏书更具自觉性，其中寄寓着藏书家的个人性情和志趣。公、私藏书的最大差异，在于私家藏书除了实现藏书、读书等基本目标以外，还注重在藏书的过程和形式中追求精神上的享受和内心的平静。因此，与其说私家藏书活动是文人士大夫阶层中一种高雅的文化现象，不如说是文人士大夫寄寓情怀、独善其身的一种精神寄托。除去附庸风雅者和掠贩者的藏书行为，私家藏书活动的自觉性和情趣性特征非常明显。王余光先生将藏书家在藏书过程中所表现出的藏书旨趣与藏书情趣概括为“藏书精神”[②]，很能说明这一问题。这从藏书家们撰写的藏书记、藏书楼名称及藏书印文都可反映出来。

读历代藏书记，可以深刻体味蕴含于其中的“藏书三昧”，体会

---

① 来新夏：《中国藏书文化漫论》，载黄建国、高跃进主编《中国古代藏书楼研究》，中华书局，1999，第8–9页。

② 王余光：《中国文献史》（第一卷），武汉大学出版社，1993，第106页。

私家藏书的自觉性和情趣性特征。唐代杜荀鹤《书斋即事》诗云："卖却屋边三亩地，添成窗下一床书。"陆游自称有"书癖"，其《示儿》诗说"人生百病有已时，独有书癖不可医"，足见其耽书之深。从这些实例可以看出，这些人藏书之动机几近于一种自我陶醉，对于他们来说，书本是他们难得的精神家园。

从众多私家藏书楼名称中，可发现私家藏书活动的确寄寓着藏书家的个人性情和志趣。藏书楼名的命取包含着丰富的文化内涵，反映出藏书家不同的志向、情趣、修养、操行乃至收藏状况。藏书家们或借典故佳义以为楼名，如鲍廷博的知不足斋取自《礼记·学记》"学然后知不足"，张金吾的爱日精庐取自《大戴礼记·曾子立事》"君子爱日以学，及时以行"；或借楼名表藏书志向，如清代徐乾学的传是楼、黄丕烈的读未见书斋；或念先世遗泽，如清代郑性二老阁即为纪念祖父和与郑家深交的黄宗羲而称"二老"，全祖望双韭山房是因其祖先原有藏书楼曰双韭山房而沿用之。凡此皆可看出不同藏书家的情趣和好尚。

另外，从藏书印记的形制和印文内容里，也可体味其中的文化内涵。虽然藏书印只有方寸天地，却也是藏书家们表明志向和情感的载体，同时也是供后人辨别版本、了解典籍传递和授受源流的重要线索。私人藏书印式样多、刻技精，能够充分反映中国古代文人雅士喜爱金石篆刻、讲求书法的特点。那些不及方寸内容却丰富异常的藏书印，折射出中国传统文化的多个方面，尤其是藏书家们的文人雅趣。藏书印种类和印文内容多种多样，举不胜举，如以成语、警句、典故、诗文入印，用来抒发印主对治学、处世的态度以及对书籍的眷恋，明代毛晋"开卷一乐"，清代鲍廷博"布衣暖菜根香诗书滋味长"，乾隆皇帝"犹日孜孜"等都很有代表性。

我们可以看出，私家藏书活动中蕴含着藏书家们丰富的思想感情和独特的文化情趣。这种"百折不挠"的自觉精神和由文化传统而来的情趣即"藏书精神"，正是推动私家藏书活动不断发展的动力。

五、与公家藏书互补的多元文化价值

与公家藏书相比，私家藏书具有独特的多元文化价值，私家藏书活动与公家藏书活动一起构成了传统文化中独特的藏书文化。

如果对古代藏书活动的文化价值进行整体观照，则公家藏书（包括皇家、官府、寺院和书院藏书）与私家藏书各有其独特的文化价值，彼此之间互为补益。如果进行比较，可以发现，它们之间存在着一定差别。吴晗在《江浙藏书家史略·序言》中，有一段颇为精彩的论述：

> 大抵政府收藏，多随政治局面之隆替而兴废，且其采掇，仅凭官司，无论精校丹黄，即鉴别真赝，品评得失，亦绝不可得。甚或深幽夐阁，徒饱蠹鱼，日蚀月消，终归湮灭，其不为学者所重也固宜。
>
> 自板刻兴而私人藏书乃盛，其中风流儒雅，代有闻人，宿史枕经，笃成绝学。甚或连楹充栋，富夸琳琅，部次标签，搜穷二酉，导源溯流，蔚成目录之学。其有裨于时代文化，乡邦征献，士夫学者之博古笃学者至大且巨。①

吴晗在这里褒扬私家藏书而贬低政府藏书，虽然未必恰当，但还是有一定道理的。通过与官方藏书做简单的对比，笔者将古代私家藏书独特的文化价值概括为以下三个方面。

一为保存文化典籍，可补公家藏书（主要是官方藏书）之不足。由于水灾、火灾、虫灾等自然灾害和战乱、盗卖、禁书、焚书等人为破坏因素，历代藏书损失惨重。尤其是在易代之际，图书最易受兵燹之祸。相较而言，官方藏书所受损失比起私人藏书往往要惨重得多。隋代牛弘的图书“五厄”之说，明代胡应麟“续五厄”之说，都能说

① 吴晗：《江浙藏书家史略》，中华书局，1981，第1-2页。

明这一问题。而私家藏书活动分散零藏、彼此聚散、频繁兼并的特性，使其具有“野火烧不尽，春风吹又生”的韧性及“西方不亮东方亮”的广泛可适性。因而，在新朝甫立之际，朝廷总是要向民间征书，从汉武帝的“广开献书之路”到清代编修《四库全书》时的“寓禁于征”，历朝历代概莫能外。以清代修《四库全书》为例，《四库全书》所收图书中有很大一部分就来自当时藏书家们的进献。如当时的浙江巡抚从宁波范氏天一阁提取图书602种（一说为638种），其中经四库著录的有95种，存目378种。当时像范氏那样献书达五六百种的藏书家全国共有四家，呈献一百多种的藏书家更是不在少数①。另外，每到战乱时期，官方藏书受到破坏之际，往往是藏书家们接纳流散于民间的图书，这也在一定程度上避免了图书典籍遭到更多的破坏。所以说，私家藏书正是通过对国家藏书的补充，保存传递前代文化典籍，使得原有典籍在更高层次上和更大范围内得到认可、保存或进一步的整理和传播。

二为嘉惠士林，促使一时一地学风、学派的形成。由于种种原因，古代普通士子进入官方藏书楼中一览群书的可能性相当小，而一部分私家藏书楼则可以提供这样的条件，或者开放藏书楼，供四方学子登楼阅览，慷慨外借所藏图书；或者集藏书与刻书于一体，将善本图书刊刻于世，发行流布，供士人阅读。由于拥有刻印书的重要资源，很多藏书家往往也是一时一地的著名出版家。这种现象对于典籍的延续与传播、文化知识的普及有着十分重要的作用。如明代著名的私人藏书家、刻书家毛晋，自明万历至清顺治四十余年刻书600多种，所刻之书校勘认真、技术精良，价格又十分便宜，因而流传极广、影响甚大，一时之间，江南士子无不受惠于此。在漫长的私家藏书史上，像这样有公益心的藏书家代不乏人，嘉惠士林的“仁人”精神可谓一脉相承。

---

① 顾志兴：《浙江藏书家藏书楼》，浙江人民出版社，1987，第143页。

一个值得注意的现象是，在私家藏书活动兴盛之地，学术文化也往往比较繁荣，二者互相关联。梁启超和蔡尚思在论及中国思想史和学术发展史的著作中，都明确地把藏书和学术研究联系起来。在《中国近三百年学术史》一书中，梁启超先生专门表彰了明末清初的私家藏书活动对学术界的巨大贡献，称藏书家们的工作是“给后来学者很有益的工具”[①]。蔡尚思先生则把明末清初浙江藏书活动的鼎盛归结为清代“浙东学派”形成的重要原因之一。[②]确实，浙东学派中的一些重要人物，如黄宗羲、万斯同、全祖望等几乎全部是浙江的著名藏书家，他们的学术成就，无不与藏书活动有着紧密的关系。

三为发展图书保护技术，丰富古代藏书建筑艺术。在长期的藏书活动中，为了减轻天灾人祸等因素对图书的破坏程度，私人藏书家们在学习官府藏书经验和总结民间智慧的基础上，归纳了一整套行之有效的保护图书典籍的措施，有些一直被袭用到现代，如曝书法及中草药防虫法等。具体而论，中国古代的藏书保护技术主要有四方面的内容：染纸避蠹技术、装帧保护技术、药物防害技术和建筑保护技术。历代藏书家在这四个方面都做了重要的贡献。为研究者所瞩目的宁波范氏天一阁之所以能够历数百年而巍然犹存，固然与其严格的管理制度有关，但其保护图书的优良技术也同样不可忽视。如采取严密的防护措施，用芸草防蠹，放置英石来吸潮等，都起了很好的保护作用。正是这样一系列行之有效的措施，才使得诸多的古籍历经数百年甚至千年而完好无损。而且，这些措施也能古为今用，为当代图书馆和私人藏书家保存古籍提供一定的借鉴。

中国古代的私人藏书家们都特别留意于馆藏建筑，与官方藏书不同，私家藏书楼的具体样式或为楼阁或为房舍，形态比较丰富，在长

① 梁启超：《中国近三百年学术史》，东方出版社，1996，第12页。

② 蔡尚思：《中国文化史要论（人物·图书）》，湖南人民出版社，1980，第89页。

期的私家藏书史上形成了一个很好的传统。其中以明代藏书家范钦的天一阁成就最著。天一阁建于明朝嘉靖末年，虽然不时修葺，但基本结构从未改变。天一阁的房屋间数及梁柱的长宽、尺寸，都有精深的含义，取义是“天一生水，地六成之”。清乾隆时期，为藏《四库全书》而建的文源、文津、文渊等七阁即仿范氏天一阁建造。可以说，我国历代的藏书建筑既是藏书史的研究课题之一，也是中国建筑史上的重要实物，具有很高的艺术价值。而私家藏书建筑自然也不例外，在一定意义上甚至更具有研究的价值。当然，私家藏书活动的文化价值远不止以上三端，多元的文化价值正好体现了古代私家藏书文化的丰富内涵，它与公家藏书活动一起，构成和丰富了中国古代藏书文化的风貌和内涵，这正是私家藏书活动值得我们从不同角度进行考察和研究的因缘之所在。

六、余论

综上所述，中国古代私家藏书活动具有丰富的文化内涵，因而对其文化特质的总结见仁见智。历代以来，不同论者由于看待问题的角度和所持的标准不同，往往得出不同甚至大相径庭的结论。本文的观点，在一定意义上更多的是在表彰私人藏书家，但这并不意味着对其历史的局限性视而不见或者曲意粉饰，只是认为应对古人有一种理解的同情之心，同时，这也是针对学术界以往对于藏书家的缺点过多苛责，而对其历史贡献表述得较为简略这一现象做出的回应。

[原标题为《中国古代私家藏书活动文化特质初探》，发表于《西南师范大学学报》（人文社会科学版）2001年第5期。此文曾获北京大学“挑战杯”论文竞赛三等奖]

手抄本书在印刷时代存在的历史因缘

手抄本又称写本，指以手工抄写而成的图书或文稿，包括手稿本、清稿本、抄稿本、影抄本，在版本学上与刻本或印本相对。自有文字著述以来，用手工抄写的方式来保存和传递知识的活动就始终存在。抄写既是人们求知自学、积累知识的基本手段，又是书籍制作和文献整理的基本工作，也是书籍传播和流通的重要方式，甚至到了印刷术高度发达、数字出版快速发展的今天，手抄本书也没有完全绝迹。

具体到我国的出版历史，在雕版印刷术发明之前，图书基本上是写本，书籍的生产与流通全靠人工抄写。这一时期的出版历史属于手抄本时代。隋唐以后，雕版印刷术的发明和推广使得书籍的制作和流通逐渐摆脱了手工抄写的限制。从此以后，印本书便逐渐登上历史舞台，人类也因之而进入印刷时代。但一个不容忽视的现象是，在印刷时代，手抄本书并没有因为印本书的繁荣而废止或消亡，而是长期大量地存在，与印本书互为补益、并行不悖。本师肖东发先生指出："在封建社会后期，无论是掌管全国人力、物力、财力的封建专制政府，还是家有巨资的封建士大夫、私人藏书家，甚至身居下层的穷苦读书人，都把抄写作为获得图书的一种不可缺少的手段。"①

仅以印刷出版业高度繁荣的明代为例：在中央政府方面，明成祖永乐初年，即完成了我国最大的写本类书——《永乐大典》，凡22877卷，11095册。据《明史·艺文志》载，明宣宗宣德四年（1429）时，"秘阁贮书约二万余部，近百万卷，刻本十三，抄本十七。"又

① 肖东发：《印刷术发明后的抄写本书》，《赣图通讯》1983年第3期。

据明英宗正统年间编成的《文渊阁书目》所载，其时阁中所收之书，“锓板十三，钞本十七”“以《千字文》排次，自天字至往字，凡得二十号，五十橱”。可见国家藏书机构中抄本数量之大、比例之高。在民间，抄书之风更为盛行。袁同礼指出：“明人好抄书，颇重手抄本，藏书家均手自缮录，至老不厌。每以身心性命，托于残编断简之中。”[①]其中的名家抄本举不胜举。叶德辉在《书林清话》卷十专有一节《明以来之抄本》，列举了吴（宽）抄、叶（盛）抄、文（徵明）抄、毛（晋）抄、钱（谦益）抄等数十家。今可见传本的，毛春翔在《古书版本常谈》中就列有50多家。可以说，抄写与雕版印刷、活字印刷、套版印刷等图书制作方式结合在一起，共同形成了中国古代印刷时代图书制作方式的特色，深刻影响着整个社会的文化学术活动。

既然印刷术已经发明并得到广泛应用，其优越性是手抄技术所无法企及的，那为什么在印刷时代手抄本书仍能一直长期存在、经久不衰，得到人们的重视呢？在笔者看来，这一历史现象的存在至少应归因于以下七个方面的历史因缘。

一、从印刷难度来看，有一部分图书规模过大，制作程序比较复杂，难以上版印刷出版，只能采取抄写方式加以编纂和出版

宋元明清时期，图书主要以雕版印刷形式出版。由于雕版印刷是手工操作，制版不易，投入多，速度慢，没有相当的人力、物力、财力，就难以成事。即便像毛晋这样著名的藏书家、刻书家，有时也要典卖房产、地产，才能保证其刻书作坊正常开工。而在这一时期，政府又组织编纂了大量规模巨大的鸿篇巨制。这些著作主要以丛书、类书、政书、总集为代表，动辄千卷以上，部头过于庞大，雕版印刷出版所费必定巨大，因而不现实。这些图书只能以手抄形式进行复制、流通。

① 袁同礼：《明代私家藏书概略》，《图书馆学季刊》1927年第2卷第1期。

明初的《永乐大典》（22877卷）、清代乾隆年间编纂的《四库全书》（79327卷），这两部中国历史上影响深远的著作最初都是以手抄形式编纂出版的。其原因都在于规模过大，难以用雕版印刷的方式刊印，只能依靠大规模的集体抄写而成书。《永乐大典》收书七八千种，动用的抄书手多达2669人。据《明会要》所载，嘉靖年间诏命重抄一部《永乐大典》，由抄书手180人历时5年完成。可见其卷帙之浩大。清乾隆时修《四库全书》，收书3461种，历时15年修成。成书以后，由于规模过大，只能令人抄写为七部，分藏于全国不同地方。据统计，参与编修《四库全书》的缮写和装订人员就达到3826人。这种规模的图书编纂和出版活动对于今人来说都是具有一定难度的，在当时的印刷条件下要把这样的图书印刷出版显然是不现实的。

二、从需求量来看，有相当一部分著作的社会需求量比较小，印刷出版的价值不大，因而只能以手抄本形式在社会上流通

从宋代开始，我国的出版事业开始形成官刻、坊刻和私刻三大刻书系统。三大系统的刻书内容各有侧重，经营方式也各有特色。官刻以正经、正史为主，以备统治教化之需，不以营利为目的。坊刻则以营利为主要目的，是把书籍作为商品投入市场的。私刻的主要特点是虽然也有售卖行为，但不以营利为目的，而重在传世。除去私刻不论，就官刻和坊刻而言，其共同点在于所刻图书的社会需求量是相当大的。反过来说，只有那些社会需求量比较大的图书才会受到刻书机构的重视。那些社会需求量比较少，只在一部分读者圈内流通的图书很少会得到上版雕印的机会，故而只能以手抄本形式传世。比如大量不知名的文人士子的诗文集，一些学者的学术专著、笔记、函札等。其实这一点并不难理解，即使在印刷技术日新月异的今天，很多作者尚且有出书难之感叹，又何况是在印刷术并不十分发达的古代。由是之故，明清时期雕版印刷虽已广泛应用，但许多书籍仍然得之不易，所以知识分子为了治学之需，仍然十分重视抄书。明末清初的著名学者顾炎武就说自己“游四方十有八年，未尝干人，有贤主人以书相示者则留，或手钞，或募人钞之”[①]。这种传抄方式，对个人来说是积累知识的手段，对社会来说，则是图书再生产和流通的手段。

三、从撰述方式来看，抄写在古代是一种很重要的编撰著述方式，受当时条件的限制，其中有相当一部分著作未能刊行，只能以手抄本形式流通

梁启超先生曾言：“善钞书者可以成创作。荀悦《汉纪》而后，又见之于宋袁枢之《通鉴纪事本末》。”[②]自荀悦《汉纪》之后，我国古代典籍中就出现了大量的“抄撰”之作。到宋代时，类书编纂盛行，仅北宋就有《太平御览》《册府元龟》《事类赋》《重广会史》等多种。这些类书的编纂方法就是先立门类，再按类摘取历代史料，原文照抄，不加改写，除大小序外，书中没有编纂者的文章，所以编类书在很大程度上是一项抄写工作。《四库全书总目提要》卷三《周易要义》提要云：南宋学者魏了翁“以说经者但知诵习成言，不能求之详博，因取诸经注疏之文，据事别类而录之，谓之《九经要义》”，《周易要义》即为其中的第一部。至于南宋袁枢的《通鉴纪事本末》，更是把294卷的《资治通鉴》按照事件本末重新抄录而成，创造了纪事本末体这一史学新体裁。像这样因抄书而成著述的例子在古代是不胜枚举的。时至今日，姜亮夫先生在谈他从事敦煌研究五十年的收获时还说：“我的成果大体可以分为两大类：一类是校录，即将敦煌卷子拿出来校对并抄录，有次序有系统地搞；一类是研究。校录工作往往为研究工作做基础，根据校录好的材料进行研究。”[③]这些“抄撰”

---

① 顾炎武：《顾亭林诗文集》，中华书局，2008，第30页。

② 梁启超：《中国历史研究法　中国历史研究法补编》，中华书局，2014，第20页。

③ 姜亮夫：《敦煌学概论》，北京出版社，2004，第5页。

之作在成书时往往不被看作正式的著述，所以在很长一段时间里都不能刊行，只是以手抄本形式流通于世。

四、从版本和收藏的角度来看，相当多的抄本是珍本、秘本或善本，收藏者比较看重对抄本的收藏。为了扩大和充实收藏，抄书成为藏书者的一种重要手段

从版本方面来说，抄本有很多优点，例如有的图书的刻本所据非足本，或经过后人删节，而抄本却是完整的；刻本所据多舛误，而抄本却源于古本；刻本所据为初稿，而抄本却是定稿；又有抄本出于名人之手，当与法书名画等视的。因为抄本书不易获得，又极其珍贵，所以历来的藏书家重视抄本胜过印本。有些藏书家更是把珍贵的手抄本书视为无价之宝，秘藏不宣。对于那些不能购置的善本图书，这些藏书家则密行端楷，躬自抄写。这样一来，抄写图书就成为藏书家充实自家藏书的手段。明清时期，利用官方、私家藏书楼开展借抄、传抄活动已蔚然成风。当时很多藏书家都有互相借抄的契约，有的还成立“抄书社”，以抄写来增加藏书。如明代著名藏书家谢肇淛、叶盛、毛晋等人，都一边亲自抄写，一边雇人代抄，千方百计搜集善本。著名的范氏天一阁藏书楼有一半是抄本。而著名学者黄宗羲则因其曾从祁氏澹生堂、黄氏千顷堂、钱氏绛云楼、范氏天一阁、郑氏丛桂堂、徐氏传是楼等著名藏书楼抄书，而言其藏书室为“钞书堂”。清初的曹溶更是在《流通古书约》中详细论述了藏书家互相借抄的操作办法：

今酌一简便法：彼此藏书家，各就观目录，标出所缺者，先经注，次史逸，次文集，次杂说。视所著门类同，时代先后同，卷帙多寡同，约定有无相易，则主人自命门下之役，精工缮写，较对无误，一两月间，各赍所钞互换。此法有数善：好书不出户庭也，有功于古人也，己所藏日以富也，楚南燕北皆可行也。敬告同志，鉴而听许。

对于藏书家个人来说，抄写图书是扩大和充实收藏的一种重要手段，而从图书的再生产和流通的角度来说，抄书则是图书再生产和广泛流通的重要途径。正是这些藏书家废寝忘食的抄书活动，为我们保存了大量珍贵的古籍抄本。

五、从治学方法来看，我国学者向来有抄书的习惯，在古代很多学者眼中，抄书是获取文献、积累知识的重要途径，是一种很重要的学习方法。这也导致了手抄本的大量产生

在印刷术发明以前，图书很不易得，所以知识阶层都把抄书作为学习的重要途径。《太平御览·学部·晚学》引桓谭《新论》曰：东汉高君孟“颇知律令，常自伏写书，署郎哀其老，欲代之，不肯，云：‘我躬自写，乃当十遍读。’”认为抄一遍可抵读书十遍，这种观点在当时的学者中是很有普遍性的。印刷术发明以后，书籍多而易得，“学者无笔札之劳，获睹古人全书”，对于治学的裨益很大。但在很多人看来，印本书多而易得，也容易导致学者“束书不观，游谈无根”。北宋大文豪苏轼就认为印刷术的广泛应用会使得书籍大众化，对当时的学风产生负面的影响。宋代叶梦得在《石林燕语》卷八中云：“国朝淳化中，复以《史记》《前后汉》付有司摹印，自是书籍刊镂者益多，士大夫不复以藏书为意，学者易于得书，其诵读亦因灭裂。”因此在印刷术得到广泛应用以后，很多学者还是把抄写图书作为学习知识、积累学问的重要方法。即便是贵为九五之尊的皇帝也不能例外，宋代罗大经《鹤林玉露》载：宋高宗赵构“以万乘之尊，万几之繁，乃亦亲洒宸翰，遍写九经，云章烂然，终始如一，自古帝王所未有也。又尝御书《汉光武纪》，赐执政徐俯曰：‘卿劝朕读《光武纪》，朕思读十遍不如写一遍，今以赐卿。’圣学之勤如此”。直至清代，钱沣还在《〈纲鉴辑略〉序》中认为“手写一敌口诵十，视仅一过目，有不可道里计者”。乾隆、嘉庆时期，许多学者勤于抄书、不计年月，其中手写《九经》《十三经》者比比皆是。清代阮葵生在《茶余客话》卷十中就大力表彰“抄书之益”，其文云：

苏长公（苏轼）尝问苏子容（苏颂）：“公记史事，如何这般熟？”曰：“吾曾将某年某月下，将事系之，编得一次。复将事下，系以某年某月，又编得一次。编来编去，久遂记得。”长公曰：“我何尝不如此，毕竟公记得熟。”宋景文（宋祁）尝自言手抄《文选》三过，始见佳处。洪景卢（洪迈）亦自言手抄《资治通鉴》三过，始究其得失。古人读书著书，未有不手录者。

这种抄写方式，尤其是高质量、高水平的抄写，对个人来讲是积累知识和治学的重要手段，对社会来讲则是图书的再生产和流通的手段，客观上导致了大量手抄本图书的产生。而其中名家所抄精品往往胜过刻本，为藏书家所重。清人孙从添《藏书记要》云：“书之所以贵抄录者，以其便于诵读也，历代好学之士皆用此法，所以有刻本，又有抄本、有底本。底本便于更正，抄本定其字划，于是抄录之书比之刊刻者更贵且重焉。”①

六、从“禁书”流通的角度来看，在封建专制时代，凡是不利于封建统治的著述，就会遭到封存、查禁和焚毁。由于手抄本的流通具有隐蔽性，因而成为一种很重要的对抗文化专制政策的“抗禁”手段

自秦始皇“焚书坑儒”以后，我国历史上形式各异的“禁书”活

① 胡应麟等：《经籍会通》（外四种），北京燕山出版社，1999，第99页。

动从来都没有停止过。进入印刷时代以后，统治者禁毁图书的一种重要手段就是颁布各种对图书雕印的禁令。一般认为，对图书雕印的禁令始自唐末，据《旧唐书》所载，唐文宗大和九年（835）十二月，朝廷“敕诸道府不得私置历日板”。接着唐武宗开始灭佛，大规模焚毁佛经。由于当时雕版印刷尚未普及，这类禁令只限于某一类图书。入宋以后，对图书的禁绝内容越来越广泛，据《宋会要辑稿》记载，宋代朝廷下令禁绝图书印卖多达20余次，几乎每一个皇帝对民间雕印都公布了种种禁令。元朝时也多次下令禁绝那些煽动反抗蒙古贵族民族压迫和阶级镇压的图书。明清时期则大多通过“文字狱”对图书进行销毁。除此以外，清朝统治者入关后不久就下令禁止民间流传的话本小说等通俗文学作品，俞正燮《癸巳存稿》载：“康熙四十八年六月议准，淫词小说，及各种秘药，地方官严禁。五十三年四月，九卿议定，坊肆小说淫词，严查禁绝，板与书尽销毁。违者治罪，印者流，卖者徒。”这项禁令一直延续到嘉庆以后。这样一来，大量的著作都被列为禁书，其中还不乏优秀之作，如《西厢记》《牡丹亭》《三国演义》《水浒传》《红楼梦》等文学经典都长期名列禁书行列。但统治者的禁令并不能从根本上禁绝这类优秀图书的流传。为了对抗禁令，这类图书只能以手抄本形式在民间秘密流传。正是由于手抄本书的流传和保存，才使我们今天仍能见到当时一些重要的典籍。

七、从宗教信仰的角度来看，长期以来，抄写佛教经典被佛教徒视为积累功德、获得幸福的重要方式之一，即便在印刷时代，抄写佛经的风气依旧十分兴盛，其结果就是产生了大量佛经写本，这成为一道独特的出版文化景观，限于篇幅，此处不赘

综上所述，以上七方面的历史因缘，使得手抄本书能够作为印刷时代重要的图书制作手段和流通形式，与印本书互为补充，在保存历史文献、普及文化知识、编撰大型图书、繁荣古代出版事业方面做出极有意义的文化贡献。如果从媒介形态发展变化的角度来看，这也符合美国学者罗杰·费德勒所总结的“共同演进与共同生存”和“形态变化”的原则：“一切形式的传播媒介都在一个不断扩大的、复杂的自适应系统以内共同相处和共同演进”；“当比较新的形式出现时，比较旧的形式就会去适应并且继续进化而不是死亡。”[①]所以说，在印刷术发明之前，手抄本的重要性自不待言。在印刷时代，手抄本的历史地位同样不能忽视，很值得我们从多个方面去深入研究。仅就书史研究的角度而言，诚如本师肖东发先生所言：

> 由抄写而产生的抄写书籍，因其有不同于前代写本书籍和同代刻印本书籍的特征，所以在科学研究中具有难以替代的学术价值。总之，书史，是广义的，并非刻印本史。印刷术发明后的抄写本书，理所当然地应当在中国书史研究中占一席地位，加强对这一部分古籍的研究，无疑对发掘明清的现存文献以及搞好古籍整理工作有着重要的现实意义。[②]

从这个意义上讲，探悉手抄本书在印刷时代存在的历史因缘，就是对这一论断的初步回应。

（原题为《手抄本书在印刷时代存在的历史因缘探析》，发表于《出版发行研究》2003年第7期，收入本书时进行了增改）

---

① 罗杰·费德勒：《媒介形态变化：认识新媒介》，明安香译，华夏出版社，2000，第24页。

② 肖东发：《稿本、抄本、写本：再谈印刷技术发明后的抄写本书》，《图书馆学刊》1984年第3期。

晚清出版史的近代化变革与转型

从1840年鸦片战争爆发到1912年中华民国成立，史称“晚清”。鸦片战争不仅是中国社会历史发展的转折点，也是中国出版事业的重要转折点。晚清时期，中国闭关自守的局面逐渐为欧美等先进的资本主义国家所打破，中国人开始直面这一“三千年未有之变局”。随着资本主义势力的不断入侵，中国社会的各个领域都发生了巨大而深刻的变化，中国传统社会开始瓦解，近代化成为晚清社会发展的基调和主线之一。在剧烈的社会文化变革中，中国的出版事业也发生了从古代到近代的转变，在各个方面都出现了根本性的变化，由此也进入了变革与转型时期。变革和转型的结果，便是中国出版业开始从传统走向近代，逐渐成为具有近代形态的新式出版业，为中国出版业的现代化奠定了坚实的基础。

纵观晚清出版业70多年的发展历程，可以发现其中始终贯穿着一条主线：近代出版业的兴起和传统出版业的式微。从这个意义上讲，晚清出版在古代出版和当代出版中起着重要的承前启后的作用。如果缺失了这一环，就无法完整地了解中国出版发展历史的全过程。从整体上来看，晚清时期我国出版事业的变革与转型主要表现在以下十个方面。

一、印刷技术的变革：近代机械化印刷技术广泛使用

晚清时期，中国的出版业首先在器物层面上实现了近代化的转变。在中国的四大发明中，造纸术与印刷术的发明与广泛应用为中国传统出版业奠定了物质基础，也由此形成了富有特色的中国古代出版文明。晚清时期，沿用了数千年的手工操作的传统印刷术已经在西方机械化

的印刷技术面前相形见绌了。19世纪初期，中国的印刷水平已经整整落后西方300年，中国此时的出版文明大大落后于世界的先进水平。这一时期，西方先进的机械化铅印术已经传到我国沿海地区。鸦片战争以后，以传教士为中介，西方印刷术的三种形式——凸版印刷术、平版印刷术、凹版印刷术——陆续传入国内。人们在使用近代化的印刷术时，还结合汉字的特征，不断加以改进和创新。中国的印刷技术也因此得到跨越式的发展，在晚清时期实现了从手工操作向机械化大生产的重大转变。这一转变极大地提高了图书出版业的印刷生产力，为中国传统出版业走向近代化提供了坚实的物质基础和技术条件，并对这一转变产生了决定性的影响。传统的旧式印刷技术或退出历史舞台（活字印刷术），或退居次要地位（雕版印刷术、套版印刷术）。到20世纪初，机械化的印刷术已经成为我国印刷业的主流，印刷业也逐步成为资本主义经营方式的工业企业，从生产力到生产关系都实现了根本性的变革。

二、出版物形制的变革：平装、精装逐渐取代线装

鸦片战争以前，中国的图书形制以线装为主，这是与传统的印刷技术和造纸术相适应的。新式印刷术传入以后，机器铅印逐渐取代手工的雕版印刷而居于主要地位。原先手工制作的各种软纸不仅产量低、成本高，不能满足大量生产图书的需要，而且不便于双面印刷，不适用于新技术，“洋纸”因此应运而来。晚清末期，与机械化印刷术的广泛使用相对应，我国洋纸的输入总量迅速增加，于是“各国纸输于我国乃成一竞争之业”。洋纸的输入在1902年为260余万两，到1911年便增长为560余万两，9年间增长了1倍以上。[①]在这种情况下，

① 李泽彰：《三十五年来中国之出版业》，载张静庐编《中国近现代出版史料》（丁编），中华书局，1959，第386、394页。

洋纸便逐渐取代软纸成为主要的出版用纸，传统的单面印刷也因之而变更为双面印刷，书籍的装订和装帧随之发生变革。虽然线装书仍然存在，但不可避免地开始退居次要地位。西式装订开始成为出版物的主要形制，在西方广为流行的精装、平装在国内得到普遍的应用，从而实现了图书装订和装帧的变革。

三、出版物内容的变革：近代学科体系的初步建立

中国传统图书向以经、史、子、集为主体，清代乾隆时期编纂的《四库全书》便采用了经、史、子、集的四部分类法，在四大部之下又细分为44类66子目，这一分类体系大致反映了中国传统图书的主要内容，进而反映出中国传统学术的治学门径与概况。晚清以降，国门渐开，中西接触日渐频繁，中国知识分子的眼界也因之而扩大，开始广泛接触、了解、移植西方的思想文化。大量翻译图书的出现广泛传播了西学新知，为中国图书、文化界注入新鲜的血液，从而引起出版物内容和结构的巨大变革。在传统的经、史、子、集四部图书以外，各种自然科学、应用科学和哲学、社会科学著作，包括介绍西方资产阶级民主政治的图书、介绍社会主义学说的图书和新小说都在这一时期不断涌现，一批新学科随之相继建立。这一变化在梁启超编撰于1896年的《西学书目表》中得到充分的反映。此表将我国1895年以前翻译的298种西学图书分为西学、西政、杂类三大类，大致类似于今日的自然科学、社会科学和综合性图书。其中，西学类又分算学、重学、电学、化学、光学、声学、地学、动植物学、医学等12小类；西政类又分史志、学制、法律、农政、商政、兵政等10类。这是与传统的经、史、子、集截然不同的图书分类法，已经透着新式学科体系的影子。随着出版业的进一步发展，近代意义上的学科体系便随着相关图书的大量出现而在中国初步确立起来，与中国传统的经、史、子、集形成一种互补共存之格局。

四、出版物类型的变革：近代新型出版物大量出现

晚清时期，伴随着出版物内容的日渐增加，出版物类型也日益丰富，涌现了形形色色的新型出版物。在晚清出版史中，一个引人瞩目的现象就是报纸、杂志的大量出现。新式印刷术传入中国后，首先广泛应用于报纸、杂志的印刷，而后才扩展到图书领域。近代报刊具有反映问题及时、流传广泛等优点，极大地促进了近代出版和大众传媒事业的大发展，同时也给社会带来巨大的影响。除报纸、杂志这种中国先前从未有之出版物以外，近代新型教科书、新型工具书和连环画也得到大量出版。从翻译外国教科书到自主编写教科书，从文言文教科书到白话文教科书，从体例内容的不完善到比较完善，教科书经历了一个不断变革以适应形势发展的过程。在古代字书、类书、书目的基础上，近代又涌现了一批新型工具书，如报刊索引、字典、辞典、表谱、舆图、年鉴、手册等工具书的编纂出版日益增多。在古代上图下文绣像小说的基础上，近代则出现了连环画。这些新型出版物一经出现就迅速赢得了读者和社会的认可，发行数量都十分可观。

五、出版机构的变革：近代资本主义出版企业逐渐发展壮大

传统出版业主要分为官、私、坊三大体系，但直到鸦片战争以前，这三大出版系统的生产力和生产关系也一直未能摆脱中古时期的封建手工业经营模式，虽然坊刻具有较强的商业性质，但未能生发出资本主义的萌芽。国门大开以后，原有的出版体系已经不能适应新形势的发展，不可避免地趋于衰落、解体，在变革的剧痛中走向新生。在这种情况下，近代意义上的资本主义出版企业开始在国内出现并发展壮大，在社会的发展变革中起了前所未有的推动作用。正如梁启超所言，“书局日多”是晚清时期的

三大文化现象之一。[①]在这个过程中，传教士和外国商人创办的出版机构是中国第一批具有资本主义性质的出版机构，在中国出版近代化过程中起了先导作用。1872年，英商美查在上海创办《申报》，并于1879年设立点石斋石印书局，此为中国第一家由私人创办的出版企业。这一类出版机构的先后建立，为中国出版界带来了西方先进的出版思想、印刷技术和近代企业管理模式，极大地促进了中国出版业从传统向近代的转化。受其影响，晚清政府也创办了官书局和译书馆，与传统的官刻事业已有明显的不同。新生的资本家看到出版业有利可图，便在这一方面大力投资，国内的一些民族资本家陆续开设新式印刷厂，采用新式印刷技术，创立出版和发行机构。1882年，由徐鸿复、徐润在上海创办的同文书局，是由中国人自己集资创办的第一家近代民营出版企业。此后，蜚英馆、鸿文书局、积石书局等一批初具近代企业性质的民营出版机构便如雨后春笋一般纷纷成立。与此同时，一些传统的民间书坊也逐渐近代化。甲午战争以后，私营资本主义企业合法化，为中国近代民营出版业的迅速发展带来了前所未有的契机。1897年商务印书馆的成立，预示和标志着中国近代民营出版业开始进入一个新的发展阶段。到1906年，上海成立第一个书业商会时，已有22家新式出版机构。这些近代出版企业完全面向市场，在近代出版理念的指引下，以近代机械印刷术为生产工具，采取灵活多样的现代经营方式，在追求商业利润最大化的同时，积极履行出版人的社会责任，最终成为近代中国出版业的中流砥柱。在近代出版企业发展壮大的过程中，编辑也开始成为一个独立的职业，这就为编辑出版事业的发展开辟了更为广阔的道路。

---

① 章开沅、罗福惠：《比较中的审视：中国早期现代化研究》，浙江人民出版社，1993，第564页。

六、出版观念的变革：近代出版观念深入人心

晚清时期，在中国出版业走向近代化的过程中，西方的出版观念也在“西学东渐”的浪潮中传入中国，并在有识之士的大力宣传下深入人心。其中最为重要的，便是“出版自由”的观念。出版自由是资产阶级革命的一个口号，也是资产阶级的一个重要思想范畴。1644年，英国政论家约翰·弥尔顿在《论出版自由》中首先表达了出版自由的观念。他认为，这是“一切自由中最重要的自由”。当欧洲新兴资产阶级登上历史舞台时，曾以“出版自由”这个口号作为反对封建专制、争取民主与科学权利的武器。在中国也是如此，从19世纪中叶起，“出版自由”不仅成为一部分仁人志士反封建的批判武器，而且成为中国资产阶级改良主义者的理想与追求。梁启超曾云：“西人有恒言曰：言论自由，出版自由，为一切自由之保障，诚以此两自由苟失坠，则行政之权限万不能立，国民之权利万不能完也。”[①]1912年，中华民国政府在《中华民国临时约法》中布告天下：“人民有言论、著作、刊行及集会、结社之自由。”这标志着出版自由作为人民的一项权利，已经具有了法律上的保障。所以，在近代出版史上才出现了很多出版人和知识分子为争取和维护这一权利而做不懈斗争的事件。此外，版权保护的观念和意识也逐渐深入人心，最终促成了近代稿酬制度的建立和版权法的出台，这一点会在下文中详细论述。如果说上述五方面是晚清出版业在形而下的实务层面上的变革的话，出版观念的变革则是形而上的意识层面上的革新。观念引领着实践的走向，拥有近代意义上的出版观念，并在其指导下从事出版工作，是近代出版人区别于古代出版人的重要标志之一。

---

① 梁启超：《敬告我同业诸君》，见张静庐辑注《中国近代出版史料补编》，中华书局，1957，第165页。

七、出版管理的变革：近代出版法制和行业管理初步形成

晚清以前，历代政府均缺乏对出版业的法制化、规范化管理，律例中对出版业并无专门的法律保护条文，反而对有悖统治阶级利益的出版行为处罚十分严厉，所以政府的管理行为多表现为“禁书毁版”，而且还会因统治者的变更而呈现出随意化的特征来，这种管理体系在一定程度上会妨碍出版业的健康发展。进入晚清以后，随着西方出版观念的传入和新式出版业的迅速发展，清政府迫于形势，开始制定、颁布一系列专业法规。1906年，清朝商部、巡警部与学部共同拟定颁布了《大清印刷物专律》。1910年，清政府又颁布了《大清著作权律》，是为我国历史上的第一部版权法。该法参考了世界上两大法系中主要国家的著作权法，共5章55条，对著作权的概念、著作物的保护范围、注册手续、保护期限、著作人权限、侵犯著作权的处罚等问题都做了较为具体的规定，是一部比较完善的现代意义上的著作权法。这反映出清政府开始以法律的形式对出版活动进行管理，标志着政府的出版管理开始走向法制化、规范化。虽然由于清政府的覆亡，该法未贯彻执行，但却对此后北洋政府和国民政府版权法的制定产生了较大的影响。晚清时期，出版业自身的行业协会管理也得到一定的发展，并日趋规范。1906年颁布的《大清印刷物专律》给出版机构增加了许多束缚及限制，这就促使刚刚兴盛起来的资本主义出版企业开始走向联合，它们利用旧式的书业商会的形式组织起来，以保障同业的利益。当时上海出现了两个书业联合性组织：上海书业协会公所和上海书业商会。这些组织在协调出版机构内部纷争、规范出版机构行为、争取出版机构正当权益方面发挥了十分积极的作用。

八、著作群体的变革：近代稿酬制度导致知识分子生存方式的改变

作者的创作是出版事业的基石，也是出版事业能够持续发展的

不竭源泉。在中国古代，一大批优秀的著作家为出版事业的繁荣发展做出了不可磨灭的巨大贡献，但由于版权意识的淡薄，又受“重义轻利”“著述立名”观念的影响，他们的劳动往往得不到应有的报酬，作者自身的权利无从体现。因此，很多倾注毕生心血撰写了传世经典的优秀作家，由于“谋生乏术”而在贫病交加中终老，吴敬梓、曹雪芹无不如此。“百无一用是书生”的感慨就是针对这一状况而发的。这在一定程度上也阻碍了传统出版事业的持续发展。晚清以降，新式教育和出版事业的勃兴，为中国传统知识分子提供了更为多样和广阔的谋生途径。其中最为关键的变革便是现代稿酬制度的建立和日趋规范。1903 年，严复翻译的《社会通诠》出版。为此，他与商务印书馆签订版税合约，合约规定：“此书版权系稿、印两主公共产业。若此约作废，版权系稿主所有。”“此约未废之先，稿主不得将此书另许他人印刷。”“此书出版发售每部收净利墨洋五角。”“此书另页须粘稿主印花。”这是我国第一个版税合同，它具体规定了当事人双方各自的权利和义务，对双方同时起着约束和保障作用，以前空洞的版权声明至此得到具体落实，作者的权益也得到明确的保护。有了版税和报酬，以往那些不能入仕或“谋生乏术”的知识分子就可以通过办报、投稿和著作等方式来安身立命，他们的生存方式因此而发生了根本性的变化。可以想见，古代如曹雪芹、吴敬梓一类的优秀作家如果生当近代，其生命轨迹就有可能发生翻天覆地的变化，甚至有可能成为名利双收的畅销书作家和社会名流。稿酬制度于 20 世纪初的最终确立，不仅意味着中国的作家已享受到应得的劳动报酬，同时也体现了社会对著作权人权利的承认和尊重。稿酬制度出现在文化界，直接促进了作家群体的扩大和创作事业的繁荣，并为职业作家的成长和壮大奠定了经济基础，从而为出版事业的持续繁荣发展提供了不竭的动力。因此可以说，稿酬制度的确立是中国近代出版史上的大事，它是在西方文化影响下中国出版事业近代化的一个重要标志。

九、出版交流的变革：中外出版在晚清时期广泛交融

中外图书出版交流肇始于汉代佛经之传入，此后一直延续不断，既有输入又有输出。但无论从交流的广度还是深度来看，古代的出版交流都无法与晚清时期相比。晚清以前，在中外图书出版交流活动中，从事图书出版活动的主体一直以中国人为主，外国人主要发挥辅助作用。而且外国人主要从事翻译、编著活动，很少从事完整的出版活动，更没有在中国建立出版机构，直接从事具有商业性的出版经营活动。晚清时期，中外出版交流开始呈现新的面貌和特征，主要表现在以下四个方面：①西方思想文化开始以图书（主要是译书）为载体大量涌入中国，给中国的社会文化带来极为深刻的影响。翻译书开始成为晚清最重要的出版物类型之一，不仅数量巨大、内容广泛，而且影响深刻。有人统计，从 1528 年到 1757 年近两个世纪里，耶稣会传教士来华者近 500 人，参与译书的有七八十人，译书 400 多种。从 1850 年到 1899 年近 50 年间，中国出版界共译书 537 种，而 1902 年至 1904 年两年间，翻译的西方书籍达 533 种，基本与前半个世纪的译书量持平。[①]其数量之多、增长之快是古代译书所无法相比的。②外国人广泛地参与中国的出版事业。他们或者直接在中国开办书局或书馆，或者进入中国人创办的出版机构，从事出版工作。前者如马礼逊、米怜、美查等，后者如傅兰雅、林乐知、伟烈亚力等，均为晚清出版业的发展与变革做出了很大的贡献。据粗略统计，基督教新教在近代中国创建的印刷出版机构有近 60 家，天主教教会创办的出版机构也有 20 余家。[②]在国人创办的出版机构中也有大量的外国职员，如京师同文馆、江南制造总局翻译馆、广方言馆等无不如此。③部分出版机构开始采用中外合资的经营方式。如商务印书馆就在 1903 年 10 月开始与日本商家合

---

① 潘玉田、陈永刚：《中西文献交流史》，北京图书馆出版社，1999，第 104 页。

② 范慕韩主编：《中国印刷近代史初稿》，印刷工业出版社，1995，第 71、104 页。

资，由日方投资10万元，中方按1901年作价的5万元不变，再增加5万元凑足10万元，各持50%的股份。[①]商务印书馆也因此成为中国出版史上第一个中外合资出版企业，这对商务印书馆后来的发展起了极为重要的作用。④中国的图书典籍大量输出，广泛传入英、法、德、俄、日、美、瑞典、荷兰等国，主要典籍也被翻译为外文，在国外流传。于是，在“西学东渐”的浪潮席卷华夏大地的同时，也出现了“东学西渐”的发展趋势。从以上四个方面可以看出，晚清时期，中外文化以图书为载体，开始以前所未有的广度和深度进行交流。这一时期的中国出版业在走向近代化的同时，也开始呈现国际化的特征。

十、出版社会作用的变革：出版对社会变革的催化作用更为明显

出版事业与社会发展的关系十分密切，社会自身的特性与发展状况会影响出版事业的发展走向，而出版事业的发展也会影响社会自身的稳定与变化。晚清以前的中国传统社会是一个相对封闭和稳定的社会，其间虽因佛教之传入和明末西学之输入而略有变化，但这些并未引起中国传统社会和文化特质的根本性变革，中国传统文化的变迁是平稳而缓慢的，缺乏疾风骤雨式的激情。这一特征对中国传统出版事业的影响至为深远，使之也同样呈现出一种封闭而稳定的发展状态。古代图书内容自始至终都以经、史、子、集为大宗，印刷技术走不出手工操作的状态，经营方式上也一直没有出现资本主义的萌芽。如果拿宋代的编述理念、图书内容、印刷技术、经营方式和清前期相比，从中看不出根本性的变化，继承的因素远远多于变化的成分。从这个意义上讲，晚清以前的出版业是与整个社会的发展状况相适应的，它对社会所起的作用更多的是维护而非变革。进入晚清时期以后，中国社会在外力的作用下发生急剧的变革，近代化已是大势所趋，不可逆

① 彭树欣：《中国近代出版的产业化趋势》，《江西财经大学学报》2005年第2期。

转。在这一大背景下，中国的出版业也不得不走上近代化的历程，呈现出与古代出版截然不同的新面貌，出版因此成为反映国家、民族命运升降浮沉的感应器和晴雨表。而反过来讲，身处变革之中的出版业也以“救亡图存”“与时俱进”为第一要义，为晚清社会的发展与变革提供了强大的动力，深刻地影响着晚清社会的发展进程，推动着社会的进步。晚清时期，各阶层、阶级、党派都通过出版书刊来宣传他们的政治思想，西方各种先进的文化与科学知识也通过图书这一载体得以传播。可以毫不夸张地说，包括太平天国、洋务运动、戊戌变法、辛亥革命在内的近代几次大的政治运动及西方文明成果的大规模引进都是与出版活动分不开的，出版对社会变革的“催化剂”作用得到淋漓尽致的发挥。如《民报》曾评价严复译书活动的影响：“自严氏之书出，而物竞天择之理，厘然当于人心，中国民气为之一变。”20世纪初，一批倡言革命的图书应时而出，使得“革命之思想，亦遂普及于中下二社会矣”，最终促成了辛亥革命的成功。[①]与中国传统的出版事业不同，晚清的新式出版业对社会所起的作用更多的是促进变革而非维护稳定。

总而言之，晚清出版史一如这一时期的社会文化，在新旧并存的大格局下，涌动着革故鼎新的变革潮流。上述十方面的变革，仅是就晚清出版史的大体而言，其细微处的变革亦复不少。所有这一切都标志着我国编辑出版史开始进入一个新的时代。“变革与转型”实为晚清编辑出版事业最为显著的特点。但需要特别指出的是，晚清出版业的“变革”并非彻底以新代旧，新式出版虽然日渐壮大并成为中国出版业的主流，但传统的出版并未因此而完全消亡，而是在变革的大潮中，仍以顽强的生命力在历史的舞台上发挥其应有的作用，维系着中国传统文化和出版事业的命脉，其贡献也不可等闲视之，只是毕竟已

① 邓文锋：《近代中国图书出版特征论》，《河北学刊》2001年第6期。

非时代的主流了。而这也在一定程度上反映出晚清出版史近代化变革与转型的渐进性和复杂性。

［原题为《论晚清出版史的近代化变革与转型》，发表于《北京联合大学学报》（人文社会科学版）2008年第2期］

张静庐先生的现代创新型出版家素养

——读《在出版界二十年》札记

近代以来，中国出版史发生了深刻的“古今之变”，通过现代化的变革与转型，出版事业形成了全新的整体格局与发展态势，一切都与古代出版形成了鲜明的对比。在这一大背景下，涌现了一大批优秀的现代出版家。他们以传统士人和现代商人的双重身份，秉持全新的出版理念，承担起现代出版人的社会责任，共同开创了中国现代出版业的繁荣局面。在他们的身上闪耀着现代出版人善于“守正出新”的职业素养。其中，张静庐先生就是一位突出的代表。

张静庐（1898—1969），浙江镇海人，中国民主同盟盟员，现代著名的出版家和出版史家，被施蛰存誉为20世纪30年代上海出版界的一位“霸才”。他以小学毕业的文化水平，依靠自己的勤奋与努力，在出版界打拼五十多年，最终成长为一代出版名家和出版史家。提到张静庐，著名的文学史家阿英曾说，“要编纂一部比较详尽的中国新文化运动史”，不应忘记他。

张静庐从1914年起，即编印《小上海》《小说林》《滑稽林》等小型报刊。后来历任《公民日报》《救国日报》《新的小说》等杂志的编辑；1925年，与人合作创办光华书局，任经理；1927年与洪雪帆合资创办现代书局；曾出版《萌芽》《拓荒者》等刊物及郭沫若、郁达夫、茅盾等人的著作。1934年独资创办上海杂志公司，专做杂志发行业务，这是中国第一家以代订代办、代理杂志发行业务为业的新型书店。后来为配合抗日宣传，他出版了上千种战时新书，为宣传抗日、传播新思想和新文化做出了重大贡献；1943年，在重庆以生活书店、读书生活出版社、新知书店为核心，结合28家出版机构组成联营书店，任总经理。1950年，调入中央人民政府出版总署，历任计划处副处长、私营企业处处长和出版总署专员。1954年后，历任北京古籍出版社编审、中华书局编审、中华书局近代史编辑组组长等职。

张静庐从事出版事业五十余年，著有《单恋集》《中国的新闻纸》《中国的新闻记者与新闻纸》《在出版界二十年》，编有《中国文学珍本丛书》（第一辑）、《中国近代出版史料》七编八册等。其中，《在出版界二十年》一书是张静庐在阿英的建议下撰写的一部优秀的回忆录。这部回忆录真实地反映了这位出版家前半生从事出版活动的心路历程，很值得今天的出版人细细品读。从中可以看出，张静庐的身上具有很多现代创新型出版家的素养，值得今天的出版人学习和深思。而这些素养也是张静庐之所以能够成为一代出版名家的重要原因之所在。

一、浓厚的兴趣：痴迷图书的“怪癖”在作祟

孔子云：“知之者不如好之者，好之者不如乐之者。”兴趣与爱好是最好的老师，也是每一个人选择并做好一项职业的最佳驱动力。想要成为一名出版家，首先就要具备对图书和出版事业的“沉醉”和“痴迷”。只有这样，才能以苦为乐、乐此不疲。张静庐少年时即对图书具有一种近乎痴迷的感情。他少年时曾在上海的酒行和纸行做过学徒，但他并不安于本业，而是幻想着在商务印书馆当一名练习生。他说自己有对书的嗜好，有看小说的兴趣，又有想做出版家（甚至做作家）的欲望。因此，“每天晚上当酒行里打烊之后，总得从天潼路走到棋盘街（那时大小书店都集中在河南路上），在每一家书店的玻璃柜窗外，独自个儿站立片刻，老是瞧着这五光十色的小说封面发怔”。[①]由于他经常去棋盘街逛书店，因此被同事戏称为“棋盘街巡阅使”。张静庐

① 张静庐：《在出版界二十年》，台湾龙文出版社股份有限公司，1994，第22页。

由痴爱图书而及于痴爱出版业，日后投身出版业是理所当然之事。他自己也认为，自己从事出版业的初衷是因为“爱书”的“怪癖”作祟。他说，“如其说我有着想做个出版家的企图，毋宁说是我有着爱书的嗜好。从少年时代起，我就喜欢书，到现在为止，这个怪癖还没有改进。……在出版界已整整度过二十年了，究根探源，还不是都为着这‘怪癖’的作祟吗？——我爱书。”[①]这一“怪癖”一直支配着他此后的出版生涯。因此，他从事出版业，从来都是“日夜工作，乐此不疲”。在泰东书局做编辑时，因为有爱书的怪癖，“所以将一本书从付排到装订出版，都由自己亲手照料，真有说不出的快乐”，在这一“怪癖”和责任的驱使下，无论是下雨还是落雪，他都要去公司走一遭[②]。可以说，如果缺少了这种对书籍和出版事业的痴爱之情，张静庐是否能从一个普通行业的学徒成长为一代“出版霸才”，还是需要打上一个很大的问号的。

二、高远的理念：出版商强烈的文化责任感

日本出版学者清水英夫指出：出版社并不单纯凭借资本和企业规模的大小程度决定优劣，决定优劣的关键在于出版社的出版理念如何。他还指出，一般的经商者只在功成名就之后才转而谈论“哲学”，“只有出版家，是先谈‘哲学’，而后才开始经商的”[③]。的确，有无高尚的文化理念和强烈的文化承担感，是优秀的出版人和平庸的书商之间的根本区别。在中国近现代出版史上，张元济、邹韬奋、陆费逵等人之所以被誉为出版大家，根本原因就在于他们都有一种服务国家、惠泽社会、启迪民智的文化追求。张静庐的事业成就和影响力虽然不

① 张静庐：《在出版界二十年》，台湾龙文出版社股份有限公司，1994，第 64 页。

② 同上，第 69 页。

③ 清水英夫：《现代出版学》，沈洵澧、乐惟清译，中国书籍出版社，1991，第 137 页。

及这些出版大家，但在文化理念方面，却可与他们并肩而论。

张静庐一直强调自己是个“出版商”，而非“书商”。出版商除了赚钱以外，还有更重要的文化理念。他坚信：“‘钱’是一切商业行为的总目标。然而，出版商人似乎还有比钱更重要的意义在这上面。以出版为手段而达到赚钱的目的，和以出版为手段，而图实现其信念为目标而获得相当报酬者，其演出的方式相同，而其出发的动机完全两样。我们——一切的出版商人——都应该从这上面去体会，去领悟。”[①]

张静庐始终抱有一种崇高的文化理念和自觉的文化承担意识，他在总结二十年的出版生涯时，认为自己所做的工作对整个民族和社会有重大和深远的影响。他说：“我有我的目标，我有我的信念，二十年生活在出版界里，弯弯曲曲朝着这目标而前进，千辛万苦为实现这信念而工作。并不因环境险恶而躲避，也不受生活艰难而动摇。我明白，我所负的责任的艰重，文化工作影响于民族社会的重大和深远！”[②]

正因为如此，张静庐才能自觉承担出版业的社会责任，注重提高出版业的精神境界，给予读者无限的人文关怀。在谈到创办上海杂志公司的原因时，张静庐回忆说：“讲到钱，杂志这一项买卖，当然不是生意经，也许还要亏本；但是为事业前途的发展，为文化运动的普及，杂志倒是可为而不可为的出版事业。”[③]上海杂志公司的经营进入正轨后，开始刊行两本文艺类杂志：《译文》和《作家》。在当时的上海出版界，这类杂志并不能大赚其钱，但为什么又要出版呢？张静庐解释说：“这二大文艺读物的出版，根本就不曾打算过想靠它赚钱的算盘。（谁都晓得这不是会赚钱的生意经。）那么为什么要出它呢？为自己，也为别人；更含有一重大的意义，想在畸形发展中的杂志界，

---

① 张静庐：《在出版界二十年》，台湾龙文出版社股份有限公司，1994，第 147 页。
② 同上，第 146 页。
③ 同上，第 116 页。

凭我们小小的努力，将出版物的水准提高起来。——出版家的精神堕落，这趋势比纯以赚钱为目的更可怕，更可忧虑！”[①]

抗日战争时，张静庐又勇敢地承担起出版家的历史责任，他认为，在抗日战争时期，贤明的出版家的责任就是出版一切可以服务于抗战救国事业的图书，并以此寄希望于整个中国的出版界。他说：“在抗战建国时代，我们需要有建设性的学术图书，国防性的专门典籍，也能够同平时一般源源的印出来。同时更从第一期抗战经验与教训中，建起新的理论来；从参加前线抗战工作，实际生活的体验中，产生伟大的文学作品来；为要唤起全国民众的抗战情绪，发动民众自卫武力，编制通俗的大众读物来！这些都是有智慧的作家们的责任，也是贤明的出版家的责任。”[②]

作为一名具有文化理念的出版商，张静庐赢得了很多知名人士的称赞。范用先生回忆，抗战时期的出版工作“不仅仅是我们三家书店（注：指生活书店、读书生活出版社、新知书店）在搞，还有许多人在搞。其中，也有些人是起了进步作用的。张静庐办了上海杂志公司，是出版界的老前辈了。他始终跟左翼作家、跟进步文化人保持了很好的合作关系。他经营得很好，出版了很多书”。[③]

三、感人的情怀：对读者深厚的人文关怀

读者的认可与支持是出版事业繁荣发展的前提条件。服务广大读者是出版人永恒的工作职责，对读者的态度是衡量一个出版人境界高低的重要指标。作为一位著名的出版人，张静庐的读者情怀十分浓厚，想读者之所想，急读者之所急，一切都为读者着想的办事原则贯穿于

---

① 张静庐：《在出版界二十年》，台湾龙文出版社股份有限公司，1994，第 133 页。

② 同上，第 143–144 页。

③ 范用：《琐忆抗战时期党领导的出版事业》，载《书魂永在：范用纪念文集》，人民出版社，2011，第 199 页。

他的整个出版生涯。在他身上，体现着一种“将心比心”“推己及人”的仁者气象。他在回忆录中写道：“我是个十足的读者出身，读者所尝的痛苦我都明白。所以到我独创一格，开办上海杂志公司时，竭力要克服种种困难，弥补种种遗憾。”[①]他在经营上海杂志公司时，处处为读者着想，提出了“快、齐、廉”的经营准则，向读者承诺“退定、改定，绝对自由”，这种看似不可思议的经营手段不仅使公司的营业额逐年增长，而且赢得了越来越多的忠实读者，并因其信誉得到几十万订户的好感。

在张静庐创办上海杂志公司之前，上海所有的书店都将图书杂志放在玻璃柜中，读者不可任意翻看。张静庐少年时，即因此深受不能自由浏览图书之苦，“深切的感觉到没有钱买书而要想‘揩油’看书的困难”，因而在创设上海杂志公司以后，一改行业旧规，率先实行开架售书的制度，“一切新书杂志都摊放起来，绝对的并且很欢迎没有钱买书的读者自由自在地翻看他所需要的书籍和杂志”[②]，以满足无钱购书的读者阅览图书杂志的需求。此举实行后，颇得读者之欢迎。一时之间，上海杂志公司声名鹊起，营业额也不断攀升。此后不久，上海所有的书局都仿效上海杂志公司，改为开架售书。所有这些举措的实施，皆因张静庐时时处处能由己及人、设身处地为读者着想，对读者抱有一种出版人特有的人文关怀。

四、坚韧的毅力：“愈战愈勇”的举鼎雄心

张静庐自任《救国日报》编辑以后，直至1969年病逝，一直未脱离出版行业。但是他的出版生涯并非一帆风顺，商业上的风波、人事上的瓜葛，常常导致他的事业出现危机。可他从来都没有打过

① 张静庐：《在出版界二十年》，台湾龙文出版社股份有限公司，1994，第124页。
② 同上，第30页。

退堂鼓，从来没有产生过洗手不干的念头。相反，他往往是屡败而屡战、愈战而愈勇，最终在逆境中成就了一番事业，以自己的人生经历诠释了“古之立大事者，不惟有超世之才，亦必有坚忍不拔之志”这句名言。

光华书店就是张静庐和沈松泉、卢芳两人以25元的资本创办的。这个在艰难困苦中创办的出版社，成为旧上海第一家纯粹的新书店。在与人合作创办现代书局后，正当事业蒸蒸日上时，张静庐却被排挤出局，境况分外落魄。此时，张振宇聘请他担任时代图书公司华南五省的总经理，不料又遭人反对，反对的理由是：“这只马不是我们所能控制的！”于是就任总经理之事随即泡汤。事后，张静庐便发出了这样的豪言壮语：“是的，我虽没有缚鸡的腕力，而却有举鼎的雄心。老实说，在当时上海的同业中，值得我钦仰，或使我感到可爱的出版家，真是寥寥无几！”[①]这既是张静庐身处逆境时的愤慨之词，也是他借以自励的宣言。但正是依靠着这种“举鼎的雄心”，张静庐才能迅速摆脱失败的逆境，重新创造事业上的奇迹。果然，张静庐在连遭失败后，审时度势，又以20元的资本创办了上海杂志公司，与另外两个职员，“不畏辛劳，不讲报酬，实行埋头苦干，硬干，实干！”[②]不久，上海杂志公司发展情况蒸蒸日上，成为现代上海乃至整个中国著名的杂志出版发行机构。张静庐认为这是比光华书局诞生时还要罕有的“奇迹”。张静庐这种“举鼎的雄心”既是出版人应有的豪情与气概，更是出版人不可缺少的勇气与韧性。

五、精明的商道：“在商言商”的“出版生意经”

出版业具有鲜明的商业属性，从业者除了应具有高远的理念和丰

① 张静庐：《在出版界二十年》，台湾龙文出版社股份有限公司，1994，第116页。

② 同上，第117页。

富的文化知识外，还必须“在商言商”，懂得经营运作之道。张静庐之所以能够成为一代“出版霸才”，除了上述原因之外，还与他善于与时俱进、把握时势、不断总结经验、长于结交知名作家、精于出版经营的出版商素养有极大的关系。张静庐的经营才干，在当时的出版界相当有名。他的朋友沈松泉在追忆他的文章中，多次提到他在书业经营中的开拓精神。1943 年，生活书店、读书生活出版社、新知书店等 28 家出版社，在重庆组织了新出版业联合总处，公推张静庐任总经理，正说明当时的书业同行对他经营能力的信任。

张静庐的生意经，集中反映在他的杂志经营之道上。他在出版界打拼二三十年，编杂志、卖杂志，在杂志的出版和经营方面积累了丰富的经验，深得其中三昧。

在《杂志发行经验谈》一文中，张静庐认为办一份畅销杂志的根本要诀在于“内容充实”。而要做到这一点，最重要的是明确自己的目标和读者对象，然后针对目标努力做事。用今天的话来说，便是杂志要找到准确定位。“无论谁，要想办一种杂志，决不是为给自己玩儿的，而自有它的目标和读者对象的。这样，只要你朝向你的目标迈进，对着你的读者对象而努力，出版愈久，读者对于你的了解愈深切，出版的期数愈多，销路愈广远，而销数也愈益增高了！”[①]在宣传工具尚不发达的 20 世纪二三十年代，张静庐还特别强调杂志在普通读者中的口碑。就是这种“口耳相传”式的宣传，影响着杂志的市场份额。“因为从最初少数的基本读者方面，自然而然的替你口头的宣传和事实上的介绍，一变二，二变四地逐渐增加增高起来了。”[②]

张静庐还认为，要使杂志销售出去，应该解决以下三个问题：“第一，要使各地的读者都晓得有这样一本东西（买与不买是另一问题）；

① 张静庐：《在出版界二十年》，台湾龙文出版社股份有限公司，1994，第 154 页。
② 同上。

第二，要使它能达到每一家贩卖书店（卖得掉与卖不掉是另一问题）；第三，要使读者怎样会拿出钱来买你的杂志（满意与不满意是另一问题）。”①话虽简单，却大有深意。所谈问题与今日所谈的宣传、渠道和营销都大有关系。

张静庐还重视杂志的创新精神，认为杂志要从实际情况出发，办出自己的特色来，而不可跟在别人的背后，一味重复别人的套路。他说：“办杂志也绝不可以太空想了。现实的环境和社会的需要也得面面顾到。第一件事要避免的，不可跟在别人的背后，踏着别人已经走过（无论是成功还是失败了）的脚痕。”②无独有偶，同时代的邹韬奋先生也认为，办刊物“最重要的是要有创造的精神，尾巴主义是成功的仇敌。刊物的内容如果只是‘人云亦云’，格式如果只是‘亦步亦趋’，那是刊物的尾巴主义。这种尾巴主义的刊物便无所谓个性或特色；没有个性或特色的刊物，生存已成问题，发展更没有希望了”。要克服“尾巴主义”的毛病，做出刊物的个性或特色，就“非有创造的精神不可”。③可见，在创新这一点上，这两位出版家真是“英雄所见略同”。

六、深入的研究：近现代出版史料整理的第一人

理论与实践相结合是提高工作水平的有效途径。特别值得一提的是，张静庐除了在实业界有一番大作为之外，还在理论研究方面做出了重要的成绩。他是我国近现代出版史料整理的第一人，也是中国近现代出版史研究的重要奠基人，堪称一位少见的“学者型出版商”。如今提到张静庐，人们首先想到的，肯定是他历时20年，苦心收集，精心整理和辑注的《中国近现代出版史料》。这部史料集共七编八册，全书约320万字，收录了自1862年京师同文馆创立

① 张静庐：《在出版界二十年》，台湾龙文出版社股份有限公司，1994，第150页。
② 同上，第154页。
③ 邹韬奋：《韬奋文集》第三卷，生活·读书·新知三联书店，1955，第332页。

至1949年中华人民共和国成立87年间出版事业的重要资料，包括图书期刊、教科书、印刷装订技术、出版法令、图片、年表、书影等，保存了大量丰富的第一手出版史料。这些史料有的辑录自当时的图书期刊，有的则未经公开发表，还有的资料是特约编写和专门调查的，极为难得，对于中国近现代出版史的研究具有重要参考价值。随着出版史研究的不断发展和深入，这部收罗广博、体例明晰、辑注翔实的史料集的价值已越来越为人们所重视。对于张静庐在出版史研究方面的贡献，王益、王仿子、方厚枢等出版界老前辈的说法具有一定代表性："出版史研究，往往为实际工作者所忽视。说老实话，在张先生编辑出版这些史料的当年，我们对他的工作的重要意义，也并没有深刻的认识。张先生是有远见卓识的，他是建国后我国出版史研究的开创者，他带了个好头，我们现在还应该感谢他。"[①]2003年起，上海书店出版社将《中国近现代出版史料》陆续重印出版，随着这套史料集的广泛流传，这位"出版霸才"已为更多的世人所认识和铭记！

（原题为《张静庐先生的现代创新型出版家素养刍议——读〈在出版界二十年〉札记》，发表于《出版发行研究》2013年第5期）

① 王益、王仿子、方厚枢：《推动出版史的研究和学习—谈我国出版史著作和史料出版》，《中国出版》2000年第3期。

本师肖东发先生的文章写作思想与方法

本师肖东发先生（1949—2016），是我国当代著名的编辑出版学家、图书馆学家，生前曾先后在北京大学信息管理系、新闻与传播学院任教四十余年，在中国书史、藏书史、出版史、年鉴学等“治书之学”领域著述颇丰、成就斐然。据不完全统计，他一生中共发表论文300多篇，出版各类著作50部，承担重大课题十多项，获得省部级以上科研奖励20项。他任教期间，科研与教学并重，关爱学生，立德树人，门生弟子遍天下，培养了近百名硕士和博士，很多已经成长为不同领域的领军或骨干人物。他的一生，真可谓“托命杏坛平生志，寄情书海半世缘”。

笔者于1998年考入北京大学信息管理系，学习编辑出版学。本科四年，先后聆听本师讲授“中国图书出版史”“出版经营管理”两门必修课，初步结下师生之缘，当时即对他的道德、学问和学者风采惊叹、敬佩不已。大三时，笔者以《中国私家藏书文化特质初探》一文参加北大“挑战杯”竞赛，在系级初评时，他担任笔者的主评委员，对笔者的论文青眼有加，给予充分肯定，推荐其参加校级比赛。后来又热情地给笔者提供参考文献，指导笔者如何修改，使得论文的水平更上一层楼。修改后的论文获得了北大挑战杯竞赛三等奖，同时发表于中文核心期刊《西南师范大学学报》（人文社会科学版）上，这是笔者入北大以来发表的第一篇学术论文，其中凝结着他的不少心血。因了以上因缘，大四时，笔者就确定了追随他攻读硕士研究生的坚定信念。

2003年，笔者有幸正式拜在本师门下求学问道，后于2006年、2014年分别获得文学硕士学位和博士学位。十余年来，他倾注心血，言传身教，毫无保留、极其真诚地教笔者做人、做事、做学问，督促、指导着笔者在学术和人生道路上不断向着更高、更远的方向攀登奋进。他，就是笔者在北大最亲近、最敬佩、最怀念的“根本之师”。在学术研究方面，笔者深切地感受到，他在讲授知识的同时，还特别重视传授研究方法，尤其是文章撰写之道，他把点石成金的手法也无私地送给了所有学生。正是在他的悉心指导下，笔者撰写、出版和发表了一些著作和论文，获得了北京大学“学术十杰”、北京大学优秀博士论文奖、全国出版科研优秀论文奖等荣誉。这些成绩，无一不是遵循他文章写作思想的成果，也无不凝结着他惠泽后辈的心血。今哲人已逝，遗训犹存，谨将本师昔日教导笔者的撰文之法，略做梳理，聊表怀思。

一、首明治学宗旨，做有价值、有意义的研究

本师教导我们，无论做什么事情，首先要明确宗旨和目标，从事学术研究尤其如此。为此，首先要热爱自己的专业，充分认识到本专业的价值，这样才能带着乐趣持之以恒地钻研下去。他对有志于从事新闻出版行业的学生说：“首先要热爱新闻出版事业。‘知之者不如好之者，好之者不如乐之者’。新闻出版行业真是一个非常好的行业。在建设文化强国和全民阅读中，出版的作用不言而喻。出版的产值和其他行业相比虽然不大，但是它的作用很大。多少发明创造靠出版传承，多少好的思想靠出版传播。后人怎么知道诸葛亮？因为有《出师表》。怎么知道林则徐、文天祥？因为他们的精神是靠他们的著作留下来的。所以书太重要了。不要低估这个行业，这个行业关系到国家、民族、人类的振兴，我们越认识它的意义，越觉得它的重要性之大。其次要爱读书，这是从事这个行业的先决条件。一个人要是不爱读书，对书有关的事情就没兴趣，也就很难做好这个工作。”①

---

① 章红雨：《“好之者不如乐之者”：访北京大学新闻与传播学院教授、博士生导师肖东发》，《中国新闻出版广电报》2014 年 6 月 30 日第 9 版。

本师认为，对于从事社会科学的研究者来说，在研究中必须具有“经世济民”的强烈愿望和人文关怀，撰写文章应该以解决问题为主要目的。要解决的问题，或是理论方面，或是实际方面，都需要有突出的研究价值。即便是研究历史，也要有总结规律、以史为鉴、古为今用的作用。他在和仝冠军师兄合作撰写的《出版与社会：出版史研究的基本问题》中提出：“出版是社会大系统中的一个小系统，不能离开具体的社会环境独立发展，可以说一部出版史也就是一部出版与社会的关系史，两者是互动的关系。只有突出对这一问题的研究，才能对出版史有更深层次的认识，对具体的社会现实提供借鉴。”他们还特别说道：“学术研究最终要走向社会才能够体现出自身的价值，出版研究也要最终回归到指导出版实践的层面上来。要善于在纷繁复杂的历史中，寻找各种事件的相互联系，并最终对现实提供借鉴。”[①]所以，他平日最推崇蔡元培、张元济两位先生“教育救国”“出版救国”的理念和实践，并要求我们一定要密切关注现实和理论中的重大课题，落笔为文时从问题入手，深入分析，而不要从概念入手，泛泛而论。

他晚年特别关注大学精神和全民阅读，认为国家在经济实力强大以后，一定要特别重视文化方面的“软实力”建设，而教育、出版和推行全民阅读则是最应该重视的首要之措施。作为终生读书、写书、评书、教书、研究书的学者，他总希望大学和社会上的阅读风气再浓一些，为此撰写了《文化强国与全民阅读》《阅读是人类永恒的生活方式》等文章，大声疾呼。当看到各地的实体书店纷纷倒闭时，他深以为忧，逢人就讲，要想办法把实体书店留下，让孩子、老人有翻书、看书之地。否则，整个城市的实体书店太少了，文化和精神就会很荒凉。他为此还撰写、发表了《把实体书店留住》等多篇直面现实问题的好文章。他的这些观点和做法，为我们树立了极佳的榜样。

---

① 肖东发、仝冠军：《出版与社会：出版史研究的基本问题》，《中国出版》2003年第8期。

二、恪守学术道德，遵循学术规范

本师认为，做学问如同做人，德行永远是第一位的；表现在文章上，就是时时处处都要恪守学术道德、遵循学术规范，守住底线，绝对不能抄袭、剽窃，引文一律规范地标注出处。他常年为新闻与传播学院的本科生和研究生讲授入学第一课——“大学精神、论文写作与学术规范”，言之谆谆告诫大家老老实实做人，扎扎实实做学问、写文章。讲座的结语总是一句“预祝大家写出既富有新意又符合学术规范的好文章”。为了让大家在这一方面得到系统训练，他与李武师兄编著了《学位论文写作与学术规范》（北京大学出版社，2009），其中所举案例，多来自他亲自指导的课程论文和毕业论文，具有很强的指导和示范作用，因此成为很多学生的必读之书。他在参加研究生的论文答辩时，除了文章观点和内容以外，会重点审阅参考文献的著录情况，大到参考文献的多少，小到标点符号的对错，都会细致地提出自己的意见。

他担任“光明书榜”评审委员会委员时，曾极力推荐北京大学出版社的《脚注趣史》，推荐理由体现了他对学术道德和规范的一贯重视：“阅读本书，反思严肃做学问之现实，颇有感慨。在笔者看来，脚注更重要的作用，在于其所代表的一种实证的态度、科学的精神。如今学界科研压力下所诞生的量级庞大的博士论文、研究成果，抄袭模仿、粗制滥造层出不穷，更不用提脚注的规范使用。我本人研究学术规范多年，在北大教课时也常讲脚注之用。脚注的意义确实是多方面的……然而不得不说，在当下的中国，脚注在研究中的地位经常不被重视。所以，不妨让我们从读《脚注趣史》开始，轻松读史、严肃治学。”①

① 肖东发、卞卓舟：《〈脚注趣史〉之“趣”》，《光明日报》2015 年 2 月 17 日第 10 版。

三、博综兼览，守正出新

本师常说，学术研究，贵在好学深思，既要博综兼览，广泛吸收，更要守正出新，后来居上。一篇好的文章，应该以广博的资料做基础，有厚度，更要论出新意，大胆提出新知、新解。为此他特别强调，做研究、写文章，要先在广泛、深入阅读文献资料的基础上，做好文献综述，算好学术总账，为此后的研究打下坚实的基础。

他在出版史研究方面，自 1992 年发表第一篇综述文章《对中国出版史研究的回顾与展望》以来，每隔几年便会推出新的文章，包括《二十世纪中国出版史研究鸟瞰》（1999）、《中国出版史研究的回顾与展望》（2002）、《一门年轻学科的坚实足迹：近 20 年来我国出版文化研究综述》（2009）、《2000 年以来中国出版史研究综述及未来趋势》（2010）、《对话录：21 世纪以来中国出版史研究进展及趋势》（2015）等。用于文师兄的话来说，这些综述文章不仅为后学的入门与研究指明了方向，而且是构建我国“出版史”之学科共同体意识的重要文献资料。为什么要这么做？本师解释说：一是逼着自己保持学术的敏锐性，时刻关注学术界的研究进展和整体情况，充分汲取最新的学术养分；二是在读书、总结的过程中，发现研究的空白、不足与突破点，为自己的创新研究提供方向，确保不做重复研究和无用之功。因此，他在指导我们撰写论文时，总是强调做好资料的收集、整理和评价工作。这个工作做完了、做好了，才能开展后续的工作。

本师还特别强调，在综述基础上做研究，必须提出独到的见解。20 世纪 80 年代，国内兴起影印《四库全书》之风，引发了对乾隆皇帝的评价问题，一时之间议论纷纷。一味褒扬者有之，肆意贬低者有之。本师则在深入研究原始资料、综述各家观点的基础上，提出在《四库全书》的编纂问题上，乾隆起了“功魁祸首”的作用，观点既客观中允，又令人耳目一新。再比如，在中国书籍起源于何时这个问题上，历来有不同观点，如著名的书史专家钱存训认为："古代文字之刻于甲骨、金石，印于陶泥者，皆不能称之为'书'。书籍的起源，当追溯到竹简木牍，编以书绳，聚简成篇，如同今日的书籍册页一般。在纸发明以前，竹木不仅是最普通的书写材料，且在中国历史上，其被采用的时间，亦较诸其他材料为长久，甚至在纸发明以后数百年间，竹简木牍仍继续用作书写。"[①]本师对这种以载体和装订形式作为判定是不是书籍的标准的观点并不赞同，提出："对于钱先生强调我国图书的起源，应追溯到竹简木牍，我是赞同的，但是觉得应加上'为主'二字。""判断是否为书的标准，不在于载体材料和装订形式，而在于记录的内容，内容才是第一位的。不能一概而论。"[②]他根据文献记载和考古发现提出，编连成册的竹简木牍未必都是书籍，而以其他材料为载体的文献也未必不是书籍，并在此基础上，提出了判定图书的五要素，进而提出"图书文献产生于夏代末期"的观点。[③]

笔者在本师的影响下，在撰写任何文章时，都会主动问自己两个问题，并力图交出最好的答案：一是资料收集得是否完备，综述工作做得是否扎实；二是有没有提出让人心服口服的创新之论。本师曾在《中国编辑出版史》（辽宁教育出版社，1996）一书中，从宏观上把中国近代出版史的变革总结为五个方面。后来，笔者有幸参与此书的修订工作，在探讨这一问题时，笔者结合自己的学习心得，将这一时期的出版变革增加为十个方面，并撰成论文呈他审阅。他看到文章后十分高兴，最后师生共同署名发表。往后，他在讲授出版史或写作文章时，特别喜欢援引此例，以说明学术研究的"守正出新"。

① 钱存训：《中国古代书籍纸墨及印刷术》，北京图书馆出版社，2002，第17页。

② 肖东发：《中国图书出版印刷史论》，北京大学出版社，2001，第12页。

③ 同上，第14-17页。

四、文章成系列，著作集大成

很多老师在指导学生选题时，一般会建议其做“具体而微”的研究。对此本师也深表赞同，他常引用毛泽东同志的名言“伤其十指，不如断其一指”，教导我们要善于做“窄而深”的研究，力争在有限的篇幅内彻底解决一个问题，而不要拿一个大题目泛泛而论，面面俱到却不能深入。但除了这样的训练以外，他还认为做研究特别需要有更高远的视野，敢于并善于选择有价值的大题目，咬定青山不放松，有恒心、有计划地研究下去，假以时日，终会有成效。这一要求的具体落实，就是“文章成系列，著作集大成”，即把一个大题目分解成若干小专题，逐个研究，逐次突破，不断写出有新意的论文。时机成熟时，进行必要的整理和归纳，就会形成有深度、有系统的研究专著。

20 世纪 90 年代初，本师选定中国出版史作为自己的主要研究方向后，以“中国古代出版印刷史专论”为主题，先后在《编辑之友》上发表 13 篇专论文章。以此为基础，再出版《中国编辑出版史》（上册）、《中国图书出版印刷史论》（北京大学出版社，2001）二书，就是水到渠成、瓜熟蒂落之事。尤其是后者，共分《导论》《源流篇》《系统篇》《流布篇》4 部分 12 章，分则为专题，合则为专著，读之如入宝山，除了令人信服的论述和观点外，其稳扎稳打、步步为营、积沙成塔的写作手法，也给读者提供了鲜活而成功的案例。此书后来被评为北京市哲学社会科学优秀成果二等奖、中华文化优秀著作奖，真可谓实至名归。

笔者在把畅销书出版作为研究方向后，也仿效此法，将其分解成十几个小专题，边研究，边撰文，边发表，待博士学位论文写成后，已在专业报纸和期刊上发表十余篇论文了。2017 年，在论文修改完毕即将正式出版时，笔者在后记的开篇处说：“本书是在本师肖东发先生‘文章成系列，著作集大成’以及‘古今并重’治学思想的启发和指导下完成的阶段性成果。”算是笔者给他提交的一份迟到的作业。

五、广泛收集和充分利用第一手材料，有多少材料说多少话

本师在治学中，一贯坚持马列主义唯物史观，强调“一网打尽”式的资料收集方式，有多少材料说多少话，尤其注意通过访谈、问卷、实地调研等方式获取别人无法获得的第一手材料。因此，就必须读万卷书和行万里路并重。

早在1982年，为撰写硕士学位论文《建阳余氏刻书考略》，本师在广泛阅读已有文献的基础上，仍历时一月余，行程逾万里，深入福建省武夷山区的麻沙镇、书坊乡等地实地考察，走访余氏后人，查阅家谱、方志、文集等资料，还到京、津、沪、浙、川、闽、辽等地15所图书馆查阅200多部余氏刻本实物，发掘了大量珍贵的原始材料，订正了前人的不少误说。最后，除完成三万多字的硕士学位论文外，他还撰写了一万余字的《明代小说家、刻书家余象斗》，发表在《明清小说论丛》第四辑上。在此基础上，他又连续发表了一系列相关论文。直到2001年他到东京出席“第一届东亚出版文化学术国际会议”时，与会的英、法、美、日等国代表还多次提及并称道这两篇颇见功底的论文。

由于有切身的经历和体会，本师在教导我们时，总是强调要拿资料来说话，尤其是要拿第一手材料说别人没有说过的话。为此，他亲自联系不同单位，为编辑出版学专业的学生设立多处实习基地，其目的就是提升学生获取一手材料、深入调查研究的能力。王逸鸣师弟在撰写博士学位论文时，为了让他获得更多的一手材料，本师亲自带队前往上海，组织业界、学界人士共聚一堂，就师弟的研究题目发表高论。整理出来的会议发言纪要，为师弟的论文增色不少。

六、上挂下联，左顾右盼

本师强调，写文章一定要有大视野、大格局，贯穿古今，兼通中外，

既要知古，也要明今；既要能说秦汉，也要能讲希腊，以便总结规律，纵横有序。他于书史、藏书史、出版史之外，还研究年鉴学、出版经营管理。其用意就在于能够贯穿古今。在分析具体问题时，则要善于从一个点延展出去，分析其历史背景和社会影响。在“中国图书出版史”课上，他会要求学生选取任何一个时间点或出版物来探讨历史规律，写成课程论文。他认为：“任何一本书，任何一个书铺、出版社，任何一个出版的事件，都会牵涉到多重历史原因，同时这本书、这个出版人，又会对社会有多方面的影响和作用。”①这种上挂下联的方法，被他形象地称为“螃蟹法”或“沙漏法”。

此外，他还特别重视中外比较的方法，在讲乾隆主持编修《四库全书》时，常从多个角度，将其与法国狄德罗、达朗贝尔编写大百科全书之事做比较，所得结论精彩纷呈。后来，他与师妹周悦合作撰成《〈四库全书〉与法国〈大百科全书〉的编纂出版之比较》一文，对这一问题进行了系统、深入的梳理，发表后引起广泛好评。他还与于文师兄共同主编了教材《中外出版史》（中国人民大学出版社，2010），是目前国内少见的中西合璧的优秀出版史教材。在他的影响下，笔者在学习、研究中国古代出版史的同时，还把大众文化与畅销书出版作为自己的重要研究课题；而在具体的研究中，则特别愿意使用“沙漏法”和“中外比较法”分析问题。在研究国内畅销书出版活动的同时，笔者花大力气研究了日本近代以来的畅销书出版史，两相对照，常有新的发现和结论。

七、不发极端之论，不道自我表彰之语，不做无谓之争

本师强调在文章中提出新知、新解，并非剑走偏锋，刻意求新、

---

① 郭九苓、胡宇齐、黄柯柯：《得天下英才而教育之：访新闻与传播学院肖东发老师》，《北京大学教学促进通讯》2012 年第 21 期。

求怪，发为极端之论，而是要求论述平实，话不能说得太满，要能站得住脚。笔者与他合作撰写《图书经典及其特质论》，初稿写成，呈他审阅。在文中，笔者初步将经典的文化特质总结为十条。他通过详细的批注对文章提出了多处修改意见，尤其是对其中的极端之论，提出了中肯而严厉的批评。兹转录文章第九条笔者的观点和本师的批改意见（见括号内）：

> 对于当代人来说，经典，尤其是古籍中的经典，几乎人人皆知，（这里用“人人”，有些过，大部分人说不清，不知者众矣，咱们［的书目］不还在征求意见嘛）且人人皆知应读，却未必人人都认真读完过（“读完”二字更过，没有几个能读完——注意严谨和分寸，别让人一边读一边不认同）。

读此修改稿，让笔者坐立不安，竟有汗涔涔而下之感。后来按照本师的意见修改后，才发现自己当初的观点是何等肤浅、无知。

在本师看来，即便有独到之论，也需要谦虚谨慎地提出，而不能自吹自擂。笔者在读硕士时，曾以助教身份为本科生讲过一节课，其中有两次提到自己的文章因选题与观点新颖而得到其他授课教师的表扬，颇有自得之色。课后，他非常严肃地告诉笔者，以后无论讲课、撰文，都不能再作自夸之语。谦虚、平实的另一方面，就是善于听取批评意见，有则改之，无则加勉。笔者随他参与一些课题工作会议时，偶尔可见一二人对他提出刻薄的批评意见。但笔者从未见本师发火，他总是温言相待，保证会议和工作的顺利进行。有时笔者对此不解，对他抱怨。他解释说：“我的处事原则就是‘立定脚跟做事，大着肚皮容人’。咱们只管做好自己的事情就好，不要和人争论。”笔者博士毕业时，他作为教师代表在新闻与传播学院的毕业典礼上发言，送给全体毕业生的寄语，还是这两句话。这不仅是他为人的风格，也是他撰文的原则。

在他的影响下，笔者也时刻提醒自己，不写与人无谓争辩的文章。

八、学、思、述、作并重，不能披头散发示人

本师曾说："我主张大学里就要把学术风气搞得浓厚些，把读书放在很重要的地位。大学生不读书行吗？读了以后就要写，要毕业的就写论文，不面临毕业的就写读书笔记。我为研究生办的学术沙龙，长年坚持。在读书会上我们总有东西可以谈，总有人读了书需要报告，总有论文需要指导，总有课题进展需要沟通，总有外边请来的人可以介绍一些新鲜的东西。"①这段话，集中体现了他学、思、述、作并重的思想。

他特别推崇孔子的那句话——"学而不思则罔，思而不学则殆"，因而要求我们勤学、深思。但又不能仅仅止步于此，在此基础上还要系统地讲说、勤奋地写作。他的观点是"思而不述则暗，述而不作则滞"。述，就是在各种场合积极地发表、讨论；作，则是在胸有成竹后，将其及时落笔成文。写成以后，还要花时间精雕细琢，把文章打造得尽善尽美后再投寄发表，而不能披头散发、不梳妆打扮就出门，正所谓"良工不示人以朴"。

以上几点，仅是笔者平日"从夫子游"时大略所记。此外受益处亦复不少，限于篇幅不再赘述。就笔者个人而言，最值得纪念的是，本师生前和笔者合作的最后一篇文章《图书经典及其特质论》发表于《北大新闻与传播评论》第十辑。接到样刊时，他已去世近半年，笔者临文嗟悼，百感交集，在微信上发文说："这是本师和我合作的最后一篇文章。昔日的往来邮件，还有本师的满纸批注仍历历在目。能够发表，也是他的遗泽所致。而今而后，文章初成后，竟不知呈

① 郭九苓、胡宇齐、黄柯柯：《得天下英才而教育之：访新闻与传播学院肖东发老师》，《北京大学教学促进通讯》2012年第21期。

何人审阅批改矣。无限感念本师！”这样的伤痛和遗憾，直到现在仍久久难去。在以后的日子里，笔者唯有按照他的教导，不断写出“既富有新意又符合学术规范的好文章”，才能不辜负他当年的杏坛殷切传道之恩。

（以《此是良法可书绅——本师肖东发先生教我如何写文章》为题发表于《中国研究生》2017 年第 7 期）

本师肖东发先生的教学思想与方法

大学之责，重在教书育人；育人之所，首推三尺讲坛。大学能够留给学生最美好的印象中，名师的授课风采一定不可或缺。笔者在北大读书期间，最快乐、最充实、最难忘的事情，莫过于追随本师肖东发先生（1949—2016）“从夫子游”十余年，系统聆听他讲授的一门又一门精彩纷呈的课程，深入领略了他严谨的授课态度、扎实的知识积累、高妙的授课技巧以及生动的语言艺术。如今，笔者也在行政工作之余承担了一些教学任务，深感要在北大的课堂上站稳脚跟绝非易事。每当这个时候，笔者都会努力从本师当年的示范和教诲中汲取养分与启示。

本师生前先后在北京大学信息管理系、新闻与传播学院任教四十余年，曾为本科生、研究生开设过“中国书史”“版本学”“中文工具书”“年鉴学研究”“中国图书出版史”“北京风物与传统文化”“信息检索与利用”“出版经营管理”等近十门课程，深受学生的喜爱和欢迎。早在1994年，他就被评为北京大学优秀中青年学术骨干，一生多次荣获省部级、校级的教学成果奖及奖教金，其中，他开设的课程“中国图书出版史”于2009年被评为北京市精品课程，“北京风物与传统文化”被评为全校学生最喜爱的十门通选课之一。2013年，在他退休前，获得了由学生票选出来的第十八届“十佳教师”丹桂奖，这是北大学生对自己敬爱的老师奉上的最高褒奖。

本师曾将自己从教四十年来撰写的部分散文、随笔结集，以《北大问学记》为名正式出版（海豚出版社，2014）。在此书的序言中，他写道：

> 现在的学生，是未来的栋梁。面对天下英才，上好

每一堂课，是我数十年坚守的原则。从许多前辈那里，我学会了如何爱书、爱校、爱学生。努力做学生的良师益友，教学相长，和同学们一起学方法、长知识、增能力、开视野、扩胸怀。通过课堂内外的研讨，走读游学、论文指导以及学术沙龙等，培养学生理论联系实际的能力和独立自由的思想。坚持宽口径、厚基础地培养复合型创新人才。追寻和继承老一代学术大师的优良学风和北大传统，牢记守成创新的责任，在新的形势下为学校、为国家多做一点贡献。能够做到这些，我愿足矣。

今日三复其言，仍能深切地感到他对北大、对学生、对课堂、对教育事业的挚爱之情，以及为国家和社会教育人才的神圣责任感。这段言简意赅的“夫子自道”，既是他对自己终身教育理念与价值追求的总结，也是教导我们这些后来人如何为人师表的金玉良言。为了永远铭记他的教导，笔者谨择其中精要，并结合自己昔日绛帐受教时的所见、所闻与所思，陈述如下。

一、学生第一，课比天大

敬畏课堂、热爱学生，教育人才不遗余力，是本师不渝的神圣使命，也是贯穿他职业生涯的一条鲜明而感人的主线。他生前常引述孔子名言“知之者不如好之者，好之者不如乐之者”，表达自己对学生和课堂的挚爱之情。他常说：“‘得天下英才而教育之’真是一大乐事！教他们查资料、检索数据、指导写论文，我觉得太高兴了，而且在这个过程中，肯定自己也有收获，也会出很多成果。”[①]“北大的学生

① 郭九苓、胡宇齐、黄柯柯：《得天下英才而教育之：访新闻与传播学院肖东发老师》，《北京大学教学促进通讯》2012年第21期。

都是优秀的，能够传授给他们知识，是我的荣幸；而如果能教出比我优秀的学生，则是我最大的欣慰。”[①]这体现在实践中，就是对教学工作的极端负责和重视。

2003年笔者正式拜在他门下攻读硕士学位，此后每年都会以学生兼助教的身份随堂听讲，并开始承担部分教学任务。每年开学前，他都会找笔者开会，就教学大纲、课程进度、期中作业、期末考试等问题认真提出自己的想法和要求，并充分征求笔者的意见。本师平日不修边幅，穿着甚不讲究，但只要进入教室、登上讲台，必要如见大宾、整洁大方，如临战阵、全力以赴地讲好每分每秒的课程。他去世后，李卓群学妹曾讲过一件让人异常感动的事情：有一年，本师生病住院期间，仍对“北京风物与传统文化”一课念兹在兹，每天在打完点滴之后便会“溜出”医院，带着时任助教的她去细致考察附近的胡同和名胜古迹，拍摄了大量照片，及时充实到课程讲义中去。他严谨、谦逊、敬业的教学态度，让所有人肃然起敬。

尽管早已是成名多年的教授、博士生导师，但本师仍数十年如一日，坚守在教学第一线，努力为本科生和研究生讲好每一门课程。在所有的课程中，他尤其重视本科生的课程。他常教导我们，对学生不仅要有爱心，还要有真诚的尊重：“要充分地尊重学生，要以学生为主，特别是本科生。”[②]对于“教学重于科研”“教授不给本科生讲课”等普遍存在的问题，他从来都表示难以理解和接受，甚至觉得不值一哂。对他而言，教授也是一名很普通、很平凡的教员，坚持为本科生上好课，就好像“饥来吃饭倦来眠”，是再自然不过的事了。直到退休前，他每年还坚持给本科生讲授四门基础课。在告别讲台前，他多

① 《导师眼中的“完美”研究生》，2012-06-04，http：//www.jyb.cn/ky/kybd/201206/t20120604_496204.html 。

② 郭九苓、胡宇齐、黄柯柯：《得天下英才而教育之：访新闻与传播学院肖东发老师》，《北京大学教学促进通讯》2012年第21期。

次认真地向学院的老师和笔者交代课程的接手问题。2015 年 12 月 30 日，是他最喜欢讲又讲得最精彩的“中国图书出版史”的谢幕课，也是他大半生执教生涯的最后一堂课，在课程即将结束时，他面带微笑、依依不舍地对大家说：“我把我所有的课程都安排好了，都会有人接手。”其时，他的身体状况已经相当不好，“尘中老尽力，岁晚病伤心”，这就好比久经沙场、纵横四海的老骥，即将离开建功立业的战阵，其情能不依依？

二、课不仅要常讲常新，还要常讲常好

这是本师授课最突出的特点。笔者进入北大的第二学期，就有幸聆听了他开设的第一门课——“中国图书出版史”。其时，他正值壮年，气质儒雅、风度翩翩，讲起课来精神抖擞、游刃有余，给我们留下了终生难忘的美好印象。他上课时，自始至终不带讲义，手中唯有粉笔一根，不仅能将大量的史料、数字一字不差地背下来，而且能将看似枯涩的历史讲解得妙趣横生，其中还蕴含着深刻的学术见解和人文情怀。听他授课，就像是在听一个学问渊博、见解精到、语言生动的说书人给我们“说书”。当时他的课排在下午，人易犯困，但我们宿舍的几位同学在上课时，从来都是兴趣盎然、充满期待。期中时，他还带我们全班同学参观了故宫，并亲自担任讲解，渊博、幽默、热情的风度，让我们全班同学深深敬服，真是做到了“以其昭昭，使人昭昭”，不愧为北大名师。后来，笔者在攻读硕士和博士学位阶段，先后至少三次听他讲授这门课，每次都觉新意迭出，或补充资料，或创新方法，或发表新论，给人以“常讲常新、常讲常好”之感。本师辞世后，笔者接手他的“信息检索与利用”一课，在利用他的课件备课时，发现每年的课件都会增补新资料、新知识点，再次印证了他讲课不断求新、求好的一贯风格。

由此笔者深切地体会到三点。

一是做学问、讲课绝不能一劳永逸，不能一种教案、一本教材、一种讲法数年不变，一味吃老本。笔者在读书期间，经常会在图书馆看到年过花甲的本师查阅资料、借阅图书。在邀请别人开设专题讲座时，他在开场白之后，总是坐于前排，和学生一道认真听讲、做笔记。在之后的讲课中，也常能听到他征引、评论最新观点的论说。可以说，他始终保持着一种精进不止的昂扬状态，时刻都在为教学而准备着一切，真是活到老、学到老的优秀典范。

二是要给学生一杯水，老师的肚子里就得装满一桶水，只有这样，才能潇洒从容地传道授业解惑。要做到这一点，就得逼着自己不断读书、思考和上进。以笔者的观察，本师讲课很少点名，有时为了遵循学校的规定，会让助教偶尔抽查一下，但每次都很少有缺课的同学。他是用精彩的讲授把学生吸引到课堂中，而不是通过点名把学生留在课堂里。

三是讲课是一门语言艺术，正所谓“言之无文，行之不远”。课要讲好，除了肚子里要装满学问以外，还得注意讲授技巧，尤其是要拥有高妙的语言表达能力，让学生爱听。本师曾给笔者讲过，他为了把课讲得生动些，曾认真学习和研究过侯宝林、刘宝瑞、刘兰芳等曲艺大师的语言艺术，并适当消化使用于课堂，进而形成自己独特的课堂语言风格。后来，笔者也有意仿效此法，深觉受益不尽。

三、课堂讲授与实践教学密切结合

考虑到编辑出版学是实践性极强的学科，本师在教学中特别重视产、学、研的结合，由此而形成独具特色的“三三三制”：三分之一由老师讲授理论课，三分之一请有实践经验的业界专家讲实践课，三分之一带着学生参加社会实践。这样做的目的，就是让学生避免学习时“空对空”，太脱离实践。笔者当年在上“出版经营管理”课时，就是本师和时任北京大学出版社社长的彭松建先生分别讲授理论和实务部分。此外，本师还组织我们参观考察北京大学出版社、中华书局、外语教学与研究出版社等机构，让我们得以亲眼看到这些著名出版社的“宗庙之美，百官之富”，印象深刻而美好，至今难以忘怀。

正是在本师的努力和坚持下，柳斌杰、董秀玉、聂震宁、郝振省、臧永清、郑一奇、韦力、刘伟建、黎波等业内大家和名流都成为北京大学编辑出版学课堂上的常客，他们的精彩讲授增强了课堂的吸引力，开拓了学生的视野，成为理论课的有益补充。本师在所有的课上，都主张和要求同学们在“听几堂课，读数本书”的同时，要“考察一两个地方，研究一两个问题”。为此，他的每门课都要安排实习、参观和考察，比如，“中国图书出版史”课会安排参观国子监、故宫、房山石经、国家图书馆；“信息检索与利用”课会安排数次实习，引导同学们充分利用北大图书馆工具书阅览室和各种数据库；“北京风物与传统文化”课则会带着大家参观景山、北大老校、胡同、名人故居、首都博物馆等。由于教学经费有限，他请外部教师、组织参观，都是自己承担费用，常常是一门课下来，学校下发的讲课费之外，他还要补贴不少。为了让同学们能够开展长期、深入的社会实践，他动用自己的各种关系，建立了多处专业实践基地，并为学生提供实习期间的路费和生活费。

在强调读书和实践并重的基础上，本师会要求学生撰写调研报告作为课堂作业。比如“北京风物与传统文化”一课，期中要求同学们到北大校内外各处景点实地考察，结合文献记载，写出描述景观、洞察底蕴、抒发感悟的调研报告。同学们提交的作业，他会择其优者推荐发表，或由优秀学生牵头编校，进而结集出版，让学生不断推出新成果，让他们体会到发表和出版的乐趣。《爱上北大的100个理由》（刘青主编，北京大学出版社，2012）就是“北京风物与传统文化”课程中优秀作业的结晶。再比如《书香漫处显风云——北大周边的书店》（卞卓舟、江晶静主编，中国书籍出版社，2009）一书，则是编辑出版学专业2004级、2005级本科生在2007—2008学年春季学期“出版经营管理”

课上的作业结集，在课上，他们对北京特别是北大周边若干书店进行了个案调查研究。在完成作业的过程中，同学们通过查阅文献、寻踪访迹、实地调研等方式，用最真诚、最细腻的笔触记录了“北大周围的书店”发展历程中的精彩与曲折、欢笑与泪水。尤其让人敬佩的是，在这些成果发表或出版时，本师虽然在其中做了大量指导修改、为人说项、资助经费的重要工作，但他从不署名，反而退居幕后，把学生放在显要位置。很多优秀学生因此在毕业前都会有论文或著作问世，这成为他们求学阶段难忘的一件大事，对他们此后的学习、工作起了积极的引导和促进作用。所以有的学生说，在北大读书期间，在其他课上提交的都是作业，在本师的课上，提交的却是作品——可以留下来的正式作品。

四、不仅授人以鱼，还授人以渔、授人以德

本师除了讲授具体的知识点以外，还特别善于结合具体的知识点，讲授各种研究方法。周悦、朱文婕两位学妹曾将本师传授的研究方法总结为十点：①综述法：要做研究，先做综述。②辩证法：一分为二，贡献与缺憾并重。③案例研究法：一叶知秋。④比较研究法：各有优劣，开阔眼界。⑤沙漏法：分析归纳，总结规律。⑥假设法：大胆假设，小心求证。⑦实地考察法：绝知此事要躬行。⑧深度访谈法：面对面交流。⑨表格法：脉络清晰，纵横有序。⑩计量统计法：数字为证，有理有据。[①]这些方法已经成为很多学生研究问题的常用工具和看家本领。本师如此重视研究方法，其目的就是要提高学生提出问题、分析问题、解决问题的能力，特别是分析、批判和创新的能力。为了检验大家对研究方法的掌握情况，他在期末考试时经常会出这样的题目：“通过一学期的学习，你掌握了哪些治学方法？请举例说明。”

---

① 周悦、朱文婕：《论肖东发的出版史教学思想与研究方法》，《山东理工大学学报》（社会科学版）2015 年第 1 期。

本师还特别注重在课堂上讲授学术道德和规范，培养学生尊崇学术、严守规则的意识。他为同学们讲授“大学精神、论文写作与学术规范”课时，言之谆谆告诫大家要坚守学者气节，恪守学术道德，努力做大写的读书人。他在“中国图书出版史”课上，会动情地讲授其恩师王重民先生的学问和为人，尤其对王先生在“文革”期间坚持真理、以身殉学术的士人气节表示由衷的敬意和赞赏。在他眼里，做学问、做人就得做到王先生那种境界才算合格。笔者在研究生院任职时，在工作之余为本科生讲授专业课程“期刊编辑实务”。其中有一名学生选课后，一学期下来从未出现在课堂上，临到期末却四处托人讲情，希望笔者给出及格的分数。笔者向本师请教处理之法，他教导笔者说：“你是在学校做管理的老师，应该最清楚，也最应该率先遵循学校的规章制度。像这样的情况，必须坚持原则、绝不通融。”笔者谨遵师命，顶住压力，给这名同学判了零分。后来，通过这件事，这名学生也认识到自己的错误。第二学年，这名同学认真重修了课程，笔者根据她的表现，给她打了不错的分数。

本师具有强烈的人文关怀精神和北大情结，并努力将其倾注于课堂之上。他十分敬重北大的各位先贤和大师，在图书馆学和编辑出版学之外，他受侯仁之先生的影响很大。他当年入学聆听的第一门课就是侯先生讲授的“北京和北大”，从此他就带着浓厚的兴趣去研究北京和北大，并在本专业之外，推出了一批学术成果。他晚年为了培养学生爱祖国、爱北京、爱北大的情怀，在繁重的工作之余，邀请陈光中先生，带着笔者开了全校通选课“北京风物与传统文化”。他在课堂讲授之外，带着一届又一届的学生采访、调研、编书、出成果，深入地探讨北京精神和北大精神。为什么要这样做？他解释说，是侯仁之先生的优秀品格与精神影响了他：一是要尊重师长（侯先生在接受本师的采访时，经常对自己的老师赞不绝口，最常说的话是“顾颉刚老师好极了！洪业先生好极了！”）；二是潜心研究北京和北大文化；

三是盯住一点，连续发力，文章成系列，著作集大成；四是亲身实践，实地走访，尽可能掌握第一手材料；五是带动后学一起搞研究，把学生们心中的火焰点燃，不断走读采访北大名师，把北大爱国、进步、民主、科学的优良传统传下去。①

五、教学相长，坚持实施启发与研讨式教育

本师坚定地认为，北大的精神传统就是蔡元培先生提倡和坚持的“思想自由，兼容并包”。所以他从来不会论资排辈，而是相信每一位同学，包括本科生都有其优点和价值，只要培养得法，他们的前途不可限量，从他们那里也可以学到很多宝贵的东西。因此在课堂上，他鼓励大家在扎实的文献和调研基础上，大胆发表自己的独到之论。他在判完期中作业后，会选择学生中的优秀代表做课堂发言，他本人则如学生一般认真听讲，对于学生提到的新知识、新观点，他会及时补充到讲义中去。

本师不喜欢闭卷考试，即使非要闭卷，题目也会出得很活，一般不会采取填空、选择、名词解释等方式，考查死记硬背的知识点。以“信息检索与利用”为例，2015—2016学年第一学期的期末考试题目（共计50分）如下：

①如何全面地掌握检索工具？你掌握了哪些行之有效的研究方法？总结一下学习本门课程的收获和体会。（15分）

②结合你的实习作业，比较传统工具书与数字化检索工具的优劣。（15分）

③为什么说熟悉掌握信息检索工具是提高读书治学

① 肖东发：《北大问学记》，海豚出版社，2014，第289-290页。

和未来工作质量的基本功？结合你选定的专业方向编制一个包括多种类型检索工具的小型数据库。（20分）

这样的题目，看似简单，其实涵盖的内容很多，学生要想答好并不容易。因为这类题目主要考查的是学生综合掌握和灵活运用所学知识的能力，还考查了学生独立思考、提出创见的能力。而“编制一个包括多种类型检索工具的小型数据库”的题目，则体现他希望同学们学以致用、终身受益的强烈诉求。

教学相长，注重启发与研讨的特点，在本师组织的师门沙龙中体现得更为明显。在他看来，“现代的教学必须把握时代脉搏，打破教师的单向传授，发挥学生的主观能动性，加强交流。因此我在为研究生授课时，研讨的分量远重于讲授，让研究生更快地‘动起来’，他们才会在学术上有所创新和突破”。[①]在退休之前，他数十年如一日，无论雨雪雷电，都会于每学期每个周二晚上，在文史楼或学院的小教室、小会议室定期召开学术沙龙。沙龙由他亲自主持，每一期设定一个主题，或请人讲（许渊冲、董秀玉等先生都曾光临沙龙开设讲座），或就一本新书、一个热点问题展开深入讨论，或就博士、硕士、本科论文进行示范、“解剖”和“会诊”。本师则适时进行引导、点评和总结，让大家在聆听、分享、讨论、会诊、辩驳、碰撞中启发妙思、收获新知。沙龙的常态是，下课时间已经过去很久，大家还在热烈地讨论和争辩，觉得意犹未尽，不忍离去。十分难得的是，他的学术沙龙从来都是开门相迎，来者不拒，参加者以他的博士生、硕士生为主，也热烈欢迎感兴趣的本科生和旁听生参加，其中的很多优秀人才最后脱颖而出，成为北大的硕士或博士，与师门结下了珍贵的深情厚谊。

---

① 《导师眼中的“完美”研究生》，2012-06-04，http：//www.jyb.cn/ky/kybd/201206/t20120604_496204.html 。

北大“兼容并包”的学术传统、孔夫子“有教无类”的教学理念，在师门的学术沙龙上得到最充分、最真切、最生动的体现。

六、教学与科研齐头并进，让研究生在课堂上站稳脚跟

本师认为，教学与科研相辅相成、互为补益、互相促进。课要常讲常新、常讲常好，就必须以持续创新的科研成果为前提和基础。把最新的研究成果及时充实到课堂上，可以让老师的讲授更为深刻生动；而课堂的讲授与学生精彩的发言、优秀的作业，则可以为科研工作提供很好的启发和思路。为此，应该编好每一门课程的教材，因为教材是教学与研究的最佳结合体，也是教学相长效果的直接体现者。他曾教导我说，先前北大很多老先生的习惯是讲一门课就出一本书，所以我们每开一门课，就应该编好一本教材，而且不能一劳永逸，要不断及时修订。比如，“中国图书出版史”的前身是“中国书史”，其间还曾更名为“中国编辑出版史”，随着课程名称的更改，课程中的研究对象、理论体系、知识框架都有所调整和变化，这就对教材的编写提出了新的要求。在本师的主持下，课程的教材由《中国书史》更新为《中国编辑出版史（上）》《中国编辑出版史（下）》。2017 年，他又推出了全新的《中国出版史》。由教材的不断完善和更新，可以从一个侧面看出他对教学事业的持续推进和对学术研究的不断深入。

本师的教学与科研并重，还有一个十分重要的体现：本师要求自己的硕士生、博士生在做科研的同时，就其研究专长加入教学团队，大胆走上讲台。研究生初次讲授时，他必会坐在本科生中间认真听讲，并在课后提出改进意见。这样既让本科生接受了新知识、新观点，又锻炼、提高了研究生的教学水平和语言表达能力。所以，他门下的大部分研究生在毕业时都已经积累了一定的教学经验，登堂讲话、演说不会产生畏难情绪。笔者读硕士期间，本师就让笔者参与讲授“北京风物与传统文化”“中国图书出版史”“信息检索与利用”等课程，并多次提出具体要求和建议。几年下来，笔者充分利用他提供的宝贵平台，在他的耳提面命、指导熏染下，逐渐掌握了一些基本的教学方法，慢慢在北大课堂上站稳脚跟。每当得到学生认可时，笔者总会感念他的栽培与提携之恩；而有困惑与疑难时，则会在第一时间向他请教。他辞世后，笔者常有“世事存疑向谁问”的寂寞与伤痛之感。现在，每次登上讲台，笔者总觉得面前有一双温暖、严肃的眼睛在看着笔者，勉励笔者在把科研、管理工作做好的同时，也要把每一门课讲好。

犹记2009年本师60岁生日时，笔者曾敬撰小文贺寿，其中有辞曰：“无意名利二字，饭越吃越淡；倾心讲坛三尺，课常讲常新。焚膏继晷，夫子志在《春秋》；呕心沥血，绛帐情关薪火。”这就是本师在教书育人方面的真实写照，也是他为我们树立的绝佳标杆与典范。学习好他的为人，继承好他的学问，讲授好他交代的课程，是纪念他的最好方法。高山仰止，景行行止，晚学如笔者，虽不能至，然心向往之。

多么想再认真聆听一次本师的课，重温他绛帐春暖的绵绵教泽！

（以《绛帐春暖惠多士——肖东发先生的教学思想与方法》为题发表于光明网教育频道：http：//edu.gmw.cn/2017-05/17/content_24503445.htm，2017年5月17日）

第四辑：出版实务观察

今天，我们一方面要强调编辑选题策略、市场运作、社会交往等多方面的素养，考核编辑在经济效益和产值上的贡献，但另一方面绝不能忽视了编辑的基本技能和业务要求，因为作为信息、知识、思想的“把关人”，编辑对整个社会的文化和精神的影响甚为持久而深刻。编辑的“考据”功夫无疑就是编辑工作的重中之重，甚至是编辑的立身之本，直接决定着编辑的“编辑力”和出版物的整体质量。最为理想的状态，应该就是美国著名出版经纪人柯蒂斯（Richard Curtis）所讲的那样：“面临今天出版业的种种改革，编辑还剩下什么工作可做呢？答案是，几乎每一件事都需要编辑。今天的编辑和老一辈编辑不同的是，他们必须十八般武艺样样俱全，既要精通书籍制作、行销、谈判、促销、广告、新闻发布、会计、销售、心理学、政治、外交等等，还必须有绝佳的编辑技巧。”

我国出版集团化过程中的矛盾浅析

2001年年初，新闻出版总署[①]做出重大部署，计划到2010年以前，在全国建立5—10个销售码洋达几十亿元甚至上百亿元的出版集团，2010年报业集团要有比较大的发展。截至2001年，在实践方面，我国出版集团化也已经有了突破性的进展，我国出版业内现存各类集团约50家，其中国家试点的出版集团6家、发行集团3家、报业集团16家，非试点的各类集团20余家，形成了一定的规模。这些都标志着我国的出版集团化进程实质上已经迈进新的阶段。这无疑将为我国出版业应对加入世界贸易组织（WTO）的挑战以及摆脱国内、国外双重资本挤压的困境打下良好的基础。但同时不能忽视的是，在组建出版集团、打造出版业的“航空母舰”的过程中，存在着一系列亟待解决的矛盾。这些矛盾的产生根源在于我国出版业的实际情况和我国组建出版集团的方式。在笔者看来，正是这些矛盾构成了我国出版集团化过程中的瓶颈。解决这一系列矛盾将对集团化进一步向深层发展具有重要意义。

一、企业集团与“大单位”之间的矛盾

具体说来，我国当前组建的出版集团大体上分三种模式：一是区域性编、印、发一体化的出版集团，如辽宁出版集团、广东省出版集团，以图书、音像、电子、报刊等出版物的出版、印制、发行为主业；二是以出版为主业，建立图书、报纸、杂志、电视、电子、音像、广告多种媒体横向一体化和出版发行纵向一体化的综合性媒体集团，如

① 本文发表于2001年，其时新闻出版总署尚未进行机构改革。

上海世纪出版集团、北京出版社出版集团；三是走内涵式发展道路，自我扩张、壮大实力而成集团，如外语教学与研究出版社、中国少年儿童新闻出版总社。可以看出，三种模式中，前两种主要是在行政力量的推动下组成横向的、地域性的收敛型集团。而这正是我国当前所组建的出版集团的主要建构模式，这种模式带有明显的计划经济色彩。而且，在具体的运作实践中，目前基本上是把现有出版单位拢合在一起，在其上再建一个领导层加以管理。具体来说，各个出版集团都与事业单位尤其是党政机关存在密切的关系，或者由新闻出版局主管主办，或者由省政府主管、主办，或者由党委宣传部主管、主办，或者由事业单位主管。这种组织形式大体是原有架构在数量级上的放大，而缺乏质的变化。究其原因，大致有如下几点。

首先，当前我国出版单位的性质是“事业单位，企业化管理”，其根本属性还是事业单位。保持事业单位的属性是基于对出版业意识形态特点和注重社会效益特点的考虑，也是为了体现出版业的特殊性，保证国家对出版业的领导。在此基础上新组建的出版集团的属性并未改变。在已经组建的出版集团中，都有一条规定，即集团仍属事业单位，实行企业化管理。而问题在于，事业单位并不一定意味着把社会效益放在首位，同样，企业单位也并不意味着唯利是图、置社会效益于不顾。

其次，在认识上我们没有明确地把出版集团与出版单位区分开来。如果把出版集团看作出版单位，按照《出版管理条例》规定，在其设立时就应当有符合国务院出版行政管理部门认定的主办单位及其上级主管单位。我们在实践中也是这样做的。因而，当初借鉴国外出版界企业集团化经验来发展我国出版集团的想法，在我国的现实国情和出版法规的影响下，在实践中落实成了建设一个个大型出版单位。出版集团化的发展经历，和我国经济建设中“政企分开”提法的实践表现如出一辙。

最后，从当前面临的形势来讲，中国加入 WTO 以后将面临各方面，尤其是国际资本的冲击。在这种情况下，由政府出面组建出版业的“航空母舰”，对于加入世界贸易组织后抵御国际风浪具有重要意义，在当前不失为靠计划保生存、向市场求发展的一条出路。而这样一来，出于紧急应战的考虑，在组建过程中人为因素（政府干预）的影响被大大凸显出来，原本应该在市场规律的长期作用下形成的“集团”以一种特殊的形式在短期内组建了起来。这虽然是形势所迫下的必然选择，但也可能会给出版集团化的进一步发展带来隐忧。

从长远的角度来看，我们所组建的出版集团，应该是本来意义上的企业集团，而不是规模巨大的“大单位”。只有朝这个方向发展，我国出版集团的建构模式发展中才会有质的突破。当然，出版业组建集团，是为了摸索出一条既能适应社会主义市场经济迅猛发展并与国际接轨，又符合社会主义精神文明建设需要的中国出版业发展的新路。在实践中，出版业界要在主要遵循市场经济大环境下的客观经济规律的同时研究自身的特殊性，如何协调好上述二者的关系将是解决企业集团与“大单位”之间矛盾的关键。在实践中，辽宁出版集团已在这方面做出了有益的探索，即通过国有资产的授权建立资产纽带来定位集团与其主管部门的关系。

二、“三跨”战略与强化地方割据和行业垄断可能性之间的矛盾

江泽民总书记在党的十五大报告中明确指出，要发展跨地区、跨行业、跨所有制和跨国经营的大企业集团，这为出版业组建集团提供了可以遵循的总精神和总方针。鉴于我国出版业实力较弱的现状和意识形态的特点，要马上实现跨国经营确实有相当的难度，不过，新闻出版总署在组建集团的指导意见中明确指出要实行“三跨”战略。从理论上讲，通过兼并、联合、改组等形式，在全国形成若干“三跨”的大型出版集团，建立新的出版机构，一方面可以打破出版业均衡发展的状态，走不均衡发展之路；另一方面可以打破中国出版市场的分割局面，形成全国范围内统一、开放、竞争、有序的大市场；同时可以减少重复出版、选题撞车、资源浪费的不良状况。上述内容可以说

是组建出版集团的初衷。这种初衷源于这样一种认识：我国当前的出版业过于分散（包括地区和行业两方面），呈现均衡发展的局势，组建“三跨”的出版集团在一定程度上可以解决上述问题。

但事实远非如此。从目前组建的出版集团来看，几乎所有的出版集团都是按照地域来组建的，集团成员不但都是本地区的，而且全是本行业以至本系统的，资金全由国家来出。6个国家试点出版集团分别分布在北京、上海、广东、山东、辽宁，以出版为主业，主要由国家出资拉动组建，基本上形成了“以地区为界，以系统为限，以国有为一”的封闭圈子。也就是说，我们所组建的出版集团既不跨地区，也不跨行业，更不跨所有制和国界。这种按照地区与系统的条块分割组建起来的集团在发展中天然地呈现自我保护的趋势：对内是联合加上保护，对外是竞争暗藏排斥。可以想见，从保护和扩展地方（行业）利益出发，又在地方（行业）行政部门主导下组建的出版集团，很有可能进一步强化出版业中的地方割据和行业垄断，进一步加重出版市场的分裂局面。而且，当集团化形成大气候时，“一哄而上”的情况很有可能出现，因为每个行业、每个地方都不愿被别的行业、地方“吞掉”。其结果是又形成了一系列大大小小的“封闭圈子”，新的均衡发展局面也有可能再度出现。

当然，理论与实践、战略与战术之间总会不可避免地存在一系列矛盾，在出版业内组建和发展“三跨”集团毕竟是宏观战略上的目标，出版业的现状决定了“三跨”战略与我国出版业相对封闭的状态之间的矛盾是不可避免的，而且很可能在现阶段长期存在。从这个角度来讲，现有的出版集团在搭好架子、形成一定气候以后，及时地从小圈子中走出来，逐步跨出地区和行业、跨出单一所有制以至最终跨出国界，就显得十分必要。

三、“全天候”的大规模出版和打造品牌、凸显特色之间的矛盾

从当前全球出版业发展的总体格局以及媒体之间的互相融合渗透

来看，大出版时代已然到来。一般认为，大出版时代有以下三个主要特征：规模日益扩大、出版外延极大延伸、出现多媒体互动和大规模运作。大出版时代的到来，呼唤出版集团走综合性媒介集团的道路。我国当前出版集团的格局虽不算大，但在这一方面也不乏领风气之先者，辽宁出版集团和青岛出版集团可以被看作突出的代表。它们集书、报、刊、电子出版、网络出版于一体，从规模和结构上看，已经初步显现“全天候”出版的趋势。应该说，从长远的发展战略来看，这一趋势当是我国出版集团化发展的共同方向。但在实际的发展过程中，问题也会因此而生，那就是在注重规模效益的同时是否能保留原有的品牌效应并打造出新的品牌。从这个意义上讲，如何处理面面俱到与凸显特色之间的矛盾也就成了一个值得思考的问题。

西方的出版集团由于历史悠久、资本雄厚，已经形成了自己的固有特色，也打造了自己的拳头产品，如世界第三大媒介集团贝塔斯曼以读书俱乐部风靡全球，并且拥有兰登书屋、矮脚鸡、矮脚鸡·双日·戴尔和环球等知名品牌；默多克新闻集团以报业起家，拥有福克斯、哈勃·考林斯、泰晤士报等知名品牌，核心产业为影视娱乐业。而我国现在组建的出版集团多是以行政区划为基础，在短期内通过把独立的出版、发行、印刷单位聚拢起来而形成的。这样就使得出版集团在出版方向上五花八门，经营体系上面面俱到，很有可能因注重规模、效益而在短期内难以形成突出的特色，已有的品牌特色也有将被消磨之忧。在新经济时代，对集团自身来说，品牌与拳头产品无疑是一笔巨大的无形资产，出版集团无论如何也不能忽视这一点。因此，我国的出版集团在适应“大出版”时代潮流的过程中，既要注重规模、效益，多方面经营，又要重视集团形象的塑造和自身拳头产品的挖掘；在具体操作过程中，既要发挥核心企业的效应，也要注意集团其他品牌的保护与利用。协调好这些关系将对于出版集团的深层发展具有深远的战略意义。

四、大集团协调运作与出版社小实体整合之间的矛盾

我国现在组建的出版集团，多是在众多分散的各具特色的出版社小实体的基础上“整合”而成的，这一特殊性使得出版社小实体与大集团协调运作之间的矛盾显得尤为突出。在组建出版集团之前，国内出版社大体上可分为三种类型：综合出版社、专业出版社和大学出版社。三类出版社各有特色，在长期的发展过程中形成了各自的出版体系。可以说，每一个出版社都构成了一个相对封闭的系统，系统的实力各不相同甚至相差甚远。而各地方在组建出版集团的过程中，基本上是不论出版社的实力强弱，总要将本系统的出版社“一网打尽”，全数纳入新的集团中。因此就出现了“经营情况好的不愿进集团，经营情况差的盼着进”的现象。又由于现有的出版集团大多是以行政力量捏合而成，缺乏资本纽带的维系，因而在一定时期内在集团内部仍不免会存在“堡垒林立”的局面。从这个角度来讲，如何促成集团内部各个成员协调运作、增强集团的凝聚力，这也值得我们认真思考。

从根本上讲，产权应该是连接集团内部成员的纽带，以资本为纽带协调集团内部各成员之间的关系将是行之有效的解决方法。对于出版集团来说，在其成立初期，可以以国有资本为主，通过授权经营与其他产业建立资本上的联系。发展到一定阶段以后，则可以通过兼并、收购、换股、参股等方式与其他行业、系统和企业建立资本上的联系。在实践中，辽宁出版集团的做法很值得借鉴。辽宁出版集团在成立以后，在机构上一方面对出版社“大而全，小而全”的现行体制进行改革，将其中可以进行社会化、集约化经营的环节剥离出来；另一方面进行了必要的分化、兼并与重组，对各成员单位实行效益淘汰机制，逐步使“双效”较差的出版社的优良出版资源向效益好的出版社流动，为所有强者、能者提供最好的发展条件和最大的施展空间，从而最终达到良性重组和兼并的目的。在开发人力资源方面，辽宁出版集团通过

下岗分流、竞聘上岗以及公开招聘等办法对集团内部的人才进行了“整合”，从而在人才方面打破了出版社“小集团”之间的“条块分割”。通过这一系列的举措，辽宁出版集团从整体上优化了集团内部的资源配置，提高了运作的效益，也自然增强了集团内部的凝聚力，为其他出版集团在解决局部与整体之间的矛盾方面树立了很好的典范。

（发表于《出版发行研究》2001 年第 12 期）

当前中文古籍出版面临的挑战与对策

古籍是中华民族几千年积淀的传统文化精华的重要载体，古籍出版承担着积累、传承和普及优秀民族文化的重任。中华人民共和国成立以来，中文古籍的整理和出版工作持续开展，取得了举世瞩目的成就。但是，进入20世纪90年代以来，中文古籍出版方面却每况愈下，尤其是最近几年，古籍出版在各个环节上的困难更加凸显出来。据统计，1999年古籍图书销售比1996年下降了三成，在古籍图书品种增加的情况下，古籍图书销售的总码洋下降了32.5%。这一严峻的事实让很多业内人士一筹莫展。对此，许多古籍从业人员不禁感到迷惑：是不是古籍出版已经走到了山穷水尽的地步？古籍出版是否还有出路？本文将针对这一问题从宏观上分析当前中文古籍出版面临的严峻挑战和客观存在的潜在优势。

一、当前中文古籍出版面临的挑战分析

当前中文古籍出版总体上的不景气与其承担的文化使命极不相称，究其原因是多方面的。在笔者看来，当前古籍出版的萎靡不振与当前古籍出版所面临的诸多挑战有很大的关系，从宏观上分析，大致有以下几点。

（一）当代人的知识结构、阅读习惯以及整个社会的文化思潮的变化，导致了读者的流失，这对当前的古籍出版提出了新的严峻挑战

古籍艰深晦涩的语言和特定的文化背景，要求读者有一定的文化素养和特定的知识结构。而20世纪七八十年代成长起来的读者所受

的语文训练基本上是以白话文为主，其知识结构和阅读习惯不易适应传统的古籍读物。这在一定程度上限制了读者的数量。从文化思潮的变迁来看，进入20世纪90年代以后，人们的生活方式和思想观念都发生了深刻的变化，生活节奏的加快和经济观念的增强直接影响了人们的读书观念。在这种大环境下，实用、速效的读书观念大行其道。正如朱自清先生在《经典常谈》一书的序言中所说的："经典训练的价值不在实用，而在文化。"这就使古籍类图书难以同经济、法律和外语等热门图书相抗衡。读者群的大量流失，不留情面地把古籍整理和古籍出版事业置于尴尬的境地。

（二）全国古籍方面的专业出版社不同程度地面临着资金短缺的压力，资金不足已经成为古籍整理和出版事业发展比较严重的障碍

一方面，古籍类出版社的外部补助资金较少，出书范围也受到一定的限制，不能放开手脚，很难走"以畅销书养古籍类图书"的出版道路。另一方面，古籍类图书多数专业性强、出版周期长、读者面窄，所以往往是高投入、低产出。在成熟的市场经济环境下，这样的出版经营活动显然是"不经济"的。此外，多年来，古籍出版基本囿于古籍整理，编辑在学者化方面下的功夫较多，而不大重视图书生产的投入与产出比。实行社会主义市场经济以来，拥有雄厚资金的出版社在图书内容、印刷质量、宣传报道、营销手段等方面先行一步，从而稳定地占有了国内图书市场的众多份额，具备了超前性。相比之下，古籍类出版社在行业竞争方面已明显处于劣势。这也影响了古籍出版业的盈利情况。

（三）古籍出版系统面临着人才链断裂、人才流失和编辑业务能力下降的问题

古籍出版工作对整理者和出版者的学识和修养都有很高的要求。长期以来，在古籍出版系统内形成了一支学历高、造诣深的编辑队伍。

最近几年里，老一代学者因各种原因逐步离开了编辑岗位，这无疑是古籍出版系统的巨大损失。同时，由于近年来古籍图书市场日渐萎缩，编辑收入减少，古籍类出版社出现人员外流的趋势。在出版界流传着这样一句话：在各类出版社中，以古籍出版社对编辑的要求最高，收入却最低。这种反差使得古籍出版系统缺乏吸引年青一代优秀人才的优势。综合大学的文史哲类优秀毕业生很少会去从事古籍出版事业，古籍出版事业面临着后继乏人的窘况。人才断层和匮乏的困境使得古籍出版系统从业人员的整体素养逐步下降，编辑业务能力也不如以前，这样就严重地影响了工作效率和古籍图书的质量。

（四）优化选题的意识比较淡薄，使得古籍图书的选题开发集中有余而创新不足

长期以来，我国的古籍出版活动往往依附于古籍的整理研究，而多年来持续不断开展的古籍整理，整理的主要是中国古代经典名著。这样一来，古籍出版的出版资源就相对比较少，各个出版社只能在相对狭小的范围内选择出版资源。当前图书市场上的古籍读物，给人的总体印象是古籍图书的数量大、花样多，参与出版古籍活动的出版社数量也多，让人有一种应接不暇的感觉，但翻来覆去图书品种总是在相对固定且狭窄的范围内打转，其中有些古典小说名著的版本竟达上百种，大有出版过“滥”之嫌。加之跟风现象比较严重，粗制滥造的出版物也为数不少，此类出版资源事实上遭到严重破坏，这样既糟蹋了传统文化，又贻误了读者。难怪有学者专家感慨“整理出版古书而使古书亡”。

（五）古籍出版物的形式大多古旧、严肃、单调，缺乏现代气息，内容与形式“双佳”的读物数量很少

中华人民共和国成立以来，古籍出版工作者把主要精力用于古籍的学术性整理和研究上。通过对古籍的标点、注释、校勘、辑佚和汇编等，他们为古典文献及相关学科的研究人员提供了大量文献资料。

这类形式的出版物大多以研究者为特定的读者群，所以销量一般都很有限。同时，为了适应普通读者的阅读习惯和知识结构，古籍出版系统整理和出版了大量的古籍注释本和白话翻译本。在相当长的一段时间里，这种出版策略为业内人士所青睐。但是近年来，随着阅读风气和审美心理的变化，为了赢得市场和读者，出版人越来越重视对出版物的"包装"，新的出版形式层出不穷，如图文结合、双语出版、袖珍版、名家点评类的图书备受读者欢迎。在这种大环境下，古籍的注释本和白话翻译本就相形见绌，显得缺乏情趣和现代气息。观察当前的古籍图书市场，注释、白话翻译类读物仍占绝大多数。真正重视古籍出版形式的开发和创新的古籍出版社，以及从内容和形式上都能适应当代读者口味的古籍出版物为数尚少。

二、当前中文古籍出版活动的潜在优势分析

通过以上的分析，可以看出，当前古籍出版的情况的确不容乐观。但这并不意味着古籍出版已经无路可走。相反，如果审视古籍出版发展的过程，结合当前古籍出版的具体情况综合加以考察的话，就会发现，古籍出版前途依旧光明。其原因在于，与其他出版系统相比，古籍出版系统具有很多得天独厚的优势条件，这就是我们对古籍出版尚有很大信心的根据之所在。在笔者看来，当前古籍出版的优势，大致可以归纳为以下几个方面。

（一）浩如烟海、汗牛充栋的中华古代典籍是当代古籍出版取之不尽、用之不竭的出版资源。这是当代古籍出版赖以生存和发展的先决条件

一般保守估计，国内现存古籍有十余万种，无论是从数量上还是从质量上讲都堪称世界之最。而截至目前，经整理出版的古籍仅是现存古籍中的极小一部分。据大概统计，中华人民共和国成立以来，我国共整理出版古籍不及9000种，其数量还不及存世古籍的10%。再

翻阅《四库全书简明目录》和《书目答问》等经典书目，并观察当前的古籍市场，便可发现，古籍中未经整理和开发的有出版价值的图书异常丰富，我们做的工作还远远不够。正如梁启超在《清代学术概论》中所言："中国积数千年文明，其古籍实有研究之大价值，如金之蕴于矿者至丰也。而又非研究之后，加以整理，则不能享其用。"梁氏还在《中国历史研究法》的序言中说道："我国史界浩如烟海之资料，苟无法以整理之邪，则诚如一堆瓦砾，只觉其可厌。苟有法以整理之邪，则如在矿之金，采之不竭。"今天，我们如果能够根据市场和读者的需求，采取合理的手段将其中许多长期"无人问津"的古籍逐步加以整理、出版的话，其发展潜力还是相当大的。

（二）中华民族是一个重视传统经典阅读的民族，无论是专家学者，还是普通读者，都比较重视对传统经典的阅读。这是古籍出版能够持续发展的内在动力

从20世纪初以来，以传统文化为核心的知识体系已经解体，但作为传统文化精髓的载体的古籍经典却并没有随之失去魅力，而是一直受到人们的重视。据2000年的一次调查：73.1%的家长和86.7%的教师认为背诵古典诗文能弘扬传统文化；88.7%的家长和96.7%的教师认为这对孩子的修养和人格发育有好处；94.2 %的家长和100%的教师认为这对提高孩子的语言文字能力有好处。以上数据表明，人们基本上形成了这样的共识：阅读传统经典，对传承文化和提高素质大有裨益。20世纪90年代以后，教育部提倡素质教育，其中一项很重要的内容就是要求学生对传统经典有一定的了解。为响应这一倡议，一些大学推出名著导读书目，如北京大学的《学生应读选读书目》、清华大学的《清华大学学生应读书目（人文部分）》、武汉大学的《大学生文化素质教育百部名著导读》等。这些书目中都包含相当一部分中国传统经典。凡此种种都能说明，古籍经典在当代中国是具有持久的生命力的。

（三）现代科技的飞速发展为古籍出版提供了强大而便利的技术支持

现代科技，尤其是计算机和互联网、手机等新兴技术的飞速发展和逐渐普及，为当代古籍出版提供了强有力的技术支持，指明了新的出版方向。当前的光盘和网络技术具有海量存储、检索方便、保存方便、共享程度高等优势，这为古籍的电子化、网络化提供了强大的技术平台。利用先进的技术手段，走古籍数字化的道路，可以扩大古籍的影响力，摆脱古籍在人们心中高深莫测、查检烦琐的印象，拉近古代传统文化同现代人的距离，同时也可以解决出版社出版大部头古籍比较困难的难题，其优点是相当多的。经过多年的发展，古籍的数字化在中国内地（大陆）、中国香港和中国台湾地区都得到长足的发展，成绩斐然，为今后的进一步发展积累了经验、奠定了基础。

（四）近年来，由于从业人员的不懈努力，造就了一大批古籍领域的“畅销书”和“常销书”。这一现象是古籍出版能够长盛不衰的证明

近年来，为了打破古籍市场的沉闷气氛，古籍出版人努力尝试了各种出版手段。他们要么从内容上着手，着眼点主要放在选题的新颖性和独特性上；要么在出版形式上大做文章，重视出版形式的开发与选择。经过不懈的努力，他们的确打造了一批优秀的中文古籍出版物。比较突出的进步就是以名人、专家点评类和图文结合类为代表的新形式古籍的出现。典型的如三联书店推出的一套“蔡志忠中国古籍经典漫画”丛书，就采取了“原文 + 白话 + 漫画”的形式。该套丛书活泼生动，融知识性与娱乐性为一体，反响不错。另外，如上海古籍出版社出版的《唐诗三百首（图文本）》也将绘画与诗歌相结合，使传统的诗歌和绘画珠联璧合、相得益彰，品位不俗，因而获得了奖项，销路也不错。这些“畅销书”和“常销书”的出现为原本沉闷的古籍市场平添了不少亮点和活力，也使我们有充分的理由坚信，当前的古籍出版是大有希望的。

三、当前中文古籍出版的发展思路和对策分析

总的来说，当前的古籍出版中挑战与优势并存。挑战是显然的，不容忽视；优势是潜在的，亟待利用。那么在这样的情况下，应当如何充分利用当前的各种有利条件，克服面临的种种难题，走出当前古籍出版的困境呢？笔者以为，要解决这一问题，可以从以下几方面考虑。

（一）努力争取国家对古籍类图书的保护和政策倾斜，尤其是在资金来源上努力争取国家和地方政府的支持。

古籍类图书是一类特殊的文化产品，肩负着重要的历史文化使命。民族文化的传承和弘扬离不开古籍出版事业的发展和繁荣。但是，由于古籍自身的条件所限，在市场经济条件下，古籍出版遇到的困难显然比其他种类图书更多。这就要求政府从保存、传承和弘扬民族文化的高度对此予以重视，而古籍出版社也可从这一角度来争取政府在经济方面的资助和政策上的倾斜。中华人民共和国成立后古籍整理与出版的历程充分说明，国家的支持是古籍出版可持续发展的重要保证。当前出版人为古籍出版争取支持时可以从两方面考虑：一方面争取国家为优秀的重点出版社提供巨额资助，保证重点古籍读物能够保质保量地按时出版；另一方面可以争取国家像对待少儿、教育读物那样，减免增值税，全面促进古籍出版事业的发展。当然，争取国家的资助和政策的倾斜，并非一味地依靠国家，而是要在有一定保障的基础上取得更好的发展。

（二）增强选题优化意识，扩大选题视野，拓宽选题范围

近年来古籍出版系统在选题开拓方面不及专业性学术出版社以及财力雄厚的出版社，选题意识不强是一个主要原因。因此，增强选题优化意识非常重要。优化选题，实质上是要优化图书的选题结构和出版结构，是实现精品战略首先要考虑的问题。具体到当前的古籍出版行业，要改变选题重复、出版资源相对贫乏的现状，就必须跳出原有的出版范围，扩大选题视野，拓宽选题范围。首先，除了一些为人们

所熟知的经典名著以外，还应该注重开发边缘性与可读性较强的古籍图书，如小品文、笔记、杂论、游记以及书画、建筑、工艺等艺术类图书。其次，还有必要拓宽古籍出版的时间限度。一般认为，中文古籍是指辛亥革命以前著者所著的书。其实古籍的时间划分并不是那样截然分明的。辛亥革命后若干年，仍有很多著述在内容与形式上沿袭旧式风格而未有变化，这些作品也应该归入古籍的范畴。近年来很多出版社在出版民国旧书方面的成绩十分显著，由此拓宽了出版视野，也推动了民国文化的研究，典型的如上海古籍出版社近年来推出的《蓬莱阁丛书》和《名家说——“上古”学术萃编丛书》，为当代的古籍出版提供了很好的范例。此外，拓展选题范围，还有必要瞩目少数民族古籍中的优秀之作，可以组织专家学者择其精要者翻译为汉语读物，相信会有很好的市场。

（三）从市场出发，以读者为本，改变以往古籍出版被动地依附于古籍整理的传统思路，走分层次出版的新路

传统的出版思路和做法都是以古籍的整理研究为基础，古籍出版对整理研究的依赖性很强，而整理出来的古籍读物又多以专家学者为主要读者。这固然可以保证古籍出版物的质量，但也未免有闭门造车、忽视大众读者阅读需求之嫌。在市场经济条件下，古籍读物要拥有好的销路，就必须时时关注图书市场的动向，真正了解各类读者不同的阅读需求，以市场的动态和读者的需求来引导出版活动，而不能一味被动地依附于古籍整理和研究。现代社会，读者个性化和多样化的趋势日益增强。根据市场细分理论，不同类型的读者构成了不同的子市场，他们对古籍图书的要求也不尽相同。这就要求古籍整理和出版者针对不同的读者群体开发不同的选题，走分层次出版的新路。

（四）注重开发古籍出版新形式，采用适合当代人品位的方式“包装”古籍，改变古籍古旧、严肃的面貌，努力形成富有现代气息的编创特色

当前，很大一部分古籍之所以被束之高阁而无人问津，并非由于其内容不好、质量不佳，而是其古旧、严肃的外观形式让普通读者望而却步。要改变这一状况，古籍就必须“旧貌换新颜”。古籍的内容是旧的，但编创却要出新，从封面设计到内文设计，从装帧形式的确定到纸张材料的选择，乃至广告宣传，都要别出心裁。能想出别人想不到的点子，做出别人所没有做过的样式，才能真正形成符合当代读者审美心理的精品读物。具体说来，古籍出版不能拘于影印、校勘、标点、注释、今译等传统形式，而应该在此基础上创造新的出版形式，如图文结合、名人专家点评、袖珍本、双语本等形式，都可以根据古籍自身的特点加以应用。

（五）合理运用科学技术手段，走古籍数字化的道路

电脑排版和网络数据库技术的高度发展，造就了20世纪90年代前期古籍出版的高度繁荣。而如今光盘技术、视听技术、网络技术的飞速发展，又为古籍出版的高层次发展提供了强大的技术支持。古籍出版的表现形式也由过去的纸本而拓展为纸本、磁盘与网络并存的状态。近年来，我国积极进行古籍数字化的尝试，取得了许多喜人的成果，尤其是在古籍书目数字化、古籍善本数字化方面，成绩十分突出。其成果有图像版古籍电子出版物和全文版古籍电子出版物两种。前者如武汉大学出版社于1997年出版的《四库全书》，后者如《二十五史》全文检索系统等。这充分证明了古籍数字化是使古籍在信息时代获得生机的有效手段。

（六）大力培养和吸引既有专业素养，又熟悉现代市场运营方式的复合型专业人才

市场经济条件下的古籍出版活动，除了对从业人员的专业素养有很高的要求以外，还要求从业人员有强烈的市场意识，并熟悉市场运营的各个环节。当前的古籍出版人才主要来源于各个综合大学文史哲专业的学生或研究机构的人员。这些人的专业素养毋庸置疑，但在市

场意识、企业运营等方面的素养却不一定十分理想。当前，许多高校的编辑出版学专业都在这一方面的教学力度上有所加强，在给学生传授专业知识的同时，还开设市场营销、企业管理、经济原理等课程，目的就是培养适应新时期出版业（包括古籍出版系统）的复合型人才。当然，人才培养出来以后要能做到人尽其用，还要求出版社创造有利条件，把真正的优秀人才吸引进来。就当前出版界而言，政策优惠、高薪聘任、建立有效的激励机制、实行“金盾模式”等做法都值得借鉴。

（七）着眼国际图书市场，借鉴国际图书的成功经验，注重与国外研究者和出版者的合作，在全球化的大背景下打造新形式的中文古籍出版物

一方面，国际化的潮流要求中国的出版人具有“大出版”的理念，同样也要求古籍出版的从业人员树立“大古籍”的出版思路，不能把眼光仅仅局限于国内市场或者华语范围，而应该在选题策划、装帧设计以及营销宣传等各个环节都紧盯国际图书市场，借鉴成功经验，做到“全球化思考，本土化执行”，从而使得古籍出版物既在国内市场上站稳脚跟，取得优势，又能走向国际图书市场，参与国际竞争，并争得一席之地。这一点在中国加入世界贸易组织以后显得尤其重要。另一方面，在全球化大背景下，古籍也日益成为国际出版的重要资源。长期以来，国际汉学界一直十分重视对中文古籍的整理和研究，一些收藏机构和出版机构也比较重视对中文古籍的收藏与出版。在这样的形势下，国内出版界可以与世界上收藏中国古籍较多的国家的图书馆、博物馆等协作调查、整理、开发中国古代文献。目前，我国在实践和研究中已经有了关于跨国古籍整理编目和中国古籍海外影响研究的项目，为我们积累了丰富的经验，也使我们有理由相信，通过中外合作，一定可以在全球化的大背景下打造出新形式的中文古籍出版物。

四、结语

通过以上分析可以看出，虽然当前的中文古籍出版存在诸多的困境，但其得天独厚的优势条件决定了古籍出版的前景仍是光明灿烂的。对于我们来说，正确的态度应该是既不因挑战和困难的存在而对当前的中文古籍出版失去信心，也不因实践中存在的诸多优势而盲目乐观。必须把挑战与优势结合起来，综合加 以考察，然后对症下药， 逐步解决面临的种种难题。笔者相信，只要我们充分利用各种优势条件，抓住一切机遇，随时代的变迁而改变我们的出版观念，扎扎实实工作，就一定能克服面临的重重困难，走出当前步履维艰的境地，进而重塑古籍出版的辉煌。

（本文是在笔者本科毕业论文的基础上修改而成，发表于《编辑之友》2002 年第 5 期，原题为《当前中文古籍出版面临的挑战与对策分析》）

从“霍金热”看当前的科普图书出版

2002年8月，英国著名理论物理学家史蒂芬·霍金（Stephen Hawking）第二次来到中国，出席国际数学家大会。作为继牛顿和爱因斯坦之后的又一位天才物理学家和科普图书作家，霍金以其富有传奇性的生平和非凡的精神魅力吸引了无数国人的注意。随着他的到来，他的科普名著《时间简史》以及相关的科普著作迅速闯入全国各大书城的畅销书排行榜。《时间简史》系列图书和《果壳中的宇宙》连续几个月都名列“开卷全国畅销书排行榜”，在科普类图书中出尽风头。许多媒体更是称因为霍金的到来，中国书市掀起一股持续不断的“霍金热”，并由此刮起一股科普旋风。

的确，经过媒体的造势和出版社的宣传营销，霍金在中国热了起来，《时间简史》系列和《果壳中的宇宙》是卖“火”了，但这并不能说明中国的科普图书也同样火爆起来了。在一时的刺激下一两本科普书的畅销，并不能说明整个科普出版业界已经一片繁荣。相反，透过这热闹的景象，冷静地观察和分析当前的科普图书出版态势，就会发现其整体情况并不让人乐观。

近年来，我国科普图书的出版取得了长足的进步。科普图书的品种和数量迅速增长，据统计，2001年我国出版科普图书的品种总量为4377种，较之1990年的1269种增长了2.45倍，年均增长率为26.9%。其中也涌现了一大批受读者青睐的佳作，如湖南科技出版社的“第一推动丛书”、上海科技出版社的“科学大师佳作系列”、江西教育出版社的“三思文库”和河北大学出版社的“计算机文化译丛”“世界著名实验室传记丛书”等，都是其中的突出代表。在这些系列丛书中，也形成了很多的品牌图书，如霍金的《时间简史》就连续10年“青春常驻”，成为湖南科技出版社的主打图书。但是，综观整个科普出版，就会发现，这样的亮点实在太少，整个科普图书出版并不景气。据新闻出版总署图书出版管理司课题组的调研报告统计，当前全国出版科普图书的出版社中，有近一半的出版社出版的图书的平均印数在5000册以下，超过10000册的更是凤毛麟角。与财经、教辅、俗文学等畅销类图书相比，我们不能不得出这样的结论：当前，在中国出版业整体繁荣的大局面下，科普类图书的出版情况并不尽如人意，虽有一些亮点，但仅属于局部繁荣。这一现实状况值得我们去关注和思考。正是从这个意义上讲，探究科普图书出版面临的问题与挑战，分析症结之所在，并从实际出发，整理出今后科普图书出版的发展思路，就显得很有必要了。这正是写作本文的初衷之所在。

一、问题与挑战

出版业在科学的传播和普及中担当着极为重要的角色，科普图书出版肩负着普及科学知识、弘扬科学精神、传播科学思想、倡导科学方法的重任，在当今社会与经济发展中发挥着重要的作用。但是，当前我国科普出版的实际情况与其承担的历史使命很不相符。无论是从科普出版自身系统来说，还是从外在的影响因素而言，其中都存在着很多亟须解决的问题，面临着很多严峻的挑战。

（一）当前国内从事科普创作的作者太少，尤其缺乏高水平的作者队伍

新闻出版总署的调研报告认为，作者难觅是当前科普出版中最难突破的瓶颈，业内人士对此也颇有同感。科普创作不同于科学研究，也不同于文学创作。这种文体的特殊性要求作者既要懂自然科学，又不能缺乏人文底蕴，既要有雄厚的写作功底，还要具备一定的人格魅力。这样一来，只有具备深厚的人文修养的科学家才能成为科普图书

最理想的作者。国外的达尔文、爱因斯坦、霍金，国内的高士其、贾兰坡就不仅是科学大师，还是写作好手，所以他们的科普著作能够影响好几代人，成为永恒的经典。如今，像这样的科普大师在国内实在是太少了。究其原因，大致有以下几点。首先，按我国现行的学术评价标准，科普并非学术，花很大力气写成的科普著作不能算科研成果，对个人的职称、成果评定没有帮助，写作科普著作甚至还被认为是不务正业、浪费时间。这种大环境使得一些有能力、有积极性撰写科普著作的科学家不得不三思而后行。其次，我国文理分科的教育体制人为地制造了自然科学与人文科学的隔阂，很难培养出顶尖的科普大师。这是因为，科技素养不足的文学家根本做不了科普，缺乏形象思维的科研人员同样也搞不好科普。最后，与国外相比，我国的科研机制中缺乏促使科学家创作科普著作的因素。在西方，人们通常认为，科学家依靠纳税人的资金进行科学研究，公众有权利知道科学家所从事的事业是否对他们有利，有权参与对科研成果的评估，而公众对科技的了解程度，直接影响着科学政策的制定和科学界的利益。这种环境有利于推动科学家们热心进行科普创作，通过科普读物让公众更多地了解他们所从事的学科领域，以便获得民众更多的支持。在我国则尚未能形成这种环境和机制。

（二）优秀的科普编辑普遍缺乏

市场经济环境下，科普图书出版除了对从业人员的专业素养有很高的要求以外，还要求他们有强烈的市场意识，并熟悉市场运营的各个环节。但是，当前很多参与科普出版活动的编辑的综合素质并不能适应新时代科普出版的要求。这表现在以下三方面：第一，科普观念滞后。经过长时期的发展，西方一些发达国家的科普写作和出版观念已经发生了转变，从出版纯粹的知识技能性科普著作发展为出版思想性更强、渗透更多社会和文化内容的科普著作，并提出“公众理解科学”的新概念。观念的改变使得西方的科普出版事业一直保持着发展的活力。反观我国的科普编辑，大部分人的科普观念仍停留在“解惑”，即知识技能的传授上，对科学精神和科学方法的普及并不重视。第二，知识结构和文化素质不够全面。日新月异的科技发展要求科普出版人除了具有广博的自然科学知识，对科学哲学、科学史、科学社会学和科学传播学有一般的了解，还要对基金申请、同行评议、成果发布、科技与伦理、科技的社会影响等问题有基本的了解。目前来看，国内科普出版工作者除少数人以外，基本没有受过这方面的正规教育。第三，当前很多科普编辑还没有很好地承担起策划选题以及培养作者的责任。与国外相比，我国科普作品中编辑的创造性劳动所占比重太少，并没有凝聚多少心血。事实上，在当前的中青年科学家队伍中，有一批相当优秀的作者有潜力从事科普图书的写作，可是出版社却没有勇气和耐心对他们进行培养，没有尽到编辑应尽的责任。

（三）科普图书自身存在一系列问题

优秀作者和编辑的普遍缺乏导致的直接结果就是优秀科普图书的欠缺，而在已有的科普图书中也存在着一系列问题。面对飞速发展的科学技术，一些科普图书内容老化、观点滞后，不能及时追踪和反映世界最新高科技成就；许多图书还停留在对基础科学知识的普及上，水平低且不断重复出版；知识、技术、技能类图书在科普图书中仍唱主角，科学技术与社会人文分离；科学思想、科学精神的相关普及作品较少，非“硬”即“浅”，缺乏文化内涵。还有一些科普著作内容过于高深，缺乏趣味性和通俗性，更像严肃的学术专著。有的翻译图书的译文过于晦涩难懂，甚至存在严重的翻译硬伤。更有甚者，打着科普的旗号，实质却是宣传神秘主义，有伪科学之嫌，影响十分不好。在编创形式上，大部分科普图书显得比较严肃呆板，图文并茂、形式活泼、通俗易懂的高科技图书较为鲜见。这一系列问题使得很多科普图书缺乏吸引读者的闪光点。

（四）科普图书面临的竞争形势十分严峻

与广播、电视、电影、多媒体光盘、录像带、网络等其他传播媒体相比，科普图书对公众科学素养的影响力很低。这是导致科普图书作者流失的一大原因。在2001年10月23日中国科学技术协会公布的“2001年中国公众科学素养调查”结果中，有一组数据颇引人注意。调查显示，除了正规教育外，公众获取科学技术信息的主要渠道如下：82.8%的人通过电视；52.1%的人通过报纸和杂志；20.2%的人通过人际交谈；10.9%的人通过广播；5.2%的人通过图书；1.6%的人通过网络。可见图书在普及科学知识方面所具有的影响力实在太小。相对于图书来说，电视、网络等传播媒体集文字、图像、声音于一体，更容易使抽象的科学原理变得形象具体，趣味横生。同时，随着科普事业的逐步繁荣，各种科普期刊、报纸、画册层出不穷。这些报刊大都图文并茂、印刷精美、纸质优良。与科普图书相比，其特点是信息量大、内容新颖、文字简洁、篇幅短小、易读易懂，因而更受公众喜爱。这些都说明其他大众媒体已经分割了科普图书相当数量的读者。

（五）当前大众的阅读风气和整个社会的文化思潮也导致了科普图书读者的流失

在信息时代，生活节奏的加快和经济观念的增强使得人们在阅读时倾向于信息消费和消遣娱乐，为学习阅读的读者数量大为减少。具体来说，消费社会的大众读者的阅读需求有四方面的特点：①更重视作品的休闲娱乐功能，至少要寓教于乐，不要求它具备社会批判功能。②更强调作品的趣味性，要求轻松有趣，排斥严肃的说教和沉重的思考。③更希望作品世俗化，对文化精英喜欢的纯文学、纯文艺敬而远之。④除了以上阅读需求以外，还希望图书更为实用，阅读的功利性增强。从这四方面的特点出发可以看出，在当前受读者欢迎的更多是通俗文学、生活用书、财经图书和教辅等休闲性与实用性较强的图书。很显然，科普图书不在其列，即使是一些比较畅销的科普书，如《时间简史》《果壳中的宇宙》，主要也并不是因为适应了当代读者的阅读趣味而畅销，其畅销应该更多地归功于名人效应和出版社精明的营销手段。

（六）科普图书出版面临着加入世贸组织后的严峻挑战

加入WTO对于中国的出版业而言挑战与机遇并存，但在相当长的一段时间里，可能挑战会大于机遇。就科普出版自身来说尤其如此。当前国内科普出版市场有一个很突出的现象，那就是国内的原创图书数量极为庞大，而精品却屈指可数，能在国际市场上拥有影响力的图书更少；而从国外引进的科普图书数量虽少，但却颇受国内读者欢迎，其中很多还成为畅销一时的优秀之作。《昆虫记》《未来时速》《数字化生存》《时间简史》等图书的畅销很能说明这一问题。这也反映了国内的科普出版与发达国家科普出版的差距之大。可以说，无论是在创作观念、作者水平、图书质量方面，还是在管理水平、资金实力和市场运作方面，国内当前的科普出版都无法与国际同行相抗衡，二者之间的差距是十分明显的。在加入WTO以后，这一问题将会更加突出。加入WTO后，国外优秀科普书籍将会更多地涌入国内市场，版税也有可能大幅提高，原创科普的生存空间将更小，走向国际市场将会难上加难。所以，加入WTO是对中国科普出版业的一次全面考验，其挑战之严峻性是不言而喻的。

总之，一方面是科普图书自身缺少吸引读者的魅力，另一方面是外在的竞争使科普图书的读者大量流失，要想赢得广阔的市场份额并不容易。而在当前的发行体制下，对这样难以盈利的图书，书店显然缺乏销售的积极性。这样一来，发行环节的问题又使本就不让人满意的科普出版业雪上加霜、举步维艰。下面这一统计结果不能不让人在失望之余更加关心科普图书出版的出路问题：2001年科普图书的品种数量虽然有所增加，但发行量和利润有所下降，相对于2000年，发行量和利润下降幅度分别为8.12%和10.25%。

二、优势与机遇

问题往往是伴随着潜在的优势而存在的，挑战也往往与机遇并存。当前的科普图书出版也同样存在着需要挖掘利用的优势与机遇。

第一，党和政府对科普事业的高度重视和新时期“科教兴国”战略为当前的科普图书出版提供了良好的政策环境。

从1956年中共中央号召“向科学进军”到1978年全国科学大会的召开，再到1995年“科教兴国”战略的提出，党在率领全国人民“科技强国”的道路上立下了三个里程碑。相应地，每一个里程碑都带来了科普图书出版的热潮。新时期里，党和政府更是对科学普及工作高度重视和大力支持。早在1994年12月，中共中央、国务院就发出了《关于加强科学技术普及工作的若干意见》。1996年7月，我国历史上第一次由党和政府共同组织召开的全国科普工作会议胜利召开。2002年6月29日我国通过了《中华人民共和国科学技术普及法》，以法律的形式使科普工作规范化，这在世界上都是很少见的。这一系列的举措既对科普图书的出版提出了号召和要求，也为科普图书的出版提供了良好的政策环境。近年来，国内科普图书出版事业的长足发展就是对这一良好政策环境的回应。

第二，信息时代科学技术的飞速发展促使人们关心和了解科学。

20世纪科学技术的发展突飞猛进、日新月异，取得了前所未有的成就，空间技术、材料技术、基因工程技术和信息技术等领域的重大突破，都在快速而深刻地影响着当代的社会发展和人们的生活环境。但在产生巨大影响的同时，它们也带来了一系列日益困扰着人们的新问题。这促使人们去关心和了解当代科学的发展情况，科学普及工作也由此显得更为重要和迫切。作为传播和普及科学知识的重要途径之一，科普图书的重要性不容忽视。从这个意义上讲，人们对科普图书还是具有很大的阅读需求的。《未来时速：数字系统与商务新思维》《数字化生存》等图书的畅销和“霍金热”现象的出现都很能说明这一问题。

第三，国外在创作、出版和营销科普图书方面为我们提供了很好的借鉴。

经过长时间的发展，发达国家在科普图书出版方面已经形成了一套完整的体制，在作者储备、图书制作、宣传营销等各个方面都积累了丰富的经验。而这些都是可供我们学习和借鉴的宝贵财富。在实践中，国内一些优秀的出版社在这一方面也取得了很好的成效，尤其是在引进国外优秀科普著作方面积累了难得的经验，在选题策划、翻译制作、宣传促销等方面都做得相当出色。可以说，“霍金热”现象的出现与湖南科技出版社可圈可点的出版营销运作手段是密不可分的。这也是成功借鉴国外科普图书出版和营销经验的典型范例。同时，国外优秀科普图书的大量引进还可以为国内的科普作者提供写作的范本。这一点，在加入 WTO 以后将表现得更为突出。

第四，国内已有很多出版社在积极从事科普图书的出版，还打造了一些品牌图书，这是科普出版能够繁荣发展的证明。

据统计，当前国内 540 多家出版社中有 300 多家出版社参与了科普图书的出版，进而在选题、作者和市场方面展开竞争。因此当下可被称为科普图书出版的“春秋战国时代”。经过多年的竞争发展，一些优秀出版社和图书品牌脱颖而出，不断涌现。除湖南科技出版社的“第一推动丛书”以外，少年儿童出版社的《十万个为什么》系列，清华大学出版社、暨南大学出版社合作出版的《院士科普书系》系列丛书等都是当前国内原创科普图书中的佼佼者。这些优秀的原创科普图书的不断出现使我们有理由坚信，当前的科普出版还是大有作为的。

三、出路与对策

当前的科普图书出版若想繁荣发展，就必须正视自身存在的问题和面临的挑战，以此为基础充分发掘和利用现有的有利条件，借鉴他人的长处，为我所用。具体说来，可以从以下几个方面考虑。

其一，制定有利于科普出版的倾斜政策，改善科研与科普创作的学术机制。

实现“科教兴国”战略、增强我国的科技实力，都离不开科普工作，它关系到民族文化的健康发展。科普图书的出版在科学的传播和普及中发挥着极为重要的作用。从这个角度来讲，国家很有必要制定一系列有利于科普图书出版的政策。比如像很多专家所建议的那样，设立科普著作出版基金、放宽对科普出版的有关限制、加大作家的奖励力度等，都是切实可行的举措。另外，很重要的一点就是要改善目前事关科研与科普创作的学术机制，既要重视科研成果的普及效果，又要提高科普创作的学术地位。正如国内著名的科普专家卞毓麟所说，在鉴定和评价一项科技成果时，应该加上一项“如何向社会公众宣传、介绍、普及这个科研项目”。同时，那些优秀的科普著作应该得到单位的承认与社会的认可。这样才可以在一定程度上促使科研工作者进行科普创作。

其二，转变科普观念，在科普著作中注入更多的人文关怀，从单纯的专业知识介绍转向将科学与人文紧密结合。

不论是作者还是出版者都应当因时而变，从根本上改变落后于时代的科普观念。不能把科普仅仅局限于科技知识的传授，而应该在科普著作中注入更多的人文精神，更多地宣扬科学精神、介绍科学方法。在发达国家的科普工作者看来，科普作品的作用中比传授知识更重要的是唤醒或激起人们对科学的兴趣和热情。科学普及工作的一个重要目标就是在全社会倡导科学文化，使公众具有科学精神、理性精神，能以科学的眼光看待、处理事物。那些经典的科普著作，都是把科学与人文紧密结合的典范。法布尔的《昆虫记》是如此，弗里曼·戴森的《宇宙波澜——科技与人类前途的自省》是如此，霍金的《时间简史》也不例外。所以，我们在创作和策划科普著作时，不能仅仅局限于对具体科学知识的介绍，而应该从更广阔的角度来发掘选题。比如单就科学家的生平与精神这一主题就有很多可以发掘的内容。此外，还必须使科普著作具备更多的趣味性和通俗性，在品位上向高层次发展的同时，将难度向低层次发展，不能把科普著作写成单纯的学术专著。

其三，树立营销观念，从市场和读者的需求出发，编创内容与形式都具有时代特色的科普图书。

在市场经济的大环境下，出版社必须把选题策划、图书制作、宣传促销作为系统工作来做。在选题策划方面，要紧跟世界科技进度，研究科学新闻报道与读者阅读兴奋点之间的关系，从迎合读者想读的内容切入，引导读者读应该读的内容。还要对科普图书的有效市场进行分析，细化读者对象，针对不同的读者策划和出版不同的科普图书。科普图书的内容应该根据读者的不同而走向多元化，既要有面向普通公众的科普，也要有面向知识阶层的科普；既要有优秀的儿童科普，又要有出色的成人科普；既要对农民科普，又要对工人科普；等等。同时，还必须在编创形式上出新、出特色，应该根据实际情况采取图文结合、印刷版与电子版结合等方式来包装科普图书，从而以其灵活新颖的编创特色吸引读者。在营销宣传方面，名人效应、媒体搭车、提前造势等营销策略都可以根据实际情况加以应用。

其四，在积极发现和培养国内科普作者的同时，扩大视野，积极引进国外优秀的科普读物。

出版社应该承担发现和培养作者的重要职责，应该在科普作品中注入更多科普编辑的劳动心血。只有编辑与作者互动并且紧密合作才有可能创造出优秀的科普著作，与此同时，应该跟进国外科普图书出版的信息，及时引进国外优秀的科普著作，而且在相当长一段时间里，我们还应该以引进为主。这一方面是因为国外的科普著作中不乏优秀之作，如我国首届“Newton—科学世界”杯评选的2000年度十大科普好书中，有5本是从国外引进的；另一方面，我们目前在这一方面所做的工作还远远不够。据新闻出版总署的调查报告，1990—2002年12年间，在192家从事科普图书出版的出版社中，没有或仅有几种引进版科普图书的出版社约有1/3，引进工作还亟待加强。引进国外的优秀作品，对于繁荣我国科普出版市场、促进国内原创著作水平的提高都有直接的推动作用。在加入WTO以后，这一点将更为重要。

当然，当前国内科普图书出版的发展策略并不局限于以上几点，如在发行体制改革等方面转换发展思路，也是很好的建议。由于其他专家多有提及，在此不再赘述。可以说，在为当前的科普图书出版提供发展思路的方面，很多专家都有不同的见解。这说明这是一个见仁见智的问题，表明出路并非只有一条，关键是如何去探索和实践。探索得深入了，实践得多了，路便在脚下了。

（原题为《从“霍金热”看科普图书》，发表于《编辑学刊》2003年第1期）

讲座类图书热潮的背后

细心的读者都会发现，这两年来的图书市场上一直涌动着一股“讲座图书出版热”的潮流。图书市场上，冠以“讲座”“讲演”或“讲”的图书举目皆是，甚至给人以眼花缭乱、无从选择之感。据笔者的观察和统计，这两年出版的讲座类图书当在30种以上。仅从书名来看，就有《在北大听讲座》《北大讲座》《北大最佳讲座》《北大老讲座及其它》《清华老讲座及其它》《名记者清华讲演录》《文津演讲录》《世纪大讲堂》《学术报告厅》《在文学馆听讲座》《智者的声音——在岳麓书院听讲座》《中国大学学术演讲录》《中国经学史十讲》《中国现代文学与现代性十讲》《中国大学十讲》《中国当代文学关键词十讲》等，类似的书名还可以继续罗列下去。上述图书大多是丛书，每年都会有新作推出，如《在北大听讲座》系列丛书已出版了8辑，《世纪大讲堂》《学术报告厅》《文津演讲录》也都已出版了好几辑。据反映，这类图书目前在市场上的销售业绩都比较可观，如《在北大听讲座》每一辑都能销售2万册以上，其中还不包括盗版图书，其他图书的销量基本也都在万册以上。从出版社来看，涉足这类图书的出版社也非常之多，既有三联书店、北京大学出版社、北京图书馆出版社等大社、名社，也有新世界出版社这样的“后起之秀”。可以说，讲座类图书已成为当前图书市场上一抹引人注目的亮色。

就目前的讲座类图书来说，它们大致可分为两种基本形式：一是将不同专家学者和名人的演讲内容予以整理出版，体现的是“网罗众家”的广泛性，读者在较短的时间里就可以一睹众多知名学者的大家风范，并对不同的话题有比较深入的了解，如《在北大听讲座》《文津演讲录》等就属于这一类；二是将某一位学者关于某一研究对象的著作以演讲稿的形式予以出版，这些演讲稿并不一定专为讲座而作，只是在叙述的结构和风格上与讲座稿比较接近，如《中国大学十讲》《中国古建筑二十讲》等。其中最具代表性的还是三联书店推出的“三联讲坛”丛书，它们就是根据著名学者的课堂录音整理而成的。第二种图书与第一种还是有一定区别的，所以被业内人士称为“后讲座类图书”。这种讲座图书，在结构的系统性和内容的深入性方面都比前者略胜一筹。正如“三联讲坛”的策划人之一郑勇所说，这类书“围绕一个主题，注重系统性和连续性，比较深入，在层次上深浅适中，尽量照顾大众的兴趣和水准，以利于学术普及”。

无论如何，这两种讲座类图书在内容的通俗易懂方面是别无二致的。从文化现象的角度来看，这反映了当前学术著作大众化，精英文化走出象牙塔和书斋，普惠社会的趋势，正如《中华读书报》知名记者舒晋瑜总结的那样：“思想学术的传播途径有两种，一是著书立说，二是通过讲坛。讲坛之声不过百米，文章之言能越千山。讲座类图书的出版，恰好将两者结合为完璧。”从出版策略来看，这则是出版社为解决学术著作出版难问题的明智选择。对丰富而高深的学术资源进行深入而广泛的挖掘，并用合适的手段进行包装和营销，进而取得良好的经济效益和社会效益，是出版社将学术出版资源与市场对接的出版策略之一。

讲座类图书之所以大量涌现并大获好评，除了出版策略的适时到位以外，还与讲座类图书自身的特点有一定的关系。一是做讲座者都是各个领域一等一的专家学者或知名人士，这就决定了图书内容具有一定的权威性和经典性。众人皆知的“名人效应”在这里发挥了极大的作用。且精明的出版者都会打出“北京大学”“清华大学”“中国社会科学院”“中国现代文学馆”等知名学校和研究机构的“金字招牌”，这就更有利于招徕读者。二是图书讨论的话题高雅精深，却以通俗的口语娓娓道来，阅读起来没有丝毫枯燥感，读者可以用眼睛在较短的时间里“聆听”一堂又一堂精彩的讲座，不受时间、地点和环境的限制，自主权全在自己手中，又何乐而不为呢？陆挺先生在总结《人文讲演录》丛书中所包含的演讲时曾说，“这些演讲无不凝结着学者们多年乃至毕生研究的心得，往往在充分准备讲演内容的基础上融会贯通、即兴发挥，运用丰富的材料深入浅出地说明专业及深奥的学术问题，读来使人兴味盎然。真正是精华所在、五彩纷呈”。这一语道破讲座类图书在内容方面的优势所在。三是图书出版形式灵活多样、各有千秋。讲座类图书大多注重装帧设计，在外观上亦能体现高雅清新的艺术风格，与图书内容相得益彰、交相辉映。不仅给人以视觉上的愉悦感，而且具有一定的收藏价值。如《中国古建筑二十讲》就采用了图文结合、彩色印刷的出版形式，不仅文字内容简洁生动，图片亦有很高的艺术价值，真正能够让读者有赏心悦目之感。这三个方面是讲座类图书颇得读者青睐的重要原因。

讲座类图书的大量出现，对出版社和读者来说，都是一件前所未有的好事。就目前市场上所见的图书来看，它们中的绝大多数能经得起市场和读者的考验。如果出版社能够保持这个良好的势头和做法，继续以适时恰当的方式开发这块资源异常丰富的出版沃土的话，一定会取得良好的效益。但是，我们在为讲座类图书的成功运作和发展前景感到欣慰和乐观的同时，也不能忽视这类图书存在的一些问题。

首先，目前讲座类图书质量参差不齐，可谓鱼龙混杂、泥沙俱下，既有精品图书，又有质量平平甚至临时拼凑之作。这既与部分出版社不负责任、急功近利的出版态度有关，又与当前书业内比较严重的跟风现象有直接关系。一般而言，当一本书或一类图书在市场上效益甚好时，往往会有在外观和内容上都十分相似的图书尾随着它出现于图书市场上。“亲密接触”和“奶酪”系列图书的出现就是明证。其间利弊，不言自明。讲座类图书也不例外。当一部分讲座类图书在市场上大受欢迎时，必然会出现一些跟风之作。这些图书内容浮浅芜杂，形式亦乏善可陈，打着名家讲座的金字招牌混淆读者的视野。《在北大听讲座》的责任编辑陈子寒就认为："市面上出现的这个讲座、那个讲座，严格来讲都是低级模仿和简单复制。甚至有人因为赚钱心切采取了一些恶劣行为，从网上或别的地方拿来便是，大部分是未经作者授权的。如《在哈佛听讲座》《在牛津大学听讲座》等，我只能说是不负责任的文化垃圾。书出得那么快，可见他们如何操作。"长此以往，必然会影响讲座类图书的整体质量。

其次，当前讲座类图书的出版形式还比较单调，纯文字的图书占绝大多数。如今已是"读图时代"，图文并茂几乎是当前所有图书走红市场的必要因素。一本像样的图书如果缺少了图片的话，其市场反应往往会大打折扣。就讲座类图书来说，讲座本身具有很强的临场感，若能配以演讲者的图片说明，自然会收到更好的效果。同时，还可根据演讲的内容配以相关的图片，使图书更为生动活泼，加深读者的感性认识。如三联书店出版的《中国古建筑二十讲》，辽宁人民出版社的《世纪大讲堂》丛书，在图文结合方面就做得非常之好，定价虽然较高，仍能令众多的读者为之解囊，这不能不归功于图片的作用。可惜的是，目前像这样的精品还比较少。另外，讲座类图书的特殊性决定了电子出版物在这一方面大有可为。但同样令人遗憾的是，目前所有的讲座类图书，几乎都没有涉及电子出版物领域（就笔者所见，仅有"北大在线"所编辑出版的《北大最佳讲座》附带赠送2002年现场影像VCD光盘，售价仅为22元）。其实，在出版图书的同时，如能制作相应的光盘，进行捆绑式的销售，一定能够取得很好的效果。这样，读者在阅读图书的同时，还可以通过播放视频"身临其境"地聆听书中所包含的每一堂讲座。这样做也能充分发挥传统出版物与电子出版物的互补优势。

最后，目前讲座类图书内容以人文和社会科学为主，介绍自然科学与技术科学的较少。在众多的讲座书系中，探讨的多是文学、历史、国学、政治、经济以及社会学等问题，而学者专家和社会名人也主要局限于人文与社会科学学者。在这里面基本上看不到当前著名自然科学家的身影，也鲜见关于自然科学与技术前沿问题的演讲内容。笔者在对北京风入松书店的调查中发现，在众多的讲座类图书中，仅陕西师范大学出版社的《学术报告厅》丛书以自然科学和技术为主题，全套书分为《科学的品格》《求学的方法》《科学之美》三册，在众多的图书中，既显得“独树一帜”，又略觉“孤苦伶仃”。这样的比例显然是极不协调的。在开拓学术著作大众化出版道路的过程中，人文科学、社会科学和自然科学都是出版社应当重视的对象。尤其是在科普事业尚不发达的今天，我国的读者更需要具有科普精神和内容的出版物。在这一方面，讲座类图书应该是责无旁贷的。而且，若能够进行合理的开发和适当的“包装”，这样做必然能开拓讲座类图书的新天地。

总体来说，讲座类图书出版热现象的出现，是学术界、出版社和读者良性互动的结果。它既为出版社带来了可观的经济和社会效益，也为学术界和大众读者带来了共同的福音。这股热潮何去何从，还需要三方面的通力合作和共同努力，当然，主动权主要掌握在出版社手中。

（发表于《出版参考》2003 年第 33 期）

从编校失误案例看编辑的“考据”功夫

古人论文，特别强调义理、辞章、考据三要素并重。其中的考据之学在学术研究中，主要指对材料真伪、事物本质进行考察与辨别的工作。用在文章写作方面，是指对材料的收集、审核、选择、使用等工作，其作用主要在于支撑和论证义理。考据工作最重要的目的就是求真、求确。我们在提出任何一种观点后，紧接着就要“拿证据来”，有几分证据，才能说几分话。证据不论是数字、事例，还是理论学说、名言警句，首要的是必须保证正确。对于编辑而言，在审读文稿时，也必须首先做好“求真、求确”的考据工作，保证文稿建立在确切无误的坚实基础之上。近年来，笔者在发表文章、出版图书、阅读文献时，经常会遇到编辑“考据”功夫不到位影响文稿质量的具体案例，让人感慨“考据”功夫对于“编辑力”的极端重要性。根据自己的有限经历，笔者将这些案例总结为别字、数字、引文、用典、观点等五个方面，下面分别论之。

一、别字

笔者曾在某报上发表《“兼容并包，思想自由”之我见》一文，论述蔡元培先生的教育思想，其中引用了蔡先生《就任北京大学校长之演说》中的一段话：“诸君不惟思所以感己，更必有以励人。苟德之不修，学之不讲，同乎流俗，合乎污世，己且为人轻侮，更何足以感人。”后被《北京教育（德育）》转载时，老编辑包和春老师打来电话说，引文中的两个“己”字均误为“已”，文义不通，建议核对原文。笔者仔细核对原文后才发现了这个错误。当初撰写此文时，为避免一一输入文字之苦，就在网上检索后径直“拷贝”过来使用，并未仔细检查。在及时改正之后，笔者内心对包老师的“火眼金睛”和认真负责敬佩不已。

还有一次，笔者在某报纸上刊发了《教泽绵绵》一文，其中提到恩师张积先生曾推荐笔者阅读杨明照先生的《抱朴子外篇校笺》一书。笔者在输入电脑时，却误成“阳明照”。文章写好后，未暇细看，就直接投寄出去。刊发后，看到“阳明照”三字豁然在目，没有被改去，实在难受。

这两处错误均系一字之误，前者使得语意不通，后者则是常识错误，真是“失之毫厘，谬以千里”。出现这样本不应当犯的低级错误，首要责任在作者自身。但编辑作为稿件的“理发匠”，却没有及时发现和改正这样的硬伤，不能不让人感到遗憾。

二、数字

数字也是编校工作中应该特别注意的细节。在我们编校或阅读他人的著作或文章时，经常会忽视这些细微的数字，但这样的粗心大意却容易增加致误的概率。笔者曾见到一个部门在给上级领导部门提交的报告中提及，经过努力，终于为建设某重要工程筹集到了1.77元，让人匪夷所思。后来通过查证，才知道数字之后缺少了一个关键的“亿”字。

笔者和本师肖东发教授在撰写《中国图书史十讲》一书时，曾在多方征求意见的基础上，拟成《中华文化名著100种》的书目附于书后。为了明确分类，我们在不同类别下都会注明“以上 ×× 类 ×× 种”（如“以上儒家经传13种”“以上史学要典15种”等）。但文学经典类中实际收书14种，我们写作时却误作“以上文学经典13种”。在图书出版时，作者和编辑均未发现这一问题。后来我们在《河南大学学报》（哲学社会科学版）上发表《由导读书目看中国经典著作与传统文化》一文时曾引用了这一书目原文。责任编辑姬建敏老师在审校时对书目仔细校看，并对各类书的数量进行计算，最终发现了这一问题，让我们得以“亡羊补牢”，修改了错误。

三、引文

2015年，有人在撰写与《弟子规》相关的论文时，托笔者查找一下“习近平同志指出，领导干部不妨读读《弟子规》”这个说法的出处。拿到任务后，笔者觉得蹊跷。查来查去，终于查到了根源。原来，2009年7月20日，《北京日报》刊载了中共中央党校教授任登第的一篇文章《领导干部不妨读读〈弟子规〉》，文中提道：

> 我认为，当前各级领导干部最需要读的是古今中外特别是中国优秀传统文化书籍。习近平同志特别谈到：“要通过研读优秀传统文化书籍，吸收前人在修身处事、治国理政等方面的智慧和经验，养浩然之气，塑高尚人格，不断提高人文素质和精神境界。”从这个角度看，我认为，各级领导干部应该读读《弟子规》。

在网上检索时，笔者发现很多人在引用这段文字时，却将之直接改成了“习近平同志指出，领导干部不妨读读《弟子规》”。进一步查找后，笔者发现此文中的引文，实际出自习近平同志在中共中央党校2009年春季学期第二批进修班暨专题研讨班开学典礼上的讲话。把这篇重要讲话和任登第的《领导干部不妨读读〈弟子规〉》一文结合起来考证一番便能发现，“领导干部不妨读读《弟子规》”纯粹是任先生的一己之见，与习近平同志毫无关系。但这种张冠李戴、移花接木的做法，却让谬种流传，贻害甚广。

事实上，很多人在写文章时，经常会用一些断章取义、与作者原意相去甚远甚至大相径庭的话来论证自己的观点。在这种情况下，我们就更应该加倍小心、仔细核对。笔者身在北大，经常看到有人在写文章时，引用鲁迅先生的“北大是常为新的”以说明北京大学的思想常新、敢为天下先，但原话却是“北大是常为新的，改进的运动的先锋，要使中国向着好的，往上的道路走”，体现的是鲁迅追求又新又好的全面发展的思路，而不是一味求新而不计其他的简单的发展思路。

对于编辑而言，为了避免出现这种情况，最笨拙但最管用的办法，就是找来原著，仔细核对文献的原始出处。尤其是对涉及马克思列宁主义、毛泽东思想以及中国特色社会主义理论体系的经典著作之处，更应该仔细核对原文。在这方面，著名史学家、教育家陈垣先生的经验值得借鉴和遵循。20 世纪 30 年代，陈先生总结自己多年历史考证的经验，创立了寻考史料来源的学科——史源学。陈先生认为，研究史著，应该认真寻考其所依据的史料来源，以考察其根据是否可靠，引证是否充分，叙述是否正确。虽然陈先生的观点是为读史、研史而言，但同样适用于审读编校一切文稿引文的情况。

四、用典

文章用典，贵在正确、恰切。用得好，会让文章显得文采斐然、典雅厚重。用得不好，则会离题万里、贻笑大方。对于撰稿者而言，典故一定要慎用。笔者曾见一人为别人写墓志铭，提到后世子孙都很优秀，“不孚祖望”，本来夸奖后世子孙的话，却变成了骂子孙不肖的话，让人哭笑不得。不知在九泉之下的故人若看到这样的墓志铭，会有何感慨？还有人把“致仕”当“入仕当官”使用，把“寿以枣梨”理解为“给些钱买枣和梨吃”，诸如此类的错误并不少见。对于编辑而言，平常要特别注意提高文化修养，丰富知识储备，碰到这种情况一定要谨慎对待。

有一家教育报刊设置了“杏林忆旧”的专栏，刊发学生对老师的回忆。其实这里的“杏林”当为“杏坛”。“杏林”是与医生、医学界相关的典故，典出晋代葛洪的《神仙传》，与三国时期闽籍道医董奉相关。人们也以“杏林春暖”“誉满杏林”等来称颂医家的高尚品质和精良医术。“杏坛”之典则出自《庄子》，与孔子讲学有关，后世遂以“杏坛”专指教师或者教职。如果是泛泛记述教泽师恩的话，用“杏坛”为妥；如果专门指医学方面的师生关系的话，则可用“杏林”。2011年，北大新闻网上刊发了《芮沐先生遗体告别仪式在八宝山革命公墓举行》这则新闻，其中有一段话：“礼堂门外，悬挂着‘历百年沧桑观四海潮涌先生堪为跨世通儒’‘辅三千弟子辟九州新学后人常忆杏林春风’的挽联，与门楣上方的‘德学俱尊、举世懿范’的横幅一道。”应该说，文中表达的感情是真挚的，但在文化常识上却出现了硬伤。这里的“杏林”应为“杏坛”，因为芮沐先生是当代法学界的泰山北斗、北京大学的著名教授，与医学界、医生毫无关系。另外，上联“通儒”与下联“春风”的最后一字均为平声，平仄不对，也属硬伤。作为“把关人”，记者在撰写这篇稿件时，如发现了这样的硬伤，最好就不提这副不合格的对联。编辑在刊发前，如果发现了这个问题，还是应该遵循“改对不改好”的基本原则，将这部分内容删去。

五、观点

笔者和本师在《中国图书史十讲》的绪论部分提出，“图书”一词最早出现于《史记·萧相国世家》：公元前206年，刘邦军队攻入咸阳，“诸将皆争走金帛、财物之府分之，何独先入收秦丞相、御史律令图书藏之”。此书初版和再版时，两家出版社的编辑在校对时，均未提出异议。但笔者的一位学生郑深宇在读此书时，认为这个说法欠妥。根据他的阅读所见，在《史记》之前，至少有两本书中提到过“图书”，一本是《慎子》，一本是《韩非子》。《韩非子·大体》与《慎子·逸文》中均有“豪杰不著名于图书，不录功于盘盂”的记载。两书均比《史记》早，且所提到的“图书”概念一致。综合考量，“图书”一词最早应出现于《慎子》。证据确凿，足以修正笔者和本师的观点，让人叹服后生可畏。

之前，笔者把自己撰成的《图书经典及其特质论》一文在投寄《北大新闻与传播评论》前呈本师审阅。笔者在文中将经典图书的文化特质总结为十条。本师审读后，对每条都做了言简意赅的批注，对一些观点提出了中肯而严格的修改意见。兹转录文中笔者的第九条观点和本师的批改意见（见括号内）：

> 对于当代人来说，经典，尤其是古籍中的经典，几乎人人皆知，（这里用“人人”，有些过，大部分人说不清，不知者众矣，咱们［的书目］不还在征求意见嘛）且人人皆知应读，却未必人人都认真读完过（“读完”二字更过，没有几个能读完——注意严谨和分寸，别让人一边读一边不认同）。

笔者遵照本师意见认真修改后，明显感觉观点更为客观、稳妥。这显然是一种更高水平的审读和编校，具有很强的指导作用。

考察以上案例中的致误原因，有的是因为作者的疏漏，有的则是因为编辑考据功夫不到位，没有做好“把关人”。从这个角度来讲，作者和编辑都应该承担必要的责任。只有两者共同提高、通力合作，才能让我们的出版物质量不断提高。正如孙犁先生所言：

> 文章一事，不胫而走，印出以后，追悔甚难。自己多加修改，固是防过之一途，编辑把关，也是难得的匡助。文兴之来，物我俱忘，信笔抒怀，岂能免过？有时主观不符实际，有时愤懑限于私情，都会招致失误，自陷悔尤。有识之编者，与作者能文心相印，扬其长而避其短，

出于爱护之诚，加以斧正，这是应该感谢的。[①]

仅从编辑的角度而言，之所以会出现这些问题，原因大概有三：一是态度问题，一些编辑存在大而化之、不负责任、主观臆断的情况。二是文化修养和知识储备不足，一些编辑能力有限，心有余而力不足。三是大环境所致，重选题、重营销、重经济业绩而轻视案头工作的氛围，让编辑也无可奈何。对于前两者，很多学者专家都提出了应对之法，最为重要的一是认真仔细，二是加强学习。李琏生、刘峻山两位先生在十多年前就明确提出，编辑也要学习和掌握一些考据、文字方面的知识，兼及编辑的职业道德与学养；在审稿和编辑加工时，应正确对待和认真检查、核对论者所用材料、引据以及文字表达方面的问题，努力编出精品。这显然是"放之四海而皆准"的灵丹妙药，应当落到实处。关键在于落实。[②]对于第三点，笔者想特别说的是，今天，我们一方面要强调编辑的选题策略、市场运作、社会交往等多方面的素养，考核编辑取得的经济效益和产值贡献；另一方面绝不能忽视编辑的基本技能和业务要求，因为作为信息、知识、思想的"把关人"，编辑工作对整个社会的文化和精神的影响持久而深刻。而编辑的"考据"功夫无疑是其中的重中之重，甚至是编辑的立身之本。这直接决定着编辑的"编辑力"和出版物的整体质量。最为理想的状态，应该就是美国著名出版经纪人柯蒂斯（Richard Curtis）所讲的那样：

面临今天出版业的种种改革，编辑还剩下什么工作可做呢？答案是，几乎每一件事都需要编辑。今天的编

---

① 孙犁：《芸斋琐谈》，新华出版社，2015，第 74 页。

② 李琏生、刘峻山：《编辑 · 考据 · 文字：兼谈编辑的职业道德与学养》，《社会科学研究》2001 年第 6 期。

辑和老一辈编辑不同的是，他们必须十八般武艺样样俱全，既要精通书籍制作、行销、谈判、促销、广告、新闻发布、会计、销售、心理学、政治、外交等等，还必须有绝佳的编辑技巧。①

① 柯蒂斯：《我们真的需要编辑吗？》，载格罗斯《编辑人的世界》，齐若兰译，中国工人出版社，2006，第40页。

后记：行走书香纪廿载

2018年是北大建校120周年，我也在北大学习、生活、工作了20年，已经年届不惑。20年的北大岁月，已经给我的生命打上了鲜明而深刻的烙印，也让我形成了相对固定的价值观念、思维模式和生活习惯。我一直很认可邓拓先生的“书生意气未能无”，并将其作为自己的生活准则。自2006年留校从事党政工作以来，自己工作之外最重要的身份之一，就是一名小小读书郎。对此，我曾用一首小诗抒怀：

低吟朗诵公余忙，独此遣怀是妙方。
夏去朝花万木翠，冬来夜雪一灯黄。
风光义理兼涵养，友荐师规并取长。
堪叹痴儿少解事，于今尚做读书郎？

在这种状态下，无论何时何地，也不论在什么工作岗位上，我都不能也不敢忘记和放弃读书、学习、思考与写作。一日不读书，便觉六神无主、腹中空空；一段时间没有成果发表，便会愧疚无比，觉得是对生命的最大浪费。毛泽东同志所提倡的“让读书学习占领工作以外的时间”，几乎已经成为我生活的常态。在“娱乐至死”的信息化时代，有人可能会以此为苦，或者以此为无用和无聊，我却以此为乐，并以此作为抵御浮躁和懈怠的主要手段。读书、思考多了，经历的事情多了，想法也就自然多起来。把这些想法梳理一番，形诸文字、公之于众，这是一种证明自己没有荒废生命的好方法。

自2001年在中文核心期刊上发表第一篇学术论文以来，我迄今已经发表文章80余篇，其中学术论文50余篇。这是我多年来亦学亦思、边读边写的些微成果，见证了我在北大“累并快乐着”的一段成长历程。为了纪念自己入北大20年，我把其中的一些散文、随笔集结为《北大钝学记》，名列《北大记忆丛书》，由北京大学出版社于2018年4月出版；另外选出自认尚有一定阅读和参考价值的28篇专业学术论文，修改完善，分类编排，命名为《行走书香间：阅读与出版研究》，提交华文出版社出版。

我本科读的是编辑出版学专业，硕士和博士的专业是传播学，研究方向为编辑出版学、中外出版史。用本师肖东发先生的话来说，这些专业和研究方向都要与书打交道，是典型的“治书之学”。喜好读书之人学习和研究这样的学问再恰当不过。因此，工作再忙，生活压力再大，我都无法割舍对“治书之学”的热爱。除了纯粹的理论研究以外，我在不同的工作岗位上也尽力做了些理论与实践结合、学以致用的创新型工作。比如，2013年以来，我在北京大学继续教育学院主管教学工作时，积极在全体学员中推广晨读经典活动，并为此编纂出版了《未名湖畔好读书：北大中华经典名篇诵读文本》，得到了学员、授课教师以及读者的肯定。2017年我在主持完成教育部“全国中小学教师信息技术应用能力提升工程课程资源建设项目”的过程中，又对当前基础教育阶段的经典阅读教育与课程资源建设进行了深入研究，并发表了相关的研究成果。

书中所收28篇论文，是我在学习和研究“治书之学”的过程中在理论研究与实践总结两方面的成果的合集，这也是将此书命名为“行走书香间”的原因所在。论文的主题都与“阅读与出版”这个专题相关，具体论述则多从一名普通教育工作者的视角出发。正如魏玉山先生在序言中所言：“这本文集副标题叫作‘阅读与出版研究’，可以看作一个教育工作者谈阅读、谈出版，也在一定程度上谈教育与阅读、与出版的关系的研究成果合集。”为了便于读者分类阅读，我将其分为四辑：经典的编撰与阅读、文化建设与畅销书出版、典藏与出版史论、出版实务观察。今天看来，其中很多文章的水平很一般，观点未必有什么新意，内容也很肤浅，文笔尚显稚嫩。将其结集出版，难免会贻笑大方。从我的角度来看，不论其是否有价值，起码可以在一定程度上反映自己这么多年的学术研究历程，其纪念意义更为我所看重。当然，如能由此文集而得到更多方家名流的教导与指正，则将是我的无上荣耀，实在是乐莫大焉的幸事。

这本论文集的顺利出版，离不开众多师友和亲人的关心、教导、支持和勉励。本师肖东发教授生前多次教育我，学术是北大读书人的立身之本，工作以后千万不要放弃了学术研究，要坚持读书、写文章，文章成系列，著作集大成，日积月累，才能在北大乃至整个学术界站稳脚跟。这样的教诲一直影响着我的生活状态和职业发展。全国政协委员、中国新闻出版研究院院长魏玉山先生是我十分尊重和钦佩的学界泰斗，多年来一直对我青眼有加、勉励不断，在得知此书要出版时，他欣然审读了书稿内容，并惠赐佳序，勉励之语让我深觉有愧，殷切之望又让我感奋不已。华文出版社宋志军社长和编辑们为此书的出版做了大量细致而辛苦的工作，让人敬佩和感动。多年来，父母大人、岳父母大人、爱妻周婧任劳任怨承担了几乎所有的家务工作，让我得以专心工作、投入研究，我在工作和研究中所取得的所有成绩，都凝聚着家人无私奉献的血汗。

大家的亲切关怀、鼎力支持、殷切勉励，是我“只顾攀登莫问高”的强大精神动力，唯有继续努力，在做好本职工作的同时，源源不断地写出更好的文章、出版更好的著作，才能无愧于这份厚重的期许和情义。希望以后每隔几年，一直以“一介书生”自命的我，都能推出比这本文集更好的著作来，这既是发自内心的愿望，也是不可推卸的责任！

2018 年 12 月 16 日，一稿，于北京大学蔚秀园
2019 年 11 月 18 日，二稿，于北京大学继续教育学院达园办公室